JUEZHAN
PINKUN ZHONG DE CUNZHUANG
DINGDIAN GUANCE BAOGAO（2017—2019）

决战
贫困中的村庄

定点观测报告（2017—2019）

中国扶贫发展中心◎组织编写

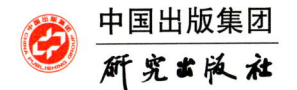

中国出版集团
研究出版社

图书在版编目 (CIP) 数据

决战贫困中的村庄：定点观测报告：2017—2019 / 中国扶贫发展中心组织编写．－－北京：研究出版社，2021.9

ISBN 978-7-5199-0167-7

Ⅰ．①决… Ⅱ．①中… Ⅲ．①农村－扶贫－研究报告－中国 Ⅳ．① F323.8

中国版本图书馆 CIP 数据核字 (2021) 第 179090 号

决战贫困中的村庄：定点观测报告（2017—2019）

JUEZHAN PINKUN ZHONG DE CUNZHUANG：DINGDIAN GUANCE BAOGAO（2017—2019）

中国扶贫发展中心　组织编写

责任编辑：范存刚　王卓然

研究出版社 出版发行

（100011　北京市朝阳区安华里 504 号 A 座）

北京虎彩文化传播有限公司　新华书店经销

2021 年 10 月第 1 版　2021 年 10 月北京第 1 次印刷

开本：710 毫米 ×1000 毫米　1/16　印张：16

字数：260 千字

ISBN 978-7-5199-0167-7　　定价：78.00 元

邮购地址 100011　北京市朝阳区安华里 504 号 A 座

电话（010）64217619　64217612（发行中心）

版权所有·侵权必究

凡购买本社图书，如有印制质量问题，我社负责调换。

编委会

主　任：黄承伟
副主任：曾佑志　罗朝立　张　琦　陆汉文
　　　　林万龙　周飞舟　郑风田
成　员：苏　娟　杨　玲　王　菁　李　慧
　　　　范军武　王晓杨　万　君　卢兆彤
　　　　刘爱玉　江立华　张莉琴　崔海兴

主　编：曾佑志　张　琦　陆汉文　林万龙
　　　　周飞舟　郑风田
副主编：苏　娟　万　君　刘爱玉　张莉琴
　　　　张　晖　崔海兴　蔡志海
参加编辑人员：（以姓氏笔画排序）
　　　　邓淑娟　乔光华　刘晶晶　阮荣平
　　　　孙　颖　孙翠清　李晓峰　杨义武
　　　　杨俊孝　何奇峰　张艳荣　张　璟
　　　　陈东琼　陈克龙　侯军岐　郭之天
　　　　黄　婧　覃志敏

前　言

　　党的十八大以来，在以习近平同志为核心的党中央坚强领导下，全国上下团结一心，共同打响了脱贫攻坚战。为生动记录脱贫攻坚的伟大历程，真实反映贫困村的发展变化，丰富共和国脱贫攻坚档案，自2017年以来，中国扶贫发展中心连续四年开展贫困村定点观测工作，组织专家团队分批次前往200余个观测村，主要围绕减贫情况、村庄资源和集体经济、基础设施建设、特色产业发展、人居环境改善、基层组织建设等方面开展调查，力求客观反映各贫困村采取的脱贫措施及取得的成效，总结贫困村脱贫攻坚的经验启示及面临的问题挑战，提出对未来工作的思考。

　　2020年底，脱贫攻坚战取得全面胜利。作为脱贫攻坚成就经验总结，我们选择了部分有代表性的报告，编辑成《决战贫困中的村庄：定点观测报告》系列图书。本册收录的内容为2017年至2019年的3篇年度分析报告和17篇村庄调查报告，由华中师范大学、中国人民大学、中国农业大学、北京大学和北京师范大学的专家团队分别撰写，希望以此展示出村庄在脱贫攻坚伟大征程中的探索和努力，为推动乡村振兴提供启示。

中国扶贫发展中心
2021年4月

目 录

PART 1   **第一部分　年度分析报告**

003   **全面开展脱贫攻坚　探索建立发展基础**
——2017年贫困村定点观测分析报告

010   **脱贫攻坚取得阶段成果　产业发展助力长效机制**
——2018年贫困村定点观测分析报告

019   **多方探索谋求产业发展　多重举措激发内生动力**
——2019年贫困村定点观测分析报告

PART 2   **第二部分　村庄观测报告**

029   **产业扶贫显成效　多措并举富家园**
——江西省瑞金市大胜村调查报告

040   **内外联动齐发力　筑就多彩田园梦**
——河南省光山县方洼村调查报告

I

055 筑基础育能人促生产　立规矩行自治树新风
——重庆市奉节县九通村调查报告

065 易地搬迁脱穷根　东西协作齐扶贫
——宁夏回族自治区永宁县原隆村调查报告

078 产业扎根人气足
——河北省阜平县顾家台村调查报告

091 三项改革助搬得出、稳得住、能致富
——吉林省通榆县陆家村调查报告

100 第一书记来扶贫　乡村旅游助发展
——黑龙江省饶河县小南河村调查报告

109 统合化分散经营　组织化人情治理
——江西省修水县黄溪村调查报告

124 贫困村产业扶贫：外部主导转向内部主导
——广西壮族自治区百色市田阳区桥马村调查报告

137 多元化产业全覆盖　激励性动员促整合
——海南省保亭黎族苗族自治县三弓村调查报告

151 少数民族深度贫困地区困境分析
——四川省昭觉县三河村调查报告

165 直过民族边疆村寨的务工难问题
——云南省福贡县托坪村调查报告

175 从依赖政策补贴脱贫向获取工资性收入致富的转变
——西藏自治区昌都市卡若区达修村调查报告

187 "水窝子"变成"虾稻连作"富池子
——湖北省公安县中河村调查报告

201 "村社合一"培育多元产业　乡贤治理助建美丽乡村
——贵州省贞丰县对门山村调查报告

214 设施建设打基础　产业升级促脱贫
——甘肃省渭源县元古堆村调查报告

229 集体经济融合特色旅游　企业主导助力脱贫攻坚
——青海省祁连县麻拉河村调查报告

248 后　记

第一部分

年度分析报告

全面开展脱贫攻坚　探索建立发展基础
——2017年贫困村定点观测分析报告

2017年，中国扶贫发展中心首次委托中国人民大学、中国农业大学、华中师范大学三个调研组对15个省（区、市）31个行政村进行了定点观测典型调查。调查发现，在脱贫攻坚全面开展的时期，做好贫困户的精准识别和建档立卡工作是深入开展脱贫攻坚的前提条件；加大基础设施建设，提升公共服务，改善生产生活条件，为贫困户和村庄的后续发展奠定坚实基础；因地制宜探索产业，促进贫困户脱贫和村庄持续发展是这一时期的重点任务。在脱贫攻坚展开的初期阶段，因为自然条件、资源禀赋、社会文化等方面的不同，各贫困村在脱贫方式和进程上表现出较大的差异性。

首先，总体而言，虽然贫困村的情况各有不同，但基础设施建设和公共服务的不足是贫困村发展的共性障碍，这成为2017年及以前的脱贫工作的重点。其次，产业发展总体上还处于探索阶段，各村产业发展方式尚不稳定，以短期效益为主。最后，扶贫工作机制还有不成熟的地方，易返贫以及内生动力不足等问题逐渐暴露出来。接下来将对每一个方面进行说明和分析。

一、村庄脱贫进程同中有异

基础设施不健全和公共服务不完善是贫困村的共性问题，也是脱贫工作的重点。但是贫困村在自然条件和社会条件上各有不同，因此脱贫工作的开展方式、所取得的成效也有所不同。

（一）基础设施和公共服务建设是脱贫的基础保障

基础设施建设和公共服务的不完善、不到位是村庄脱贫要应对的最紧迫的问题之一。具体来说，基础设施建设是村庄整体发展的基础，而公共服务则为贫困户个人的发展提供了帮助和保障。

从2017年的调研中可以发现，几乎每个贫困村都强调了基础设施建设的作用和重要性，基础设施建设不仅提升了人居环境，还与产业规划和村庄整体发展相配套。以湖南省十八洞村为例，十八洞村着力打造以十八洞村为核心的蚩尤部落群景区。而发展乡村文化旅游不仅要有自然景观和人文景观，还需要相应的基础设施。十八洞村2017年大力建设游客服务中心，以提升接待游客的服务水平，同时还新建和改建了宾馆和"客栈"，为游客提供落脚点和休息处。

公共服务保障体系，尤其是医疗保障体系在脱贫攻坚中发挥了针对贫困户的兜底保障作用。因病致贫是宁夏回族自治区杨柳村贫困发生的最主要原因，全村因病致贫243户，占所有贫困户的比例高达65.7%。针对这一情况，杨柳村在医疗保障方面采取了多样措施，包括对贫困户新农合进行补贴，将贫困患者大病保险报销起付线由9400元大幅降低至3000元，对建档立卡贫困户进行医疗参保，贫困患者年度内发生的个人自付医疗费用在报销后超过5000元的，实行政府健康扶贫专项资金兜底保障。这些措施针对性地为贫困户提供了基本保障。

西北、西南一些自然条件较为恶劣的村庄，常常还需要通过易地搬迁改变村庄发展的基础条件。例如青海省班彦村，该村自然环境恶劣，自然灾害频发，土地产出低，生存环境条件艰苦，脱贫攻坚工作展开后，群众自主申请易地扶贫搬迁意愿强烈。经过几年的努力，班彦村不仅实施了易地扶贫搬迁工程，同时还落实了各项产业帮扶措施，引进光伏发电项目，组建刺绣、盘绣合作社，发展八眉猪养殖，真正做到了"搬得出、稳得住、能致富"。

（二）不同村庄在脱贫进度和方式上的差别

2017年监测报告中的31个村，覆盖了甘肃、宁夏、青海等西北地区，云南、贵州、广西等西南地区，还有湖南、河南等中部地区，不同村庄自然条件和资源禀赋差距较大，可以将贫困村分为三类：条件恶劣，严重制约经济、生活发展，比如甘肃省布楞沟村；条件一般，但没有发展基础，需外力推动发展（表现为引进产业），比如云南省依黑么村；条件较好，有经济基础可以依托，与外力配合发展，比如重庆市九通村。

不同类型的村庄，在脱贫进度上有差距。2017年，中部省份的许多村落已经脱贫，但是在西北、西南地区，如甘肃省布楞沟村、四川省阿尼洛哈村等自然条件差的少数民族村庄，仅仅完成了一部分基础设施的建设，产业发展方面尚未找到可行的办法。而像贵州省塘约村和花茂村等自然条件相对较好、有一定资源可以利用的村庄，则已经形成了较为稳定的脱贫模式。

以布楞沟村为例，这是一个纯东乡族村落，山大沟深、道路陡峭、黄土飞扬，自然环境极其恶劣，生活条件差，经济基础薄弱，居民文化水平低，属于偏远特困村。该村的扶贫工作主要集中在提供医疗、教育等基本生活保障以及基础设施建设、易地搬迁、通路、通水等方面。易地搬迁、新居安置等方式为布楞沟村村民提供了更好的生活和发展条件，但2017年调研时，村庄仅仅为村民提供了一定的劳动技能培训，尚未建立有效益的增收产业。

而贵州省花茂村则呈现出了不一样的脱贫进度。花茂村地处历史文化名城遵义西部，距中心城区50多公里，距离镇政府所在地约6公里。在脱贫攻坚过程中，花茂村利用相关帮扶政策，迅速谋划村庄发展模式，以产业扶贫为基础，以红色文化、田园风光、农业产业和乡愁元素为依托，建立了一条农、旅、文统筹发展的产业融合创新之路，不仅吸引了外地游客到来，还吸引了外出务工农民返乡就业创业，真正实现了农业强、农村美、农民富。

不同类型的村庄，在具体脱贫方式上有差别。脱贫作为一项系统工程，是要对原来贫困户和贫困村进行帮扶和提升，因此不同的村形成的发展模式也不同。

比如四川省梅子坝村利用当地的梅子林资源发展产业。梅子坝村属于典型的山区村，山高坡陡，交通极为不便，产业发展滞后。但该村山林资源丰富，因连片青梅布满山林而得名。该村利用青梅产业打造"世外梅林"特色旅游村落，计划开发乡村农家乐和民族特色酒，形成了独具特色的"青梅模式"。

以傈僳族为主的云南省达普洛村则利用傈僳族的民族文化特色，安排村民进行文化演出，发展文化旅游业。达普洛村村民能歌善舞，村内有省级民间艺人2人、州级民间艺人2人、民间艺术团1支。达普洛村依托这一特色，大力发展民间艺术产业，走上了一条文化产业扶贫的道路，既增加了村民收入，也有助于推广和传播优秀的民间文化。

二、从礼包式帮扶到产业带贫，逐步探索长效机制

脱贫攻坚一方面要帮助贫困户摆脱发展困境，另一方面要通过增强贫困户和村庄自身的发展能力，探索建立稳定脱贫致富的产业机制。从2017年定点观测调查发现，脱贫攻坚的初期阶段，各贫困村在努力促进贫困户短期增收的同时，也在努力探索产业带贫的长效机制，脱贫工作呈现出从外力帮扶到产业带贫的转变，而扶贫产业也从资产收益性扶贫产业转向贫困户参与的扶贫产业。

（一）"礼包式"扶贫与资产收益扶贫

调研发现，2017年及以前的脱贫工作中存在着"礼包式"扶贫的工作方式，为了帮助贫困户脱贫摘帽，帮扶干部一对一帮扶，定期慰问、送生活用品，各种扶贫政策也打包式地向贫困户输送。以西南某村为例，政府的扶贫政策，仅从农民住房条件、家庭收入来判定是否贫困，于是将一些懒惰致穷的人囊括其中，并为其送上"扶贫大礼包"。这种"帮懒不帮勤"的弊病在基层引起了强烈的社会不满。这表明在脱贫攻坚初期，部分扶贫干部对扶贫的认识尚有待转变，贫困认识应从结果导向转变为过程导向，在农民具备了一定发展条件的情况下，应注重教育和引导，转变思想观念，为他们提供更多的就业机会，鼓励他们自主发展产业。

此外，"资产收益扶贫"是另一种常见的扶贫思路，主要包括光伏扶贫、产业补贴分红、贫困户贷款利息分红。光伏产业主要是通过架设光伏发电板进行太阳能发电，与贫困户分享收益。产业补贴分红是指政府引进外来企业，给予财政补贴，并要求企业在3~5年将这部分资金以分红的方式返还给贫困户。贫困户贷款利息分红则是利用贫困户小额贷款的优惠政策，将所贷款项交给其他主体进行发展，最后给贫困户分红。这一模式的特点在于，贫困户不用真正参与生产，只需要通过分享收益就能提高收入。以中部某村为例，

2017年该村积极动员贫困户申请扶贫小额贷款，由企业使用扶贫贷款资金并承担贷款本息，按期归还给贫困户，由贫困户归还给放贷银行（即"户贷企用"），而贫困户按一定比例享受入股分红。

（二）产业带动扶贫

虽然礼包式扶贫和资产收益扶贫短期内可以提高贫困户的收入，但缺乏发展的内在动力。资产收益扶贫尽管也在尝试发展产业，但这种模式重点不在产业培育而在完成脱贫指标，并没有在产业发展上下足功夫，因此不容易真正形成带动贫困户劳动致富的有效机制，缺乏长远效果。从礼包式扶贫到资产收益性扶贫再到探索产业长效发展，这是脱贫攻坚初期所经历的一般性过程。

到2017年为止，大部分贫困村尚处于产业探索阶段。从调研中，我们看到在产业发展方面，各村庄依据自身条件，因地制宜地探索适合的产业，主要有以下三个特点：在产业类型方面，有传统种植、养殖业的扩大和提升，也有发展新型特色种植和养殖业的，还有发展村庄旅游业的；在产业发展主体方面，有的村庄通过能人大户带头，也有的村庄成立农业专业合作社，还有的村庄引进外来公司；在村庄产业规划方面，注重长短结合，在快速见效益的同时，探索村庄产业发展的长效机制。具体如下：

一是各村因地制宜，产业类型特点不一。比如，云南省依黑么村依托高原种植的传统，扩大种植规模，并且通过电商开拓市场。陕西省高家沟村结合当地苹果种植传统和地区文化特色，重点发展"三位一体"特色产业，包括山地苹果项目、日光温棚项目和祥云山道教文化旅游胜地项目。

二是各村庄发展的经营主体不同，特别是引进企业的能力不一样。引进企业既要依托自身的资源优势，又要靠政府以及其他社会关系。河南省方洼村发展出了多彩田园的产业模式，引进了较多龙头企业，有助于提升村庄产业的规模与竞争力。重庆九通村在引进企业上并不突出，就依靠自身力量成立专业合作社。

三是产业发展呈长短结合的趋势。实现脱贫致富既要有见效快、收益及时的产业，也要有一些长远规划长效发展的产业。调研发现，一些村庄的产业规划呈现出长短结合的特点，例如江西省大胜村力图打造体系化的产业格局，打造规模化的蔬菜、脐橙、油茶等主导产业园区的同时，又鼓励农户发展分散经营的烟叶、白莲、蛋鸭、养蜂等特色种养业。

但是，2017年的调研也显示出一定问题：首先，有一些村庄受自身条件限制，在2017年尚未找到产业发展的门路，例如中部某村，由于村内劳动力短缺，因病因残贫困户多等原因尚未培育出有效益的带贫产业；其次，总体来看，2017年的贫困村在产业发展上，特别是龙头企业、能人、合作社等多种经营主体的引进和培育上，效果还不是很突出；最后，这一时期有一些贫困村的产业发展以多元化的"短平快"的农业产业为主，而且常常存在"一哄而上"的情况，例如西北某村，引入了较多由散户经营的种养殖产业，这些产业虽然可以在短期内增加收入，但生产效益较低，抵抗风险能力弱，产业的长远效益成为问题。

三、精准扶贫与村庄发展

调研发现，在脱贫攻坚工作开展的初期，贫困户精准识别问题是最受村庄社会关注的问题。这说明脱贫攻坚不仅是针对贫困户个体的一项工作，同时也是面对村庄社会整体的一项工作。

（一）贫困户的识别与相对贫困的问题

2017年的调查中，首先是贫困户的精准识别成了一个较为重要的问题，许多村庄的调查报告都显示，因为识别不精准导致了贫困户和非贫困户之间的差别被放大，引起村庄的普遍不公平感，造成群众对脱贫攻坚工作的不满以及村庄矛盾加剧。其次是村中存在的贫困边缘户问题，他们与贫困户有着类似的发展困境，由于识别方式过于机械，导致许多发展困难的边缘户无法享受贫困户的政策和扶持，由此带来边缘户发展困难，甚至落后于贫困户的问题。

贫困户识别和边缘户问题，表面上看是一个精准识别的技术问题，实际上反映出的是如何在村庄社会的具体背景下认识贫困的问题。对于许多村庄而言，老百姓生产生活条件相近，贫富差异并不悬殊，通常是劳动力条件好一些，家庭病残老学人口少一些，家庭经济就会更富裕。如何既保障精准扶贫，又兼顾其他村民的发展，是脱贫攻坚工作中的关键问题。以河南省张庄村为例，张庄村从一开始就对所有农户在教育、医疗等相关政策方面予以相应的保障，只是在扶持力度上有所差别，由此既能精准扶贫，同时也降低了边缘户陷入贫困的风险。

（二）对于精准脱贫的理解逐步深入

村庄的贫困与贫困户的贫困是两个不同层次。贫困原因既包括病、残、老等个人因素，也包括村庄组织涣散、社会风气不良等村庄甚至是区域性原因。在脱贫攻坚工作中这两个层次常常交织在一起，既要针对性地帮助具体贫困户脱贫摘帽，同时还要提升村庄的整体发展条件，保障脱贫工作的可持续性。而在前期，各个村庄相对更加重视个体贫困的原因，精准脱贫的工作重心放在瞄准贫困户。随着脱贫攻坚的深入，对于精准脱贫的理解也在深化。除了使贫困户个体的收入达标，完成精准脱贫之外，还要从村庄的具体情况出发，达到村庄整体提升，精准摆脱村庄的贫困根基。调研发现，许多贫困村都开始重视党建引领和村庄组织建设，改变村庄组织涣散的面貌，提升村庄发展的组织动员能力，改善村庄的风气，为村庄摆脱贫困提供组织保障。以贵州省塘约村为例，塘约村党支部通过党组织、村委会、合作社"三套马车"并驾齐驱，按照"党建引领、改革推动、合股联营、村民自治、共同致富"的方针，探索发展路径，实现村庄繁荣与振兴。

此外，在经过3年左右的脱贫攻坚工作之后，内生动力不足的问题已经清晰地暴露出来，在许多村庄的调研中发现群众的"等靠要"思想较为普遍，这表明此前的工作尚未有效地解决贫困户内生动力的问题。而随着精准脱贫工作的逐步深入，内生动力、组织建设、产业长效机制等问题将成为下一阶段的重点任务。

总体来说，2017年的典型报告展示出：完善基础设施和公共服务是脱贫攻坚最初阶段的首要工作；在此基础上，村庄通过探索建立产业逐步带动贫困户脱贫和村庄发展，但由于村庄基础的不同，各个村的产业发展有一定差异。扶贫工作机制还处在探索和成熟过程中，对精准识别和精准脱贫的认识在不断深化，返贫以及内生动力不足等问题逐渐暴露出来，成为亟待解决的问题。

（北京大学调研组　执笔人：吴柳财、付骥潇）

脱贫攻坚取得阶段成果
产业发展助力长效机制

——2018年贫困村定点观测分析报告

2018年,中国扶贫发展中心委托北京大学、北京师范大学和华中师范大学调研组对除京津沪、港澳台以外的28个省(自治区、直辖市)的151个贫困村进行了定点观测典型调查。调查发现,通过对基础设施和公共服务的投入,很多村庄自然条件落后的问题已经得到了很大的改善,脱贫攻坚取得了阶段性的成果。村庄发展进一步面临的问题是产业发展,缺资金、缺技术、缺市场成为制约脱贫攻坚的瓶颈,针对这些问题,各地进行了积极的探索,并且形成了一些宝贵的经验。另外,人和组织的问题是脱贫攻坚更深层的挑战,村庄空心化、观念落后、缺乏组织性等典型问题需要通过激发村庄的内生动力才能进一步解决。

一、完善基础设施和公共服务,为脱贫攻坚奠定基础

基础设施和公共服务方面的建设与完善,为贫困村发展提供了基础和保障。基础设施建设主要包括修建道路、解决生产生活用水问题、建设互联网网络、易地搬迁和危房改造等。公共服务体系的建设主要包括医疗和教育两个方面。

(一)修通致富路

道路建设是脱贫攻坚的前提条件之一。修路对于村庄脱贫发挥了关键作用,典型的有以下几方面。第一,盘活村庄沉睡资源,激发村民返乡意愿。

许多贫困村虽然有丰富的资源，但是受制于交通条件，无法与市场对接，使贫困村守着宝贵资源却无法致富。交通条件的改善，让资源能够连接市场，也为贫困户和贫困村提供了自主脱贫的条件。第二，带动乡村旅游。许多贫困村都拥有良好的生态旅游资源，交通条件改善之后，迅速带动了乡村旅游业的发展。江西省神山村将原有的窄路加宽，为游客来村提供了便利，促进了乡村旅游业发展，目前已经有18户村民开办了"农家乐"，直接依靠旅游业使42人脱贫。

（二）解决生产生活用水问题

水利是农业的命脉，也是农民最基本的生活保障，在解决村庄生产生活用水问题之后，农民即有了自主脱贫的条件和可能。如贵州省铜仁市龙门坳村，因海拔较高，地下水下沉，村民生产生活用水有很大困难，2017年底，该村修建完成饮水工程，所有村民组都用上了安全的自来水。

（三）易地搬迁和危房改造

住房安全是精准脱贫最基本的要求之一，易地扶贫搬迁则是解决住房安全和让贫困户脱贫的重要举措，易地搬迁之后的农民增收和就业问题，则是实现搬得出、稳得住、能致富的关键，许多地区在这方面进行了有益的探索。例如，山西省龙玉池村就结合当地青山绿水的旅游资源优势，把集中安置点建设成为具有独特景观的镇区，发展乡村旅游业，在一定程度上保障了搬迁户的生计与长期发展。

（四）搭建公共服务保障网

教育和医疗是贫困村公共服务的最大短板，许多村庄和农民都是因为教育和医疗问题致贫，因此，在精准扶贫过程中，各地都非常重视对教育和医疗公共服务的改善，让贫困户能看得起病，让贫困户小孩能上得起学，这对贫困户的短期脱贫和长远发展都具有重要意义。例如，安徽省大湾村的贫困户近一半因病致贫，缺乏医疗资源。在县财政支持下大湾村对卫生室进行改造重建，县中医院在2015年与大湾村建立了帮扶关系，125位在编医务人员对应相应的贫困户进行帮扶。云南省福贡县则高度重视职业教育发展，把初、高中毕业后未能继续升学的贫困家庭学生全部送到中高职学校继续接受教育，实现"两后生"就学的全覆盖，不仅让他们学到了一门专业技术，还给他们联系外出务工门路，从而真正实现"上学一人、就业一个，脱贫一家"。

（五）互联网下乡、农产品上网

在脱贫攻坚过程中，除了大力推进乡村互联网基础设施建设，许多地区也十分重视推进电商发展。电商平台实现了贫困村的特色农产品和特色资源"上网"，更好地与市场进行对接。如贵州省龙门坳村，与黔邮乡情、食行生鲜等多家电商网站合作，既拓宽了该村生产的竹荪的销路，解决了农产品销售的问题，又开阔了农民的视野，提高了农民的市场适应能力。

二、脱贫产业发展成效显著，多种模式促进长效稳定脱贫

2018年的村庄调查表明，相较于2017年"扶贫大礼包"模式，很多村庄已经进入结合村庄实际探索产业发展模式的阶段，其核心关键是如何使长效稳定的致富产业有效带贫、落地生根。从产业性质看，这些产业可以分为种植业、养殖业、加工业、服务业等；从生产组织类型看，可以分为政府主导、农户经营（包括散户经营和大户经营）、合作社经营、公司经营以及"公司+农户""合作社+农户""公司+合作社+农户"等形式。不同类型的产业组织有其解决资金、生产和市场的办法，亦有其适合的产业类型。在这场大规模的产业发展实践中，有成功的榜样也有失败的教训。下面结合具体村庄案例对这些经营模式进行分析。

（一）政府主导、企业带动型

2018年的调查案例中比较常见的产业发展模式是县乡政府统一规划、投入大规模的资金，并引入企业实际运营，这一模式能够有效解决农村产业发展中资本投入不足、生产规模不够、市场份额偏小等问题，并且覆盖面广、带动性强，促进脱贫效果明显。

河北省骆驼湾村和顾家台村的大棚香菇产业代表了一种"多方参与、多方收益"的长效共赢机制：政府负责基础设施建设，国有企业投资兴建大棚，民营企业负责菌棒生产、技术研发和市场销售，承包农户负责经营管理，雇工农民通过雇用参与生产。

但需注意，这种由政府行政主导的扶贫模式容易出现村庄产业发展不可持续的问题。如南方某村最初由政府主导大力发展资金、技术密集型的扶贫

产业，而这与当地村民的生产知识和技术并不匹配，最后导致产业发展失败、村民增收效果不佳的局面。因此，政府在主导产业发展时，要注意调动村庄的内生动力，将产业发展的决策权和主导权交由村民。

（二）"公司+农户"型

这种类型在2018年的贫困村产业发展模式中也很常见，一般由公司提供资金、技术和解决市场销售问题，由农户进行生产和劳动，也可以叫作"资本下乡"。这种类型又可分为"公司直接经营"和"农户直接经营"两种亚类型。

公司直接经营的类型。公司一般集中流转土地搞种植或养殖业，雇用农户进行劳动。大部分加工业（来料加工除外）也一般都是这种类型。直接经营的优点是投资大、上规模、见效快、带动性强，缺点是由于"水土不服"引起的生产管理及相关问题。

例如，河北省八顷村，通过"反租倒包"的模式，以村办企业的名义，将村民的土地集中，并在这些耕地上修建了152个大棚，与海南某公司合作，由公司使用这些大棚种植玫珑瓜。公司派技术员进行生产技术指导与培训，并雇用村民从事具体的生产活动。

这是比较成功的资本下乡案例，也有失败的案例。中部地区某村的下乡企业集中流转了村里1500多亩土地种植水蜜桃，雇用当地农民进行劳动，出现了一系列的问题，包括雇人难、劳动监督难等问题，且桃子在成熟期被偷走近三分之一。当前的农村实际上处于老龄化和空心化的状态，劳动力短缺，劳动力质量也不好，对劳动过程的监督也很困难。企业在进入村庄时面临较为严重的"水土不服"问题，需要引起注意。

农户直接经营的类型。公司一般不流转土地，只是负责提供资金、原材料、技术和对接市场，有些地区的"订单农业"属于这种类型。在加工业中，一般体现为"来料加工"。这种类型的公司和农户的合作比较常见，成功的例子也比较多。

山东省上小峰村利用这种来料加工模式带动了当地贫困老年人口就业。镇政府联合企业在村庄设立桔梗去皮加工点。政府通过富民生产贷、财政贴息等优惠政策扶持企业发展，企业则在有条件的村庄设置扶贫小院。企业早上送货上门，晚上将已刮皮的桔梗运回，扶贫小院优先雇用但不限于贫困农户，按照去皮的桔梗重量支付工资。

在这种模式下，企业将需要大量简单劳动力的生产环节外包，"来料加工"自然嵌入企业桔梗加工链条之中，是产品生产不可或缺的环节，由此使得这种产业模式具有了相当程度的稳定性和抗风险能力。

（三）"合作社+农户"型

在2018年的调查中，很多扶贫政策与扶贫资金是通过合作社作用到贫困户身上，各地区进行了一系列依靠"合作社+农户"的方式带动扶贫产业发展的实践探索。在实践中，一些村庄能人大户在村庄传统产业的基础上，联合贫困户"自下而上"地成立合作社，起到了良好的带贫作用。

例如，湖南省富溪村的富春合作社由返乡能人大户陈某任理事长，其他社员全部是易地搬迁的贫困户。合作社一方面由贫困户凭扶贫资金入股，参与到统一经营的蔬菜种植、养蜂产业中；另一方面依靠陈某个人的电商平台，通过提供种苗、帮助收购等方式支持贫困户自家养殖黑山羊、土鸡、蜜蜂、鱼等。

在调查中，有一些合作社在经营过程中由于管理不善、劳动力不足等原因，最终成为"空壳合作社"，借合作社名义享受扶贫政策支持，实际上没有对贫困户产业发展起到支持作用。也有村庄的合作社由龙头企业带头创立，经营过程中出现了"合作社不合作"的现象，出现扶贫产业乡土适应性问题。

总体来看，合作社作为产业发展主体在产业扶贫的探索过程中起到了至关重要的作用，很多"自下而上"的合作社往往容易适应农村复杂的乡土结构，具有更旺盛的生命力。在外部力量支持下，这些合作社在统分结合中"统"的部分能够为产业发展提供资金与市场的支持。

（四）大户、能人带动型

乡村产业的发展要有收益、要长期繁荣，离不开大户和能人带动。这些能人和大户是村庄的宝贵财富。在2018年的调研中发现了许多大户和能人带动产业发展的案例。

例如，河南省东虎岭村的老韩从2000年开始尝试种植连翘，当时只种了 1 亩。因为对市场行情判断准确，老韩的种植规模不断扩大。村民看到老韩靠种植连翘赚了钱，便纷纷效仿。目前，全村有 80 户农户进行连翘种植，种植面积达 700 多亩。

在产业探索过程中，村内传统种植大户与返乡能人大户在贫困户产业发展过程中起到的带动作用表现在两个方面：第一，拓宽产业发展思路，为贫困户探路；第二，提供资金与市场支持，降低贫困户产业经营风险。然而，如何引导更多的能人大户返乡创业，促进贫困户产业发展，带动乡村产业兴旺，仍然是探索与发展的历程中需要思考的问题。

（五）外部支持下的散户经营型

这是指农户的生产过程完全自主，但是在资金投入、技术指导和市场销售方面得到了外界的帮助。这些帮助的类型非常多样。在 2018 年的调查中发现有以下几种：政府以奖代补、以奖代投；政府负责收购、销售散户的农产品和开拓市场；政府规划、提供政策支持，农户经营。

散户经营的模式在产业探索中具有内在的旺盛生命力。然而散户经营往往面临缺资金、缺市场、缺技术等问题，经营难以维系。此时，就需要有外部的力量对散户进行支持与帮扶。这种支持模式不会改变现有的经营方式，也更加符合贫困户家庭劳动力结构与家庭生活状况。但是，这种散户经营如何进一步扩大生产，形成产业规模甚至是产业带，是在巩固与拓展脱贫攻坚成果时期需要着重考虑的问题。

三、"志智双扶"激发内生动力，乡风文明取得长足进步

随着脱贫攻坚的深入，大量项目支持逐渐弥补贫困地区的资源短板，组织和人的问题越发凸显出来，内生动力成为脱贫攻坚中最为"艰"和"难"的问题。这一问题不仅影响一个村庄的长久发展，也关乎脱贫攻坚成果能否维持。2018 年的村庄报告显示，很多村庄开始从村级组织、村庄治理、村内社会关系、能人懒人、乡风伦理等方面，深入内生动力层面，开展精准干预。

（一）强化基层组织

村"两委"是村庄脱贫的领路人和带头兵。村级组织建设不力，即使扶贫出现一时的成效，也难以长久保持。调查发现，许多村通过更换"两委"

班子、下派优秀干部、新设组织机构等各具特色的做法,强化了村庄的基层组织。如河北省八顷村成立八顷村党总支,下设三个党支部,分别由在村村民、在外务工人员、村集体企业和合作社成员组成,这是根据当前村庄实际情况建设党组织的新举措。分设党支部之后,工作的开展更有效率。

(二)巩固驻村队伍

在脱贫攻坚的推进中,扶贫队伍的工作方法越发成熟,作用越发显著。扶贫政策要落实、扶贫做法要有实效,要做到精准,都离不开扶贫队伍的工作。2018年的村庄报告中展示了诸多具有典型和示范意义的扶贫队伍和工作方法。所有贫困村都有其对口的帮扶单位,这些帮扶单位的级别、类型和性质各不相同,展现了各具特色的帮扶做法。一般而言,村"两委"在政策、资金、项目、市场等方面没有优势,上级领导则对村庄内部的情况不熟悉,而驻村工作队则能衔接二者,是扶贫得以"精准"的关键。另外,结对帮扶是完善和创新扶贫机制的重要举措,也是机关干部覆盖面最广、接触和联系贫困群众最直接的一种工作方式。

(三)加强集体经济

强有力的集体经济是村庄脱贫和长期发展的关键。调查发现,许多村庄通过整合资金、发展产业来强化集体经济,比较普遍的办法是兴办集体企业。如江西省黄溪村开办了统一培育小蚕的"小蚕工厂"和统一收购销售的"蚕茧收购站"两个村办企业,不但为本村种养殖桑蚕的农户提供产品和服务、保障农户收入稳定,还覆盖支持了周围数个乡镇的桑蚕产业发展。

(四)推动能人返乡

就扶贫和以后的发展而言,人是根本的因素,也是发展的根本动力。调查发现,许多村都在推动能人返乡上下足了功夫。有的是"请书记",如贵州省龙门坳村,为了动员本村能人刘某回乡担任村支书"五顾茅庐",甚至直接将其党组织关系转到村里。刘某当选村支书后,引进现代经营管理方式发展产业,高效率带动村民脱贫。有的是"请老板",如湖南省左江村村民朱某在株洲拥有多家酒店,在扶贫工作队和村"两委"动员下回乡建设祥云湖生态养老园,成为左江村"引进来、留得住、带出去"发展模式的纽带。

（五）激发内生动力

内生动力不足的情况有很多种，如何准确地进行区分，是实现"精准干预"的核心问题之一。一类是贫困户本人有困难，很多是有残疾，这些人中的很大一部分并不愿意"等靠要"。对于这种类型，"雪中送炭"能够极为有效地激发其内生动力。如江西省新龙村通过贫困户创业贷款等政策支持两位残疾人与其他三户贫困户合办养鸡场，借助脱贫攻坚的东风，互助创业脱贫致富。另一类是贫困户有能力但是自身比较懒散，对这些贫困户而言，扶贫实际上是"扶志""扶思想""扶精神"。如安徽省大湾村的村民杨某，父母都因病无劳动能力，家里穷困，自己也对生活失去信心，总想靠救济过日子。该村第一书记和其他干部一起，3个月内连续40多次到他家讲政策、谈前景，指导他发展养殖；杨某由一开始的被推着干，慢慢地转变为自觉干，并于2017年成功脱贫。

（六）推动乡风文明

发扬乡风文明、促进乡村伦理的重建是村庄脱贫和长期发展的根本。乡村风气不好，政策就很难落实到位，产业和项目的发展就会遇到很多困难，村民的公平感也会受挫，村庄秩序很容易陷入危机和混乱。有些村从组织层面入手，比如建立乡贤会、理事会等组织；有些村从制度入手，比如订立"红十条"等；有些村则是从工作方式、工作方法入手，充分利用乡村固有的伦理风气。如江西省某村一度打牌成风，村支书看到贫困户聚众打牌时，他没有当面指责批评，而是偷偷拍下照片发送到该贫困户的个人微信上，批评他偷懒，并"威胁"要重新审核其低保资格。第二天，该贫困户就到村支部来向村干部当面承认错误。现在，村内营造出了"偷懒可耻"的氛围，对好吃懒做和赌博风气产生了遏制作用。

总体而言，从2018年的调研中我们能够感受到，通过前期的基础设施建设和公共服务投入，各个村庄的总体面貌已经得到了很大提升，水、电、路、信的建设不但改善了村民的生活环境，也为产业发展奠定了坚实的基础。相较于前几年，各个村庄也开始探索产业发展的诸多模式，因地制宜地选择适合自己的发展道路，取得了非常不错的效果，并且也从一些失败的教训中总结了宝贵的经验。我们发现，随着脱贫攻坚的深入，内生动力愈加成为影响村庄长久发展的重要因素,长效机制的建立需要从党群组织、集体经济、乡风文明等方面继续着力。

(北京大学调研组　执笔人:傅春晖、秦鹏飞、何奇峰、李轶凡、宋丹丹)

多方探索谋求产业发展
多重举措激发内生动力

——2019年贫困村定点观测分析报告

2019年,中国扶贫发展中心委托北京大学、华中师范大学、中国农业大学、中国人民大学四个调研组对20个省（区、市）62个贫困村进行定点观测典型调查。调查发现，在此阶段，基础设施建设仍然是扶贫的基础和条件，脱贫攻坚的重点则落在多方探索谋求产业发展上，不仅包括立足本地实际情况发展产业，也包括深入探索多元化产业发展格局，以及完善产业组织模式。在发展产业的过程中，内生动力的问题逐渐凸显，各个贫困村开始采取多方举措来激发内生动力。

无论是长时期的反贫困工作，还是集中脱贫攻坚时期，扶贫工作都呈现出了鲜明的阶段性。基础设施建设作为扶贫工作的先行者，承担着激活村庄内部资源，将村庄与外部资源相联结的任务。而合适的产业类型和发展模式，则是真正能完成脱贫攻坚目标的中坚力量。在产业发展与经济条件改善之后，更深层次的内生动力成为巩固脱贫攻坚成果长效机制的关键。下面，我们将依据2019年的调查对这三个阶段进行论述。

一、基础设施扮演先行角色

在长期反贫困工作与脱贫攻坚的衔接中，基础设施建设、产业发展、内生动力的培育三者之间有着明显的内在逻辑关系，基础设施建设是扶贫各阶段的先行者。福建省下岐村的扶贫历程最典型地说明了这一点。"一条破船挂破网，祖宗三代共一船，捕来鱼虾换糠菜，上漏下漏度时光"曾是下岐村连家船民的生活写照。1997年，在福建省"造福工程"政策的引导下，下岐村逐步实现了船民全部搬迁上岸，产业也得到了发展，由单一捕鱼业拓展为水产养殖、海洋捕捞与商贸服务业。脱贫攻坚之前，下岐村的扶贫工作主要聚焦于基础设施建设与产业发展。脱贫攻坚以来，下岐村将重点放在产业升级、公共服务提升以及内生动力激发上。下岐村于2017年已实现全部贫困户脱贫，2018年底，村民人均年收入已达到20000多元。在这一过程中，基础设施建设、产业发展与激发内生动力几个阶段是层层递进的。

除了长期的反贫困工作，脱贫攻坚过程本身也体现了脱贫的阶段性特征。而基础设施建设仍然是实现从贫困向富裕转变的"牛鼻子"。甘肃省颉岭村的黄牛养殖在当地具有悠久的历史，但由于基础设施滞后，养牛产业一直未成规模。脱贫攻坚以来，颉岭村全面改善了水、电、路、房、信等各方面条件，还集中建设养殖小区3处，建成单列式牛棚62座，配齐了看管房、消毒室等附属设施，使肉牛养殖实现了从传统粗放散养到规模科学养殖的转变，成为群众脱贫致富的主导产业。颉岭村正是抓牢了易地扶贫搬迁与基础设施建设的"牛鼻子"，促使肉牛养殖的产业发展呈螺旋式上升。

在这两个案例中，基础设施建设都扮演着先行者角色。下岐村脱贫攻坚工作有明显的阶段性特征，第一个阶段为基础设施建设，让漂泊的连家船民搬迁上岸；第二个阶段为拓展多种产业类型，通过调整产业以推动脱贫的进程；第三个阶段为建档立卡时期，主要是通过提供更高层次的公共服务和激发内生动力助力脱贫与发展。而颉岭村借助基础设施建设的东风，直接促成了传统产业的升级换代，为进一步发展扫除路障。在这种意义上，基础设施建设是为产业发展和内生动力激发打基础的过程。

二、多方探索谋求产业发展

在基础设施建设的推动下，扶贫产业的发展大体呈现出一个从无到有、从单一到多元的不断探索的过程。村庄产业的发展，一方面离不开外部的各项支持，如政府兴建基础设施，提供公共服务等；另一方面需要立足本地自然条件、历史基础选择产业类型。同时，要充分考量产业内部诸多要素与外部环境、社会条件的调适情况，不断探索、完善产业组织模式，发展多元化的产业布局来分散风险，拓展带贫增收途径。

（一）立足本地实际情况发展产业

自脱贫攻坚工作开展以来，大部分村庄至2019年已经经历了5年左右的脱贫实践历程，扶贫产业呈现出的一个突出特点是：各地区不再盲目选择流行产业，而是更多立足于本地的自然条件、历史传统来发展多样化产业。这些产业类型适合当地特点，往往更容易取得成功。

立足本地自然条件发展产业。一些贫困村因其自然条件特别适宜发展某些高经济价值的种养殖产业，所以一旦选准这些产业类型，往往就能有效增加贫困户的收入。如湖北省指北村地处山区，耕地面积少，无法实现集中成片的规模化经营。但该村充分利用本地资源特色，因地制宜发展虎杖和七叶一枝花等中药材产业和胭脂米特色产业，虽然种植面积不大，但有很好的带贫效果。

立足本地历史基础发展产业。有的村庄有着长期经营某种产业的历史传统，积累了大量的实践经验，以这些传统产业为基础进行转型升级，往往可以减少摸索、适应的难度，起到很好的效果。例如福建省下岐村村民曾经漂居海上，在上岸定居之后继承并发展了传统的捕鱼经验，在政府的大力支持下，探索形成了三大支柱产业：海洋捕捞业、水产养殖业和商贸服务业，取得了很大成功。

产业发展与本地的社会条件相适应。产业发展成功的另一个关键因素是能否与本地的社会条件相适应。尤其是外来企业进入村庄时，往往会遇到水土不服的情况，因而更需要重视社会条件。社会条件包括当地劳动力的数量、劳动技能、家庭情况、乡土伦理等诸多方面内容。例如在安徽省七里棚村，很多贫困户家庭的劳动力因为要照顾家人而无法外出务工，而引入的家具厂恰好能为贫困户提供稳定的就近就地就业岗位，让贫困户兼顾工作与家庭。

（二）探索多元化产业发展格局

经过几年的发展历程，不少村庄经历了一个总结失败教训、积累成功经验的过程。这些村庄在既有产业基础之上不断进行优化调整，探索让农户脱贫增收的新型产业。因此，在2019年的村庄调研中，贫困村呈现出产业发展多元化的新格局。

产业类型多元化。有的贫困村主要发展多种类型的种养殖产业，有的种养殖产业长期效益好，但投资周期长见效慢，因而会同时发展一些"短平快"的产业来弥补这一缺点。例如贵州省对门山村发展"长短结合"的多元产业类型，一方面发展千亩茶园，培育本地名优白茶作为长线产业项目；另一方面发展一些如烤烟、蔬菜大棚等见效快的产业类型，用来增加贫困户的短期收益。也有的贫困村为了解决贫困户就业问题，既发展种养殖类产业，也发展加工业。如安徽省七里棚村一方面发展"一村一品"的麻黄鸡养殖产业，另一方面引入家具厂，帮助无法外出打工的贫困户实现家门口就业。

投资主体多元化。对于一些由政府主导引入企业的村庄来说，一旦企业出现问题便会给村庄带来重大的打击，因此投资主体的多元化有助于降低发展风险。例如宁夏回族自治区原隆村同时引入了三家大型企业：一家酒庄，负责发展有机葡萄种植；一家农牧科技公司，建立了红树莓生产基地；一家科技公司，依托光伏大棚打造鲜切花基地。这三家企业实力雄厚，发挥了很好的带贫效果，而且同时引入多家企业也大大降低了产业发展的风险。

经营主体与组织模式多元化。贫困村的产业发展既离不开外部力量推动，也需要内部力量"觉醒"。经营主体与组织模式的多元化发展，既有助于推动产业类型多样化，增加农户收入渠道，也能够发挥一定的示范带动作用，激发村庄内生动力。例如河南省方洼村按照"房前屋后一亩茶，一塘肥鱼一群鸭"的脱贫思路，一方面采用"村集体+企业+合作社"的模式引入公司，流转村民土地建立油茶基地；另一方面村集体成立合作社，以"合作社+农户"的模式发展绿茶产业。此外，还大力培育新型农村经营主体发展特色种养殖业，带动贫困户增收。

（三）产业组织模式的探索与完善

从2018年的典型调查来看，产业的组织模式主要有政府主导、企业引进、合作社/大户带动、散户经营这四种模式。这些模式在解决资金、生产、市场方面各有优缺点。而2019年的典型调查则显示出产业组织模式的进一步探索与完善。突出表现有两点：一是以党建引领统合组织模式来推动产业发展，二是集体经济在产业发展中发挥越来越重要的作用。

党建引领统合组织模式。合作社、企业、农户、大户等不同经营主体之间如何对接合作推动产业发展，这是产业组织模式中需要解决的一个重要问题。2019年的调查发现，一些村庄通过党建引领的方式来解决这一问题。

如贵州省对门山村发挥党建引领作用，探索出了"党社联建·村社合一"的产业发展新模式。2018年设立村党总支，合作社接受村党总支领导，将党建覆盖到产业链条上，探索出"党支部+合作社+公司+农户"的组织带动形式。即以"党社联建"为依托，村"两委"动员村民通过土地折价、劳动力、资金等入股村"两委"领办的合作社，通过"村社合一"建立村级平台进行公司化运作，在培育多元产业的同时也壮大了集体经济。

集体经济助推产业发展。村庄的集体经济通常是由村"两委"主导成立合作社，与企业合作，以资金入股分红、出租设施设备或直接进行经营的方式来发展。村级集体经济解决了分户经营难以解决的大型设施建设，资金申请利用，农户沟通协调，与市场主体合作等问题，不仅有效带动贫困户脱贫增收，为村庄发展储备资金，还能增强基层组织的工作能力。

例如湖北省中河村成立了村土地合作社，将村民土地集中流转，借助专项资金对零碎的土地进行连片改造，然后与市场主体合作，把土地出租给市场主体并参与分红，再把分红收益的一部分分配给入股村民，剩余部分留作公积金、公益金，在收益分配上适当向贫困户倾斜。另外，合作社还利用扶贫资金购买挖掘机提供公共服务，收入归村集体所有。通过发展集体经济，中河村主导的"虾稻连作"产业实现了传统产业的转型升级，起到了很好的带贫增收效果。

三、多重举措激发内生动力

脱贫攻坚时期，国家集中力量把基础设施建好，扶持产业经济上马后，不仅要让群众获得独立赶路的能力，还要营造勤劳上进的共同体氛围，让各贫困村、贫困户自己有心赶路，这就是激发内生动力的过程。在2019年的案例中，内生动力的培育成为这一阶段的重点，而集体经济、技能培训、组织建设为内生动力的培育打下了基础,发挥了各自的影响。

(一)集体经济为内生动力搭建平台

如何激发内生动力,是脱贫攻坚过程中的难题。在此前的工作中,贫困户即便想要通过双手脱贫,但却有心无力,因为经济机会难以获得。而村级集体经济的发展,恰恰能够帮助农户打消这一顾虑。集体经济可以通过其汇集资源的能力,一方面为贫困户直接提供经济带动,另一方面为内生动力的发挥提供平台。

例如青海省麻拉河村在脱贫攻坚时期,通过与旅游公司合作开发景区生态园,一方面可以获得集体经济收入,另一方面公司为全县贫困户安排了200个摊位。贫困户通过摊位经营,能够获得不少收入。景区旁的拉洞村有一个贫困户老马,借助该旅游景区的优势,通过经营农家院等方式致富,并带动了周围7户贫困户就业。在这个过程中,贫困户一方面在集体经济中得到了直接的经济机会,另一方面还能在集体经济搭建的平台上,淋漓尽致地展现其内生动力。因此,发展村级集体经济不仅能起到经济带动作用,而且对营造村庄中内生动力氛围具有潜移默化的作用。

(二)技能培训为内生动力提升底气

集体经济的发展,能够给内生动力的激发提供平台。而内生动力的实践,则需要通过技能培训为村民"赋能",让群众能独立"赶路"。因此,技能培训能提升村民内生动力的底气。江西省良溪村村民管某由于左臂残疾,行动受限,之前与妻子在家中种植一点蔬菜,经营一个规模不大的摩托车修理铺,收入微薄。建档立卡后,经村干部的推荐和帮扶,他贷款建起养猪场。通过积极参与相关的养殖技术培训掌握了养猪技能,得以顺利脱贫。

技能培训不仅能让个人提升内生动力的底气,甚至也能在整村形成带动作用。例如湖南省菖蒲塘村通过技能培训组织形成了"女子嫁接队",她们常年在贵州、重庆、四川、陕西等地开展嫁接技术服务,年创收200多万元,不仅使一些贫困户得以脱贫,也带动了其他村民致富。

因此,拥有一技在身给贫困户带来了实在的底气,为内生动力的激发奠定了个体基础。同时,在一个村庄共同体中,内生动力的发挥还需要良好的氛围，以人与人之间的联结促进内生动力的延续，组织建设在这方面起到了引领作用。

（三）组织建设引领内生动力培育

在脱贫过程中，出现了许多能人带动学习与创业的案例。村党支部作为对村庄发展情况与内部关系熟络的能人，驻村工作队凭借自身开阔的视野与专业知识，共同成为村庄发展的舵手，培育村庄的内生动力，促进村庄资源的整合、联结与发展。

村干部等人的表率作用能对贫困户起到良好的带动效果，这是组织建设引领内生动力的重要方面。例如云南省公坎村明确了乡挂钩领导、驻村工作队、村组干部等各个层级的责任分工，分片区、分地块包干，与公司合作发展辣椒产业。通过村干部等人的先锋和表率作用，带动了贫困户积极参与，使公坎村的辣椒种植从 0 发展到 500 多亩。另外，组织建设对内生动力的培育还体现在村委会、党支部和驻村工作队的具体帮扶过程中。甘肃省毛寺村通过党员帮带贫困户模式，1 对 1 帮助群众开办饭庄、农家食府、醋坊、油坊、酒坊和组织蜂业专业合作社，帮助贫困户销售农产品，通过经济与组织双重扶持提高了贫困户的内生动力。

此外，还有一些村庄则尝试通过乡风文明建设来构建激发内生动力的良好氛围。例如江西省大胜村通过加强宣传引导，发挥村规民约和理事会的作用，扭转了铺张浪费、不敬老人等不良风气。同时制定了村级各类评比规则，将评比结果换算为积分，年底产业分红时，拿出一部分资金按照积分情况进行绩效分配，以引导勤劳上进的村庄氛围。不过，这一绩效奖励是短期效果还是长期机制，仍然有待考察。

因此，内生动力不仅是村民借由产业舞台自然发展的结果。在一个村庄共同体内部，通过集体经济为内生动力的发挥创造经济空间，辅之以技能培训，让群众获得一技在身的底气，再经由组织建设，通过人们关系的联结让内生动力得以生发，是这一阶段激发内生动力的重要尝试。

总体来说，2019 年的典型报告展示：基础设施建设仍然是脱贫攻坚的先行者，不过在大部分村落已经完成基础设施建设的阶段，如何能够选择适合村庄自然、历史和社会条件的产业成为重要问题。而且，为了更好地推动产业发展，多元化产业发展格局和产业组织的新模式成为重要的探索方向。同时，内生动力问题的凸显，引发了村庄激发内生动力的各种举措。然而，对于激发内生动力的合适机制问题，仍处于持续地探索过程中。

（北京大学调研组　执笔人：凌鹏、李松涛、单凯）

第二部分

村庄观测报告

产业扶贫显成效　多措并举富家园
——江西省瑞金市大胜村调查报告

一、大胜村基本情况描述

叶坪乡大胜村原名白鹭村。苏区时期，苏维埃地方政府领导的地方武装组织指挥"三打合龙寺"攻坚战，因三次战斗大获全胜，所以就改名为"大胜"村。大胜村是省级"十三五"贫困村，全村总面积14.9平方公里，有18个村民小组，426户2015人，2014年识别贫困户81户285人，其中，低保户55户，"五保"户6户。党小组4个，党员42人，平均年龄48岁。大胜村耕地面积2900余亩，山地16000余亩，村集体资产11万元。调研组于2017年12月在大胜村开展了为期3天的调研。

大胜村有以下几个特点：第一，它是一个红色村。苏区时期，总户数不到200户的大胜村有118人参加红军，其中有名有姓的革命烈士有104人。第二，它是一个山区村。大胜村距离叶坪乡政府17公里、日东乡15公里、壬田镇11公里，处于三乡交界，四面环山，是叶坪乡最边远的行政村；全村森林覆盖面积16000余亩，森林覆盖率达96.4%，素有"生态福地、天然氧吧"之称。第三，它是一个贫困村。村民经济收入主要靠农业生产。到2015年底，全村人均纯收入仅有2230元，有55户家庭仍居住在危旧土坯房。2017年，全村人均纯收入3860元左右，到2017年11月，危房户数统计清零。

近年来，在省、市及当地政府的正确领导及帮扶单位的挂点帮扶下，大胜村坚持"输血"和"造血"相结合，按照"功能全、有保障、可持续"的脱贫思路，不断加大基础设施投入，因地制宜发展优势特色产业，走出了一条持续稳定脱贫的致富路,在 2015 年已脱贫 22 户 80 人的基础上,2016 年再实现脱贫 50 户 165 人,贫困发生率降至 1.98%,成功退出了贫困村行列。2016 年 1 月 31 日、2017 年 1 月 22 日时任省委书记的鹿心社同志两次到大胜村调研指导,对该村的脱贫攻坚工作给予了高度评价。

二、脱贫攻坚经验做法

2017 年,为深入贯彻落实习近平总书记在十二届全国人大三次会议江西代表团的重要讲话精神,瑞金市人民政府和帮扶单位在充分调研的基础上,制定了《瑞金市叶坪乡大胜村精准扶贫实施方案》。该方案立足本村优势,以"产业扶贫、安居扶贫、健康扶贫、教育扶贫"为主要手段,在村"两委"的带领下,紧紧围绕实现贫困户"两不愁三保障"的政策要求,即不愁吃、不愁穿、保障义务教育、保障基本医疗、保障住房安全,借助挂点帮扶,坚持"输血"和"造血"相结合,多措并举、精准施策,有效改善了该村村民的生产生活条件,贫困群众的增收致富步伐明显加快,确保脱贫攻坚帮到点上,扶到根上。

(一)大力发展脐橙、白莲等特色产业

"扶贫先扶智,扶勤不扶懒。"大胜村始终坚持把发展产业、壮大集体经济、增加农民收入作为扶贫工作的核心。通过选准一个产业、培训一个龙头、扶持一笔资金、建立一套利益联结机制、健全一套服务体系的"五个一"模式,按照因地制宜、长短结合、三产融合的思路,在巩固发展蔬菜、脐橙、油茶等主导产业的同时,大力发展烟叶、白莲、蛋鸭、养猪、养羊、养蜂等特色种养业。引导贫困户直接发展产业,或通过土地、资金入股的方式,推进产业扶贫 100% 全覆盖。2017 年,大胜村争取省投资集团公司投资 216 万元,新建 450 亩脐橙园,明确产权归村集体所有,按照"党支部 + 合作社 + 基地 + 贫困户"的运营模式,把集体资产折股量化给贫困户。同时吸纳全村贫困农户成立大胜果蔬专业合作社,委托专业合作社进行建园、运营,村里成立理事会负责脐橙园经营监管、资产管理及收益分配。协议约定由专业合作社在前 3 年脐橙未挂果期间每年按投资额的 15%、第 4 年脐橙挂果后按总收益的 15% 提取给村委会,用于反哺贫困户和村级产业发展升级。从 2017

年开始，全村282名贫困人口均可享受1000元以上产业扶贫"分红"收益。此外，脐橙园还与15名有劳动能力的贫困户签订了长期务工合同，每月工资1500~2500元。通过产业园辐射、带动全村3000余亩脐橙发展，不仅提高了全村果农的种植技术，还拓宽了脐橙销售渠道。另外，产业园结合经营管理实践，还聘请专业人员对贫困户和其他果农进行不定期的技术培训，提高整村果业种植的科技含量，实现果农增产增收，助推精准扶贫。

大胜村家家有长期种植白莲的传统。结合白莲种植技术要求低、投资金额小、发挥效益快等特点，在全村范围内实施了优质白莲改良项目。2016年和2017年连续两年由帮扶单位出资约15万元，从广昌和石城调运"太空36号"优质白莲免费发放给贫困户及群众种植，实施优质白莲改良项目600余亩，实现贫困户白莲品质、产量和收入的较大幅度提高，亩产平均纯收入增加近1000元，户均增收3000元以上。此外，大胜村还投资100万元新建烟叶育苗中心和6座连体烤房，带动8户群众（其中含4户贫困户）种植烟叶200亩，户均增收20000元，实现了由"输血"到"造血"的飞跃。

大胜村脐橙产业园（摄影 万坤利）

（二）建设"梦想家园"搬迁安置点

大胜村是红军烈士村，2015年统计有55户特困户仍居住土坯房，为使这些烈士后代实现"安居梦"，帮扶单位和地方政府共同出资300余万元建设24套保障房。大胜村安居扶贫主要实施易地扶贫搬迁补助政策和危房改造补助政策。其中，易地扶贫搬迁补助政策主要是对村里生产生活条件差、无劳动能力、就地脱贫难的建档立卡贫困户落实易地移民搬迁政策，严守"搬迁对象精准的界限、住房面积标准的标线、搬迁不举债的底线、项目规范管理的红线"，以每人居住面积不超过25平方米的标准，建设移民集中安置点，取名为"梦想家园"。建成后作为村集体资产，集中安置"五保"户、低保户和无房贫困户等特困群体。帮扶单位还为入住的贫困户统一配置电视、沙发、床、衣柜等家电家具，他们可拎包入住，不需缴纳任何费用。据调查，居住于"梦想家园"的村民对党的扶贫政策满意度高达100%。危房改造补助政策则是以每户20000元的标准，对"五保"户、低保户、贫困残疾人家庭、建档立卡贫困户给予补助；其他贫困户每户补助15000元。维修加固房屋的困难农户每户补贴3500元。在扶贫政策的帮助下，该村危房已全部得以改造。

为确保贫困户"搬得进、住得下、有发展、不返贫"，大胜村实施了安居扶贫"五个一"工程，即为特别困难的贫困户建一套房、预留一块土地、有劳动能力的安排一份工作、享受扶贫产业园一份"分红"、落实一份政府兜底保障。同时，建设保障房综合楼一栋，落实兴建"八合一"标准村级卫生场所，让群众不出村就可以享受较好的卫生医疗服务。现年84岁的烈士后代沈爷爷，老伴早已过世，儿子也在8年前一场车祸中丧生。儿媳改嫁后，只留下他与两个年幼的孙子住在几间破旧的土坯房里，日子过得很艰难。通过村民代表的公开评议，沈爷爷一家如愿成为"梦想家园"首批住户之一。如今，他逢人便说："感谢党、感谢政府，是共产党帮我圆了安居梦！"

产业扶贫显成效　多措并举富家园
——江西省瑞金市大胜村调查报告

大胜村搬迁安置点（摄影 李丹梦）

（三）构建"医疗保障线"

健康扶贫是打赢扶贫攻坚战的命脉。该村在市政府的大力扶持下，为建档立卡贫困户每人购买180元的城乡居民医疗保险和大病保障保险及每人260元的商业补充保险，经四道"医疗保障线"报销后，贫困户个人就医只需负担10%以下的医疗费用。市、乡两级医疗机构设立扶贫床位，对贫困人口减免相关费用，优化医疗服务。以上举措，确保了贫困户在生病时钱少能医、钱少敢医。

（四）开设培训班，设立"江投"奖学金

"扶贫先扶智，治贫先治愚。"大胜村的教育扶贫主体分为贫困户村民及贫困户学生两类。其中，该村对贫困户村民开设智力培训班，即在保持原蔬菜、油茶种植技术培训计划不变的情况下，应叶坪乡的要求，增设白莲种植技术培训班。2017年，共计划培训720人，其中30%为农村在册贫困户。而针对贫困户学生，帮扶单位特设立了"江投"奖学金，主要用于资助江西农业大学瑞金、寻乌籍的24名家庭经济困难学生，资助金额为每人每年4000元。此外，瑞金市政府还根据不同年龄阶段给予贫困学生以相应的扶持，切实解决了贫困户子女上学难的问题。

三、存在的问题

脱贫攻坚作为当前大胜村工作的重中之重，当以破釜沉舟、背水一战的

决心打赢脱贫攻坚战。2017年调研时,大胜村脱贫攻坚取得显著成效,但也面临着产业结构单一、贫困线边际矛盾突出、深度脱贫待完善等问题。

(一)产业结构单一,主要以第一产业为主

大胜村位于江西省南部,武夷山脉南段西麓,地形崎岖,生产生活条件落后,产业结构单一,主要以第一产业为主。且该村属亚热带季风气候,农业生产受气候的影响较大,农民收入具有很大的不稳定性。此外,由于青壮年劳动力大多外出务工,村内缺乏新鲜血液,内生动力贫弱,剩余的老年劳动力主要从事第一产业,造成产业结构单一。

(二)贫困线边际矛盾突出

贫困线边际矛盾突出是大胜村脱贫攻坚过程中存在的显著问题,游走在贫困线边缘的贫困户评选困难尤为突出。其中,对利益和保障的追求是贫困线边际矛盾突出的根源。由于大胜村村民大多从事第一产业,收入差距相对较小。村民对贫困保障的渴求显著。甚至有村民将贫困户的"头衔"视为一种荣誉。村民对脱贫攻坚政策的满意度也呈现出显著差别。其中,被评为贫困户且享受到政策保障和扶持的贫困户对扶贫政策的满意度较高,而未享受到扶贫政策保障和扶持且游离在贫困线边缘的普通村民对扶贫政策的满意度较低。

(三)深度脱贫机制待完善

扶贫保障线是衡量贫困户是否脱贫的重要指标。贫困户在多重扶贫政策的扶持下是否越过保障线是基层扶贫干部尤为关心的问题。如何确保在短时期内受到政府扶持的、已脱贫的贫困户在未来的长期生活中不返贫,成为接下来亟待解决的问题。同时,将"造血"能力弱的贫困户扶上马,再送一程必不可少,以确保其脱贫不返贫。

(四)村民意识保守,缺乏内生动力

大胜村在产业扶贫中创新机制,积极探索农村集体资产收益折股量化新模式。而想要新的发展模式取得较大的扶贫成效,则需要村民的积极配合与大胆实践。大胜村的脐橙产业发展良好,离不开村民的大力支持。但我们也需要注意到,村内仍然存在意识保守的贫困户家庭,他们对于新的扶贫项目开发政策知之甚少,缺乏对新开发模式的信心,如果此时周边没有敢于迈出

第一步并获得切实收入的实践者,那么让这些保守的贫困户参与到新的开发项目中来就变得十分困难了。再者,大胜村日后的发展不能仅仅靠脐橙园产业这唯一的创新产业模式,还需要加快非第一产业的发展,如莲子加工制造、烈士村红色文化旅游,这些都需要村民改变保守意识,激发群众的内生动力,让他们自觉地、主动地、有意识地为自身的发展探索新的、更有成效的经济发展模式和产业发展方式。

(五)村民文化普及率低,文化水平有待提高

经走访发现,大部分留守在村庄的农民群众文化水平比较低,或由于农活繁忙,或由于没有学习的意识和兴趣,致使村内忽略了向群众普及文化知识。而在调查中也了解到,各贫困户对其子女的教育问题还是很重视的,当问及是否准备供子女读大学时,他们会给出"如果孩子有能力,当然是要的"这样较为一致的观点。这在一定程度上证明了大胜村的村民并不存在"教育无用论"等错误认识。虽然留守村内的村民基本过了读书的年龄,但普及文化教育、提高他们的文化水平还是有必要的。大胜村内设有图书室,这在一定程度上促进了文化的普及。这里文化不仅指书本上的知识文化,还包括生活科普常识、时事政策等。普及传统文化教育、举办文化活动可以丰富村民的生活;普及科学常识可以减少生活中意外的发生;宣传党和国家的政策措施可以增强群众脱贫致富的信心,鼓励群众以更加积极的心态参与到精准扶贫的项目中来,争取早日实现致富发展。

旧厨房和"梦想家园"新厨房对比(摄影 李丹梦)

（六）村内人才引回、外来人才引进困难

经调研统计，大胜村外出务工返乡创业的大约有 10 户，与同年开展调查的江西省石城县湖下村和长天村相比，此数量已显示出该村在村内人才引回方面取得了较大的成效。但据走访发现，大胜村大部分回乡创业的人员是自主返乡，自愿为家乡脱贫致富做贡献的。也就是说，村内对人才引回还缺少一定的政策优惠措施激励。进城务工创业，不论从收入上还是从以后子女的教育上都相较于农村有巨大的优势，如果村内或上级政府不采取一定的激励举措，是很难实现村内人才引回的，更不用说外来人才引进了。而无论是村内人才引回还是外来人才引进都能对村庄脱贫提供较大的帮助，包括资金投入、技术支持、人力帮扶等。因此，解决人才引进问题成为精准扶贫中一项亟待解决的难题。

四、对策建议

（一）大力发展第三产业，推动产业结构的优化升级

大胜村风光秀美，空气质量优，脐橙园种植面积广阔，有良好的观光旅游发展环境。结合该村鱼塘规模，可适当地发展"脐橙采摘 + 垂钓 + 观光"三位一体的休闲旅游发展模式。同时，也可利用红军烈士村的历史文化优势，发展红色文化旅游。此外，白莲是大胜村的特色产业，可通过技能学习开发莲子手链、莲子工艺品等衍生产品，发展手工制造业。旅游业和手工制造业的发展有利于优化产业结构，吸纳外出务工的青壮年劳动力返乡创业，推动产业结构优化升级，实现由"输血"到"造血"的飞跃。

（二）确立客观的贫困标准，做好精准识别工作

要在效率与公平兼顾的基础上，客观确立贫困标准。此标准不仅要关注贫困户家庭收入是否超过预定的贫困线，更要看贫困户实际的生活状态。同时，对家中有现任村委会成员的农户、家庭成员在国家机关及企事业单位等由财政部门统发工资的收入稳定的农户、购买商业养老保险的农户、对举报或质疑不能做出合理解释的农户要切实做到"四严查"，最大限度地缩小贫困线边际矛盾，促进美丽乡村建设。

(三)完善深度扶贫保障机制

首先,要完善监管机制,对已脱贫的贫困户进行跟踪调查,避免出现返贫现象。其次,针对贫困户的不同类型给予相应保障。针对毫无劳动能力或身患残疾的村民,要将兜底扶贫坚持到底,对其给予持续的扶持和保障;对于有劳动能力的农户,要坚持对其进行深度持久的产业扶持,使其彻底摘下贫困帽,走上富裕的小康路。

(四)加大宣传力度,发挥党员带头作用

高效推进新的扶贫开发模式和产业发展方式,加大宣传力度是关键。第一,要加大政府对贫困村的宣传力度,包括政府的扶贫政策、定点扶贫计划和其他村县的扶贫经验,让村干部从大的方向了解国家对精准扶贫的支持。第二,要加大村干部对贫困户的宣传力度。村干部要及时、准确地以通俗易懂的方式把政府的扶贫政策传达给贫困户,增强贫困户脱贫致富的信心。同时,村干部要鼓励村民积极参与到精准扶贫项目中,可以通过宣传其他贫困县的经验让村民切实感受到扶贫开发创新模式的实际成效,从而改变村民的保守意识,激发其内生动力。

习近平总书记在《摆脱贫困》中写道:"党组织的战斗力就是通过每个党员的先锋模范作用得到具体体现的。"[①] 党员具有先进性,具有敢于创新的精神和敢于实践的勇气。在精准扶贫面前需要发挥农村基层党员的模范带头作用,党员率先投身到扶贫项目和产业的建设中,以实践者的身份从思想上鼓励贫困群众克服陈旧过时的老观念,积极主动接受精准扶贫的新项目。产业发展取得的成绩则是从实践层面为扶贫项目的推广提供支撑,激发农村群众撸起袖子加油干的勇气和决心;当其他农村群众看到首批参与新项目的村民取得显而易见的益处时,就会自然地效仿,致富经验的宣传能使精准扶贫工作的推广在更大范围内得到回应,从而推动党带领精准扶贫深入开展,并取得显著成效。

(五)建立城乡一体化教育培训模式

村内文化普及的难度之所以大,关键的一点是缺乏专业的教育培训团队和教育培训计划,如果能够建立城乡一体化的教育培训模式,就能为贫困村

---

① 习近平:《摆脱贫困》,福建人民出版社2014年版,第61页。

文化的普及提供支撑。在人才、经费、阵地等方面，城市都拥有更为充足的资源，需要以城带乡，让城市的资源进入农村，实现资源共享。建立城乡一体化教育培训模式还需要政府的政策和资金支持。第一，上级政府可以定期派教育人员下乡对贫困户进行教育宣讲。第二，志愿服务团队可以从高校中招募志愿者，组成贫困村教育培训志愿团队，落实定点帮扶贫困村的文化普及。第三，县级政府可以开展文化政策培训班，定期组织村干部进行教育培训，再由村干部回村以学习班或走访的形式对村民进行宣传教育。文化普及是一个长期的发展过程，城乡一体化教育培训模式的建立需要在较长的时期内逐步贯彻落实。

（六）加快优惠政策的制定和落实

为鼓励外出务工的人才返乡创业，吸引城市外来人才进村支持，需要加快优惠政策的制定和落实。第一，要加快政府引进人才优惠政策的制定和落实。我们知道，政府在精准扶贫中已经在资金、就业、教育、住房、健康等方面下大力气进行精准帮扶，但在人才引进方面还需要确立进一步的政策支持，以优惠政策吸引人才入村帮扶。第二，各贫困村要根据自身村落的特点，因地制宜实施人才引进优惠措施。如大胜村脐橙园产业的开发，为吸引具有较高种植技术的人员驻村帮扶，可以在分红上对其加大比例或从住房上予以落实；为鼓励村民创业就业，实现白莲种植、加工、销售一体化发展，村内可以下拨资金予以建厂的支持。

（中国农业大学调研组　执笔人：李丹梦、万坤利、陈东琼）

村庄现状：

在各级政府和帮扶单位的共同支持下，大胜村坚持"输血"和"造血"相结合，因地制宜、多措并举，走出了一条成功的脱贫致富路，让老区贫困群众过上了幸福生活。村内基础设施经过升级改造，进村主干道实现硬化并拓宽为双车道，家家户户通了水泥路，修建起村级自来水厂解决了村民饮水难问题，还新建了便民服务中心与综合文化服务中心。从2019年开始，村里的脐橙树陆续挂果，根据村民估算，一株果树盛果期可以产100斤果实，相当于200~300元的收入。白莲产业稳定发展,每到夏季荷花连片,非常壮观,吸引了很多游客前来观赏,更有旅游公司直接把大巴车开进村。2019年,大胜村所有贫困人口全部脱贫,贫困发生率归零。2020年,脱贫人口的人均收入突破了12000元,村集体年收入达到了20万元。2021年,大胜村所在的叶坪乡荣获"全国脱贫攻坚楷模"荣誉称号,在全国脱贫攻坚总结表彰大会上,由习近平总书记颁发荣誉奖牌。

内外联动齐发力　筑就多彩田园梦
——河南省光山县方洼村调查报告

激发贫困村内生发展动力是贫困村脱贫攻坚的关键。外生动力是催化村庄发展的条件，内生动力是村庄发展的根本，只有内生动力与外生动力相互联动共同发力，促进产业多元融合发展，贫困村才能摆脱贫困走向富裕。随着外来资源不断输入，河南省光山县方洼村村庄基础设施、发展条件明显改变，村民获得感、幸福感激增，有效激发了自我发展动力，实现了发展动力由外向内、内外联动的转变，在多彩田园产业蓬勃发展的基础上，不仅实现稳定脱贫，而且为乡村振兴筑牢基础。2017年12月和2019年6月，调研组两度到方洼村开展了调研。

一、脱贫攻坚初期村庄概况

方洼村地处河南省信阳市光山县文殊乡东南4公里，属浅山丘陵地区，全村下辖25个村民组，总人口625户2063人；全村总面积10.2万平方公里，其中，耕地面积2000余亩，山地面积6000余亩，水塘面积400余亩。建档立卡前，方洼村基层组织软弱涣散，基础设施薄弱，产业结构单一（以传统水稻种植业为主），集体经济几乎为零，属典型的"三无"（无集体经济、无主导产业、基础设施落后）贫困村，于2014年被评定为贫困村。

（一）人口与资源

2014年，方洼村建档立卡贫困人口是130户511人。村庄劳动力约占总人口数的一半，村民脱贫意识淡薄，只有不足500人外出务工。

自然资源方面，方洼村属浅山丘陵地带，水量丰富，具备较为便利的种植和养殖条件，全村2000余亩耕地均可灌溉，有400余亩水域面积，林地面积达6000亩。2016年以前，村集体收入都为0，村集体负债142.49万元（全部是2010年以前形成的负债）。

（二）基础设施

2015年之前，方洼村入村道路相当狭窄，仅3米宽的水泥路，只能供单侧车通行，路边野草丛生，经常发生交通事故。2016年，方洼村行政村到自然村的道路中，沥青（水泥）路的比例为20%。同时，方洼村电力不足，只有80户通生产用电，由于电压不稳，村民看电视都容易跳闸，在很大程度上限制了其发展。此外，村中仍有农户住危房。

（三）收入与贫困状况

精准扶贫战略实施之前，方洼村村民收入水平较低且收入来源较为单一，主要收入渠道是务农和外出务工。村子里的壮劳力陆续走出去打工，赚到了钱基本就不会再回村里，都在城里买了房。剩下的半劳力（50~65岁）留在村子里沿袭着传统的种粮、吃粮、卖粮作业，农闲时打点零工，一年下来也就混了个口粮。"几十年了，村子里基本没有什么变化，依旧是那个穷样子""吃个豆腐就算开荤，穷苦日子凑合过呗"。一头猪算是家里最贵的财产，"要是有人生大病，就揭不开锅了"。通过调研得知，方洼村贫困人口中，因病致贫10户34人，因残致贫8户18人，因灾致贫2户10人，缺技术致贫80户376人，缺劳力致贫24户49人，缺资金致贫6户24人。2013年，方洼村全村人均收入为7000多元；2016年，贫困户人均纯收入5715元。

二、脱贫攻坚投入与建设

（一）资金投入：数量、来源、投向

精准扶贫战略实施以来，政府、社会资金不断进入方洼村，有力促进了方洼村基础设施建设和产业发展。从2016年到2018年底，方洼村累计使用财政资金达900多万元，使用信贷资金150多万元，累计接受社会捐赠超过300万元。这些资金主要用于三个方面：一是村庄基础设施建设；二是改善生产条件，开展土地整治；三是建立扶贫产业，如建立香菇大棚，发展香菇产业等。

（二）脱贫攻坚主要措施

2015年以来，在精准识别的基础上，为实现精准脱贫目标，方洼村主要从以下几个方面开展精准帮扶工作：

1. 大力发展多彩产业，扩大收入来源

方洼村按照"房前屋后一亩茶，一塘肥鱼一群鸭"的产业脱贫思路，多元化发展产业，已经发展了5个"多彩田园"示范工程。

一是吸引资本下乡，发展油茶产业。引进河南某集团流转了近5000亩土地建立油茶基地。全村436家农户（含贫困户在内）通过收取土地流转费每户平均每年增收900元左右。为了带动贫困户脱贫，村"两委"从集团承包了526亩油茶园的管理工作，专门组织贫困户从事除草、施肥、打墩等工作，集团为每亩茶园每年支付500元管理费。2019年调研时已带动120多名贫困人口务工，每人每年增收2000元以上。

二是种好"房前屋后一亩茶"，发展绿茶产业。开展土地整治项目，从2017年开始共计整治农户房前屋后小块闲置土地近1300亩，种植绿茶和油茶。种植过程中坚持不打农药、人工锄草、1年施1次饼肥，2~3年后每亩茶园将为贫困户增加4000元的收益。

三是培育新型农村经营主体，发展特色种养殖业。村"两委"通过各种渠道号召、吸引本村外出务工成功人士回乡投资，兴办了"腾达""梁家山""平园种植养殖""山农"4家农民专业合作社，种植苗木花卉、绿茶油茶，养鱼养鸭养鸡，发展休闲农业开办农家乐。同时鼓励本村原有的种植、养殖大户做大做强，开办了"春播""启航""三槐""振华"4家家庭农场，大力发展"多彩田园"。种植莲藕150亩、苗木花卉220亩、高产水稻2000多亩。这些家庭农场还从事淮南麻鸭、黑猪、土鸡、鱼类等小规模家禽、水产养殖业，不仅自己致富，还带动了贫困户增收。

四是依托资源优势，发展乡村旅游业。方洼村与净居寺风景名胜区、敖洼风景区相邻，北与万亩生态茶园和东岳村国家级传统村落相连，东南与红二十五军长征决策地花山寨会议旧址相距仅4公里，旅游业区位优势十分显著。同时村内森林覆盖率高，是名副其实的天然氧吧，民间文化资源丰富，有发展乡村旅游业得天独厚的条件。

方洼村油茶产业（摄影 崔海兴）

2. 做强集体经济，带动贫困户脱贫

一是发展香菇种植。村里建设香菇种植基地1个，占地25亩，2017年已投入生产10个香菇大棚，为村集体带来了12万元的收入，2018年又扩建13个大棚，预计村集体收入可进一步提高。

二是发展光伏项目。2017年，方洼村争取县里项目支持，利用15亩荒山荒坡建设了300千伏的光伏发电站一个，每年可为村集体产生约12万元的经济收入。此外，易地扶贫搬迁安置屋房顶上也安装了总容量55千伏的光伏发电板，2019年调研时已经并网发电，预计可为安置区贫困户每户每年带来2000元左右收入。

三是梁家山合作社、山农合作社和茶厂使用整合涉农资金分红也为村集体增加5万元以上的收入。以上几项累计村集体收入约30万元。

此外，方洼村积极帮助出不去的贫困群众就近就业，村集体成立了保洁队，聘用贫困户为保洁员，为每个村民组安排1~2名保洁员，在美化村庄环境的同时，也有效增加了部分贫困人员的收入。

方洼村的藕虾共作项目（摄影 崔海兴）

3. 做好基础设施建设，方便群众生活

一是修好村内道路。修筑了方洼村至文殊乡街道7公里乡村主公路，修筑了近20公里村组通道路，彻底改善了困难群众出行难问题。二是改善水利设施。对3座小二类水库进行除险加固，整修大塘16口，修建山坝3座；整修以路带渠2.6公里，使1800亩水田能够旱涝保收。三是综合环境整治。实施以"五化""五改"为内容的美丽乡村建设，对各村组进行环境综合整治，实施美化、绿化、亮化、净化等工程，改变村容村貌，建设美丽乡村。

4. 用足用好政策，帮扶弱势人群

一是易地搬迁。方洼村坚持群众自愿、积极稳妥的方针，选择全村最核心的位置作为安置点，编制了搬迁规划，配套设计有文化广场、文化活动中心、日间照料中心、幼儿园、医疗室、物流商业网点、垃圾中转站、水冲式公厕等设施，确保搬迁群众"搬得出，稳得住，有事做，能致富"。2019年调研时，占地50亩的方洼五福新村已建设完成，17户54人贫困群众已经住上了新房。

二是兜底保障。方洼村召开了专题会议，对全村范围内的贫困群众进行了重新识别和认定，将丧失劳动能力和无法通过产业扶持、就业帮助等手段脱贫的贫困家庭全部纳入，坚决避免"人情保""关系保"，共确定政策兜底贫困户6户7人。

三是特殊救助。方洼村认真落实省里制定的特殊救助实施办法，开展了临时救助、灾害救助、孤儿和残疾人救助等活动，解决贫困人口因特殊原因产生的重大特殊困难，已先后在大病救助等方面帮助30余户困难群众渡过了难关。

5.建强村级组织，巩固战斗堡垒

2015年下半年，方洼村村"两委"重新组建，来自县工商质监局的第一书记和中办派驻的驻村帮扶干部也到了村里，基层组织得到壮大。面对以往组织涣散、干群关系紧张的局面，村"两委"主要从以下方面着手。

一是抓班子建设。充实了2名在群众中有较高威信的致富能手进入新"两委"，所有村干部都要值守办公，并要佩戴党徽，主动接受群众监督和评议。

二是抓阵地建设。新"两委"组建后，做的第一件事是在村部树立了旗杆，鲜艳的五星红旗在方洼村飘扬起来，从此"脱贫攻坚旗帜红"成为一种精神。村里成立了脱贫攻坚指挥部，各项职能分工更加明确，群众到村部办事更加方便快捷。

三是抓民主决策。利用网络新媒体，建立了"方洼村党员之声""方洼村党员结对帮扶""方洼之窗"等三个手机微信群平台，调动广大党员包括外出创业的方洼人参与脱贫攻坚，积极建言献策。

方洼村党建文化广场（摄影 崔海兴）

三、脱贫攻坚成效

（一）收入及其构成的变化

精准扶贫战略实施以来，方洼村生产生活条件得以显著改善，而且就业渠道充分拓展，通过技能培训、就业帮扶，外出务工的劳动力明显增加，村民收入来源多元化，2018年村民人均年收入达12000元左右，贫困户人均年收入7155元，其中贫困户工资性收入占比超过70%。贫困户在村内能够获得收入的途径也越来越多，如公益性岗位每年收入约3000元，光伏项目分红收入每年2000元，在合作社或公司务工每天收入60~80元等。

（二）基础设施的变化

精准扶贫战略实施以来，方洼村交通条件大为改善，通村7米宽7公里长主要公路已实现硬化，村内3.5~5米宽、长19.55公里的路也修建完毕，村庄道路已全部实现硬化，有11盏路灯。入户通电率达到100%，基本满足所有群众生产生活用电需求。2017年实施"安全饮水"工程后已全部通自来水。通过有线、无线和卫星接收，广播电视信号覆盖率达100%，已实现组组通宽带。目前每个村组都有垃圾车，大的村民组有2个垃圾桶，小的有1个。2018年，方洼村开通客运班车，村部距离公交站300米，每天上下午各两班来往县城的客车。2017年方洼村有17户建档立卡贫困户54人进行了搬迁，对4户建档立卡贫困户进行了危房改造。

（三）公共服务的变化

2019年，方洼村有1所村小学，有学生40人，近年从外面调进来几名老师，还有省里来的支教老师，共有10名老师，开设了书画、音乐等兴趣班，教育设施较为先进。

村里建有300平方米的标准化卫生室1个，有医疗卫生床位4张；配备乡村医生或执业（助理）医师2人，且都获得了乡村医生执业资格证书。

方洼村于2017年建设120平方米的综合性文化服务中心，配套建设了文体广场、文化大舞台、文化宣传长廊等功能设施。村图书室藏书量超过2万册。村里还设有快递收发点1处。

（四）村级治理能力的变化

精准扶贫前，方洼村是全县典型的贫困村和软弱涣散村，村干部常年"坐家"办公，村部毫无生气。"村里办事找不到人，只见铁将军把着门。院里的蒿草齐腰深，听到水牛的哞哞声。"这是村民曾经传唱了多年的打油诗，说的是村委会常年没人，院子都成了村民们的放牛场。村民看到村干部甚至绕着路走。现在的方洼村"两委"人心齐、干劲足，战斗力明显增强。全村党员积极为村发展出谋划策，为贫困群众分忧解难，先锋模范作用和党组织的战斗堡垒作用得到充分显现。2017年到期轮换时，第一书记徐书记主动申请留任。现任村支书李书记先后被市委授予"十佳村党组织书记"称号，当选光山县第十四届人大常委，并在2016年、2017年全县村党组织书记"突出贡献奖"评选中连续获得第一名。

（五）内生动力及乡风文明的变化

以前的方洼村村民脱贫意识淡薄，除了年轻人会出去打工，其他村民农闲时就在家打牌。精准扶贫给方洼村带来了巨大变化，通过扶志与扶智相结合，村民心里有了发展的荣誉感，现在闲暇的时候都会散散步、跳跳广场舞，打牌等情况明显变少了。村民们说："每天知道明天要干什么，日子有了盼头，干活儿也有劲。"现在，村民聊天都开始聊国家政策、聊收入、聊变化、聊环境。村民也非常乐意参加村里集体活动，逢年过节集体庆祝、免费放电影等活动举办时，村民都踊跃参加。另外，在村庄红白理事会的倡导下，村里规定红白事每桌饭菜不超过260元，每盒烟不超过15元，每瓶酒不超过50元，减轻了村民的负担。

（六）贫困发生率的变化

通过几年的努力，截至2018年底，方洼村还剩余未脱贫户15户25人，返贫户2户4人，贫困发生率1.41%。方洼村分别于2018年和2019年由县和省批准脱贫出列。"方洼村这一年的变化，抵得上过去几十年！"这是方洼村村民常常挂在嘴边的一句话。

四、经验与启示

（一）经验：内外联动齐发力，构建产业多元融合发展的可持续脱贫模式

方洼村的脱贫一方面基于外部力量推动，另一方面基于内部力量的"觉醒"，内外联动，从而构建起可持续产业发展模式，保证了脱贫攻坚战取胜后发展的可持续性及与乡村振兴战略的有效衔接。方洼村的"多彩田园"产业扶贫工作得到了上级组织的充分认可和表彰，先后获得信阳市政府"全市精准脱贫示范村"、光山县"精准脱贫星级示范村"等荣誉称号。

1. 外部力量构建发展基础

一是政策支持构建发展模式。光山县把政策落实作为精准扶贫的重要任务，按照"一乡一业、一村一品"产业布局，在每个乡镇主推2~3个重点产业，在每个村建设1~2个重点产业。通过出台产业扶贫实施方案、制定奖补政策、出台财政金融支持措施等方式，积极整合资源多元化发展产业，打造"多彩田园"示范工程。可以说，精准扶贫战略为方洼村提供了难得的历史发展机遇，因地制宜的"多彩田园"发展模式及相关政策筑牢了方洼村产业发展基础。

二是要素流入构建产业主体。方洼村的发展得到外部人才和资本的大力支持，村庄依托这些流入要素构建了完整的产业主体。正是人力资本的不断流入，帮助方洼村在实现脱贫致富的基础上，建立了领导力强、实干的基层党组织，孵化了基层工作队伍。从2014年起，方洼村先后有6名中央机关单位干部驻村帮扶，一名县机关干部任第一书记，他们在协调政策倾斜、引进项目方面发挥了重要作用，更为培养村级干部、建设"不走的工作队"做出了重重努力。对于贫困村，初始发展资金须由外部输入，这几年方洼村使用的财政资金和社会资本累计有上千万元，这些资金首先解决了村里的发展基础问题，并帮助方洼村初步构建起了产业发展格局。在基础设施改善、产业初步建立后，部分能人得以回村发展，才有了后来的流转土地建立合作社、家庭农场，发展农家乐等。

2. 内部力量推动可持续发展

一是基层党组织引领，构建发展堡垒。方洼村选优配齐建立领导班子，

内外联动齐发力　筑就多彩田园梦
——河南省光山县方洼村调查报告

充实了 2 名致富能手进入"两委",村干部实行值守办公等,使村民从以前找不到村干部到现在享受帮扶人员上门服务,基层组织的改建与服务规范化提升了基层党组织在村民心中的认可度。这使得他们在此后的土地流转等工作中,可以凭借公信力帮助村民化解矛盾和纠纷,为企业发展创造宽松的环境,反过来又促进村里的产业发展。

二是多元产业支撑,构建发展基础。方洼村按照"房前屋后一亩茶,一塘肥鱼一群鸭"的思路,实施"房前屋后一亩茶"脱贫计划。村集体免费为贫困户整理好房前屋后的小块土地,栽植茶苗后交给贫困户管理,收益归贫困户,两年来共计开挖整治农户房前屋后的小块闲置土地 670 亩,种上了绿茶和油茶。2~3 年后每亩茶园将能为贫困户增加 5000 元以上的纯收益。贫困户房前屋后有自己的茶园,还在村集体的茶叶合作社中有股份,同时可以在茶厂、药材基地、香菇大棚里打工,接下来村里还会建加工厂,实现一二三产业融合发展。如今的方洼村变成了"三步一良田,五步一鱼塘",当真成了鱼米之乡。

三是志智结合,激活村民脱贫动能。基础设施的显著变化,激励村民有了与时俱进的想法,改变了过去闲暇时打牌、好逸恶劳的生活习惯,关注国家政策、外出务工的也逐渐增多。在务工过程中,村民学习了技术,提高了素质,反过来又促进脱贫成效。现在村民发展产业,是"一亩油茶百斤油,又娶媳妇又盖楼"。在油茶基地务工过程中,村民们学习技术,在自家茶园种植绿茶,加上茶叶销路好,村里绿茶 70% 由企业收购,而且收购价比市场价每斤高 3~5 元。可以说,精准扶贫真正激活了方洼村村民自我发展动能。

(二)启示

1. 内外力量联合发力是贫困村脱贫的着力点

方洼村精准扶贫充分体现了外部力量和内部力量如何联合助推贫困村发展。以政府力量为主、市场和社会力量为辅的外部力量帮助贫困村建立发展的基本条件及组织领导结构,并以此推动内部力量的产生与壮大。

2. 因地制宜发展产业是脱贫的关键点

方洼村属浅山丘陵地区,土质含砂,适合茶叶种植,再加上"信阳毛尖"的知名度,方洼村种植茶树具有先天优势。企业的进驻也方便了茶叶销售,村级茶厂、个人茶厂都能够对茶叶进行加工,这些条件都能在一定程度上促进产业发展。另外,潢河流过光山县,当地具有一定的养殖条件,发展鱼塘、藕虾共作、稻虾共作,符合脱贫增收要求,也符合生态保护要求,还为将来开展乡村旅游奠定了景观基础。

3. 志智结合激发村民发展动能是脱贫的落脚点

精准扶贫政策实施给村民认识上带来冲击,使其意识到了发展的可能性,激起了他们发展产业、外出务工、多赚钱、追求更好生活的愿望。物质生活的改善也使得村民的精神追求更加高级、与时俱进,从被动发展走向主动发展。在乡村振兴过程中,要发挥农民主体作用,村庄治理走向自治、法治、德治,农民自我意识的觉醒是关键,只有这样才能真正摆脱"干部干、群众看"的发展路径。调研过程中,能够充分感受到村民分享村庄发展故事的激动,积极的生活面貌与亲热阳光的笑容展示了他们的幸福与自豪,村民对村干部的认可与支持、干群关系的融合更是令人感动。毫无疑问,扶志扶智结合提升了村民自我发展动能,村民自我发展意识的觉醒保证了方洼村从精准扶贫走向乡村振兴的必然与有质有量。

五、脱贫攻坚及长期面临的困难、挑战与对策建议

通过调研及对现有资料的整理发现,方洼村在脱贫攻坚及产业发展取得巨大成绩的同时,也面临着扶贫政策过度倾斜、发展不均衡等现象。这些问题在脱贫攻坚过程中虽然具有一定的必然性,但也对发展产生不利影响。因此,在巩固和谋求进一步发展的过程中,实现产业政策普惠性及均衡性发展对有效衔接乡村振兴具有重要作用。

(一)面临的问题及挑战

1. 扶贫项目和村集体产业主要倾向于贫困户,非贫困户参与有限

方洼村除了基础设施建设等项目具有普惠性外,产业政策、帮扶项目都是向贫困户倾斜,或者针对贫困户实施一户一策。贫困户在产业政策、扶贫项目支持下获得了大多的扶贫资源,例如方洼村村集体合作社经营的绿茶、香菇项目及公益性岗位主要是贫困户参与,非贫困户参与较少。这可能使得贫困户与非贫困户逐渐"贫富颠倒",引发非贫困户对扶贫政策的不满,也

可能影响村庄和谐。调研中发现，由于从中央到地方一系列针对建档立卡贫困户的教育、医疗、住房以及产业发展等方面的扶贫政策支持力度较大，多数建档立卡贫困户借助脱贫政策不仅实现了短期内脱贫，而且有些建档立卡贫困户经济社会状况还超过了一些非建档立卡户（尤其是处于贫困边缘的非建档立卡户）。在此情况下，一些非建档立卡户尤其是处于贫困边缘的非建档立卡户就产生了"相对剥夺感"。例如观测期间，恰逢驻村第一书记和村"两委"对两个村民小组进行扶贫政策宣讲，蔡岗村（方洼村的一个自然村）村民张大婶由于其儿子2014年在县城购房，不符合建档立卡贫困户要求，没有被纳入建档立卡贫困户。在会场上张大婶就指出，有些建档立卡贫困户后来在县城也有购买住房甚至生活条件比她的家庭要好，却能够享受建档立卡贫困户的特惠政策，因此感到扶贫政策不公平。尽管驻村第一书记和村干部耐心解释在评定建档立卡贫困户时这些农户是符合建档立卡贫困户的标准和程序的，同时还讲述了针对建档立卡贫困户的脱贫不脱政策推动稳定脱贫的初衷和意图，却始终无法说服张大婶。

随着脱贫攻坚进程的推进，越来越多的建档立卡贫困户得到脱贫与发展，以建档立卡贫困户为资源投入导向的精准扶贫政策在地化实践与村民"公平观"之间的张力越发凸显，这构成了当前农村贫困治理的困境。

2. 存在农户攀比现象

方洼村经济近年取得巨大发展，基础设施更加完善，涌现出了很多的大户、能人，由此兴起了建房买车的热潮，村民之间产生了不必要的攀比。2019年调研组了解到，方洼村70%的家庭有小汽车，过年村里都拥堵，没地方停车。相互攀比是一种人性的弱点，在促进相互竞争的同时也会产生不必要的资源浪费，以及影响邻里和谐，影响村庄风气。

3. "多彩田园"产业扶贫的潜力还有待进一步挖掘

"多彩田园"产业扶贫的关键在于充分依托当地自然地理环境条件优势，推促一二三产业融合发展，使农户尤其是建档立卡贫困户能够在此过程中稳定脱贫。尽管方洼村"多彩田园"产业扶贫模式已初步形成，并取得了一定的扶贫成效，但是当前"多彩田园"产业扶贫更多是家庭农场、私人领办的合作社以及龙头企业等新型农业经营主体发展给建档立卡贫困户带来的季节性的打工机会，并不足以使他们稳定脱贫。在此情况下，"房前屋后一亩茶"项目和村级集体经济发展就显得极为关键。

然而，尽管依托"信阳毛尖"品牌效应，"房前屋后一亩茶"项目具有一定市场前景，但其见效周期相对较长（大约需要3年），且散户种植规模小，需要进一步将茶叶生产和加工（纵向一体化发展）相结合才能获得更多的收益，这样周期更长并且需要进一步的资金投入。与此同时，方洼村集体经济发展才刚刚起步，发展过程中还面临不少困难。具体而言，在经营管理方面，方洼村集体经济主要是由村干部负责经营管理，村主任担任合作社的理事长推动茶厂建设项目，村书记负责香菇大棚的种植项目。尽管村支部书记和村主任都有经营实体产业的经验，但是村庄日常事务也比较繁忙，在产业发展方面投放精力受限；在发展内容方面，除了绿茶种植和加工市场相对稳定外，村干部对于发展哪些内容也处于探索和尝试阶段，面临较大的市场风险；在市场对接方面，无论是电商销售还是线下销售，产品都需要形成一定的品牌效应才能够赢得消费者的信赖，而方洼村在特色农产品的品牌营造方面还存在不足，电商销售的农产品也主要通过亲戚、朋友等熟人渠道销售，销售效果并不太理想。

（二）对策及建议

1. 从精准扶贫走向乡村振兴，产业等政策须由点及面，走向普惠、均衡

产业政策向贫困户倾斜是精准扶贫的要求，但这个问题可以随着脱贫攻坚的推进逐步解决。在村庄发展过程中，基础设施不断完善、产业不断壮大都具有很强的普惠性与正外部性，尤其是随着全村脱贫的实现，相关政策也会变得更加普惠、均衡。所以，方洼村当前出现的扶贫政策向贫困户倾斜、非贫困户参与有限的问题是阶段性的，而非长期的。归根结底，产业发展项目非贫困户参与有限的关键是村级集体经济薄弱，难以容纳提供更多岗位。因此，从精准扶贫走向乡村振兴，除了产业政策更加普惠、均衡外，发展壮大村级集体经济是实现整体发展的关键。

另外，要适当关注到贫困边缘的非建档立卡农户的利益，需要从两个层面着手：一是在政策调整层面，在确保建档立卡贫困户精准扶贫政策红利不降低的情况下，要在教育、医疗以及金融贷款等方面做出相应的制度安排，

给非建档立卡贫困户尤其是处于贫困边缘的非建档立卡贫困户予以适当政策支持，消除其"相对剥夺感"，推动其稳定发展。二是在政策落实过程中，要加大扶贫政策宣传知晓力度，确保精准扶贫政策公平公正落实。驻村帮扶干部和村"两委"不仅要在建档立卡贫困户评定和退出环节严格按照标准和程序执行，同时还要深入各个村民小组甚至农户家中细致耐心地宣传扶贫政策，使农户对扶贫政策有深入的理解和认知，纠正农户尤其是非建档立卡农户对扶贫政策的错误认识。同时，要严格按照规章制度执行扶贫政策，确保扶贫政策公平公正落实。

2. 加强扶贫扶志扶智，形成良性竞争，促进发展

农户间的攀比能够在一定程度上激发自我发展动能，促进经济发展，但如果这种发展的风气过于狭隘、自我，将使村民发展意识变得分散、独立，难以形成发展的凝聚力，影响村庄和谐。对美好生活的追求改变了人们的生活习惯、物质追求与思想认知。对此，改变发展认知、加强思想教育是引导竞争风气走向积极的关键，将扶志扶智与产业帮扶同等对待，能够集合村庄发展智慧，汇集发展能量。在这方面，方洼村也在不断努力，下一步方洼村将努力塑造"向上向善"乡风，弘扬社会主义核心价值观和优秀传统文化，开展"好公婆""好媳妇""好妯娌""好邻里"评比和丰富多彩的文艺活动，积极推进省级文明村创建，汇聚"爱光山、加油干、奔小康"的强大能量。

3. 县乡层面统筹推动"多彩田园"产业扶贫

"多彩田园"产业扶贫是一项系统工程，需要政策、资金以及人力等诸多方面的支持才能够发挥其潜能。方洼村"多彩田园"产业扶贫尚处于起步阶段，在发展过程中遭遇人力、物力以及市场等方面的具体困难，仅凭一村之力难以实现健康可持续发展。调研时，尽管"多彩田园"已成为光山县产业扶贫的政策导向，试图依托"光山十宝""信阳毛尖"等地标性品牌效应走上市场，但是其具体实践还主要聚焦于村级层面分散发展。在市场经济背景下，以村为单位开展的"多彩田园"产业发展能力还尚显薄弱，存在一二三产业发展不均衡且活力不足、集体经济发展不充分以及产业经营主体与贫困户的利益联结机制尚待探索等问题。这就需要加强县乡层面的统筹规

划，以发展田园综合体为导向，因地制宜引导乡村产业发展内容，培育产业经营主体尤其是集体经济组织，建立健全市场服务体系，完善产业发展与贫困户的利益联结机制。

（中国人民大学调研组　执笔人：韩旭东、李艳、郑风田、崔海兴
华中师范大学调研组　执笔人：岳要鹏）

村庄现状：

脱贫出列后，方洼村继续紧抓巩固脱贫攻坚成果，推进乡村振兴。村里大力开展环境卫生治理，推进旱厕改造，清理路边杂草，维修路灯。同时完善基础设施，为抗旱保苗清渠道、打机井、引水源，维修小水库和坑塘、提灌站，为防洪防汛清理引洪道，确保农民增产增收和生命财产安全。在产业发展方面，集团投资的5000余亩油茶开始挂果，每年可采摘约100公斤的油茶果，还有3年就要进入盛果期。合作社建立的绿茶加工车间仅2020年春季一季就生产绿茶2000公斤，获利20余万元，带动48户贫困户每户增收4000元。合作社生产的信阳毛尖茶申请无公害食品、绿色食品均获通过，品牌得到提升。在各类农村新型经营主体的带动下，方洼村群众2020年人均收入增至13000元；贫困人口人均收入从2015年的2000余元增长至6000元左右，增长了2~3倍。

筑基础育能人促生产
立规矩行自治树新风

——重庆市奉节县九通村调查报告

九通村位于重庆市奉节县龙桥土家族乡南部，是奉节县重点贫困村。村委会下辖 11 个村民小组，2019 年有 594 户 1557 人，2015 年实现整村脱贫。调研组分别于 2017 年 12 月和 2019 年 7 月对该村开展实地调研。

一、九通村基本情况

九通村地形属于高山丘陵地区，平均海拔 1400 米。全村面积 19.5 平方公里，耕地面积为 3180 亩，山林面积为 16555 亩，森林覆盖率达到 75%，是典型的高山偏远村。九通村的地质属于喀斯特地貌，存在严重的季节性缺水，这是发展农业的重要制约瓶颈。由于地形因素制约，基础设施成为九通村发展的短板，交通不便导致运输只能靠人力背或者牲畜驮。无论是种植用的肥料运输还是收获之后的销售均难以畅通，也限制了农户种植产业的集约、规模发展。九通村农业种植以传统的"三大坨"为主，即"洋芋坨"（土豆）、"苞谷坨"（玉米）、"红苕坨"（红薯）。传统小农时代，三大坨是村民赖以生存的口粮。

2014 年底，九通村有建档立卡贫困户 69 户 254 人，贫困发生率 16.9%。致贫原因中，因学 49 户（72.1%）、因病 14 户（20.6%）、因残 3 户（4.4%）、自身发展动力不足 2 户（2.9%）。多数年轻人都选择外出务工，留在村里的多是老人、妇女和留守儿童。2014 年人均可支配收入 4050 元。

至 2018 年底，在当地政府的大力帮扶下，九通村实现了跨越式发展。2015

年整村脱贫时，该村村民人均可支配收入从 2014 年的 4050 元提高至 5150 元，2018 年则增至 8250 元，涨幅为 3100 元。基础设施和公共服务设施实现更新升级，村级道路、集中供水管道、电网和互联网、群众服务中心、标准化卫生室、文化图书室、乡村大舞台、塑胶篮球场等设施一应俱全。其中道路建设方面，截至 2018 年底，累计投入资金超过 520 万元，新修硬化公路 10.5 公里，全村通车里程达到 54.5 公里，基本实现户户通公路。村民的住房、厨房、圈舍、厕所实现更新改造，绝大多数村民的生活居住环境大幅提升。在乡风文明方面，通过制定村规民约，破除婚丧嫁娶中铺张浪费、愚昧落后的陋习，构建文明、健康、科学的生活方式。

二、产业发展、村庄治理难题阻碍脱贫攻坚

（一）扶贫工作中面临的产业发展难题

1. 靠天吃饭、分散经营的传统生产模式制约产业发展

九通村地处高山丘陵地带，虽然得天独厚的气候优势有利于发展反季节蔬菜、中药材、烟草和养殖等产业，但地形地貌特征对产业发展的制约十分明显。喀斯特地貌导致季节性缺水，地表蓄水能力差，使得九通村仅能靠天吃饭；同时交通不便，运输只能靠人力背或者牲畜驮，农药肥料运不进来，农产品销不出去，农业生产规模小，效率低，成本高。

2. 贫困户种养殖技术水平低，缺乏产业发展能人

多数村民尤其是贫困户种养殖方式仍以传统的小农经营为主，思想观念落后，缺乏现代农业技术、加工生产和市场销售能力，抗风险能力低。以中药材种植为例，由于缺乏过硬的生产技术和对环境的控制能力，药材的产量和质量均不稳定。在极端情况下，种植中药材的农户一年的辛苦很可能血本无归。在农产品销售方面，村庄尚未建立稳定的市场销售渠道，还保持着"生产靠天，销售靠贩"的模式，农户销售农产品的途径与方式有限，经常出现农产品滞销，难以保证村民收入持续稳定增长。

3. 村级集体经济薄弱，缺乏产业发展助推和整合能力

脱贫攻坚以前，九通村基本没有集体经济，用于帮扶贫困农户的资金基本依靠上级财政，这使得村"两委"在提升村民向心力和发展生产积极性方面

缺乏说服力。村级集体经济薄弱进一步影响了村内的产业发展，包括缺乏资金建立农产品加工厂，无法实现产业规模扩大、延伸产业链和拓宽农产品的市场销售渠道。

（二）扶贫工作中面临的村庄治理难题

1. 人情往来频繁，无事酒泛滥，贫困户经济负担重

九通村长期保持着过分注重人情来往、乱摆"无事酒"的风俗，村民经常以各种理由摆酒，操办"大酒大席"，存在严重的攀比风气。据调查，过去村里盛行操办出生宴、足月宴、周岁宴、生日宴、征兵宴、搬家宴、立碑宴等各种宴席，甚至脐橙丰收也要借机摆酒。办酒席频率高，有时村里单月内能办十几场酒席；宴席规模大，多在30~40席；礼金金额高，人情礼金200元起步，有的礼金高达几千元。人情来往频繁，礼金便水涨船高，攀比之风盛行。"无事酒"不仅加重了村民的经济负担，更加大了贫困户的经济压力。

2. 青壮年多外出务工，村内留守妇女和留守老人的生产和生活负担重

随着近十几年来外出务工人员不断增多，村内从事农业生产的主要是老人和妇女，"老人农业"和"妇女农业"现象普遍。由于农业机械化程度低和农事经营者生理条件局限，家庭农业经营困难多。另外，青壮年劳动力的大量外出，村内集体性、公共性事务无人关心，即使有心也无力参与。劳动人口外出带来的农业生产困难、公共性衰弱等问题，不仅制约村庄的农业产业发展，同时也导致村级治理变成无源之水、无本之木。

3. 少量贫困户存在"等靠要"思想，部分非建档立卡边缘户存在不满情绪

精准扶贫开展后，贫困户与非贫困户所享受到的优惠政策差异较大，贫困户享受的政策多、帮扶力度大。这一方面导致部分贫困户在思想上出现不思进取，反而以贫困为荣，把扶贫当作一种"待遇"，进一步促生了"等靠要"的消极思想观念。另一方面，导致部分非贫困群众心态不平衡，尤其是未被评定为贫困户的边缘户有较大的不满情绪，对扶贫工作以及扶贫工作人员产生意见。这些不仅影响干群之间和村民之间的关系，还导致扶贫工作难以顺利推行。

三、产业组织化、村治有序化破解发展难题

（一）打牢产业发展基础，推进产业组织化进程

1. 加大资金投入，着力改善生产设施，打牢产业发展基础

截至2018年底，九通村累计投入资金超过520万元，新修硬化公路10.5公里，投入资金140万元新修泥结石公路15公里。至2019年，全村通车里程达到54.5公里，其中硬化公路16.5公里，三线泥结石公路11公里，到户普通泥结石公路28公里，基本实现户户通公路。此外，累计投入资金50多万元新修人行便道11公里，通行里程达到16公里，群众出行更加便捷，农户进田更方便，生产运输更便捷，改变了脚上沾泥巴的历史。

九通村属喀斯特地貌，水源无保障。2015年九通村投入资金10万余元安装管网20000米，2016年投入资金50余万元新建水池4口。2018年继续投入资金约100万元新建龙潭坑抽水泵站1座、500立方米加盖水池1口，安装管网6070米，整修水池5口。通过集中供水解决全村人的农业生产用水和日常生活饮水问题。此外，每个集中供水水池派专人进行管护，争取全日制公益性岗位1个，对全村所有集中供水管网进行维修，管水制度全面建立。

交通和用水设施的改善极大推进了农业生产。按照"村有骨干产业、户有增收产业"的要求，九通村突出产业发展重点，大力发展中药材、烟叶、反季节蔬菜等特色产业。截至2018年，全村发展烤烟、白肋烟、土烟1500亩，中药材1300亩，蔬菜300亩，形成了以中药材、烟叶和蔬菜为主的特色主导产业。此外，村中12家具有营业执照的农家乐，依托邻近旅游资源优势，大力发展乡村旅游，极力打造旅游产品和服务品牌。

大黄种植基地（摄影 杨列）

2. 加大生产技术培训，培育产业能手和带头人，实现生产经营组织化

针对烟叶、中药材、农家乐、养殖等产业，邀请技术专家和技术能手等开设公共课和专业技能课。2016—2018年累计培训2345人次，其中仅2018年就开展中药材种植培训4次，培训336人次。在培育产业能手和带头人方面，九通村通过培训优先、政策优先等方式集中力量培育和发展种植大户13户、养殖大户3户。村里的能人大户不仅自身得到丰厚的经济收益，还积极成立专业合作社和企业，带动村中贫困农户共同致富。其中，侯某、郑某、黄某和刘某是村里的能人典型，他们分别成立农业发展有限公司、养殖专业合作社、养殖有限公司和中药材种植专业合作社，大力发展药材、蔬菜种植和生猪、肉牛养殖。

一个典型的例子是，致富能人黄某以反向寄养的模式带动贫困户脱贫。反向寄养与其他地方利用产业发展资金把为贫困户购买的蜂箱、牛羊寄养在大户或合作社不同，他把自己养的牛交给贫困户养殖，同时为他们提供养殖技术，当牛产崽时，小牛归农户，大牛仍归他，并且通过收购牛只为贫困户提供销售渠道。这不仅解决了贫困户干养殖无资金和无技术的难题，又解决了销售问题。

此外，为了规范农家乐的经营与管理，打造九通村农家乐品牌，九通村成立了农家乐协会，制定统一的农家乐规章制度，对农家乐的食品、安全、卫生、环境、网络等进行监督与管理，多渠道提升农家乐的经营范围。

贝母种植基地（摄影 杨列）

3. 创建和发展集体经济，夯实村庄可持续发展基础

2016年村"两委"换届，已经退休的烟草公司技术员邹某被全村党员选为支部书记。邹书记基于自己的技术优势，因势利导发动全村人种烟叶，并积极规划发展路径，建成专业化烟叶烘烤加工厂，实现"烤烟以大户为主、白肋烟以家庭为主、土烟以种植三分田为主"的烟草产业发展模式。仅发展烟叶产业不能覆盖每家每户，为克服这一难题，邹书记带领村干部和村民代表到安徽、甘肃等地考察中药材产业，回村后制定了以大黄为主的中药材种植和加工发展思路。为发展集体经济，2018年，邹书记发动干部群众成立九通村股份经济合作社，积极打造标准化的高山中药材生产基地，创建中草药加工厂。通过建设特色农业加工厂和收购网点，解决农产品"销售难"问题，不仅为今后的种植、加工和销售"一条龙"发展铺平道路，村级集体经济也实现了从无到有的突破。

（二）强化村民自治基础，推进村庄文明化进程

1. 红白理事会等推进乡风文明、治理有效

针对村民摆"无事酒"成风的陋习，九通村2014年成立红白理事会并确立工作职责，明确了红白理事会是一个实行自我管理、自我教育、自我完善、自我服务的村民自治组织，实行会长负责制，全权负责对村内红白喜事的管理和监督，并受到村民的全面监督。2016年，该村制定《九通村红白理事会章程》，进一步明确了理事会的性质、职能以及运行方式。《九通村红白理事会章程》施行后，理事会积极破除婚丧嫁娶中铺张浪费、愚昧落后等陋习，做到婚事新办、丧事简办，在村庄中构建文明、健康、科学的生活环境。至调查时，九通村办理酒席已形成固定模式，酒席规模在10~20桌，平均每桌100~200元的价格标准，大多采取"八大碗"的形式，烟酒价格固定在10~20元，反对铺张浪费。在礼金方面，村民的礼金标准为100元左右，亲戚多为200元，村中的红事、白事的总花费一般在20000元以内。这些较之前的"大酒大席"有了明显好转，程序也较之前极大简化，在很大程度上减轻了村民额外的经济负担。在红白理事会的示范引领下，九通村还成立了农家乐协会、公路养护协会、用水管水协会、邻里互助协会等村民自治组织，进一步推进乡风文明和治理有效。

2. 网格化管理推进邻里互助、村民守望

九通村坚持由村级指挥所统筹协调，督促帮扶人和网格管理员严格履行职责，做到帮扶对接"下深水、出真招，不走过场"。

一是针对本村外出务工人员较多的实际情况，建立"九通村政策宣传群"和"九通村脱贫助困工作群"等微信群。在微信群中，大力宣传扶贫和惠民政策，弘扬尊老敬老、子女教育、勤劳致富、邻里相处等正能量。

二是将全村所有农户划分为11个网格，配备11名网格管理员，逐户走访、摸排问题，建立户情档案，做到"一网覆盖、责任到人、任务明确、一包到底"的脱贫攻坚工作网格化管理。

三是成立邻里互助会，组织村民对存在特殊困难的村民给予无偿的帮助；调节村民之间生活生产方面的小纠纷以及对传统美德、社会公德、个人品德的宣传教育工作。另外，协会还通过张榜公布、通报批评的方式惩罚违反村规民约的村民，通过评选"最美家庭""和睦院坝"等方式鼓励正面榜样。

3. 启智扶志、精神脱贫推进内生动力不断增强

九通村本着思想上的穷根不挖，难以实现长远发展的考虑，坚持"输血""造血"并举、"启智扶志"齐抓，着力增强贫困户和其他村民的自我发展的内生动力。前文提到技能培训就是典型的公共课扶志和专业课扶智。九通村将贫困户精神脱困摆上重要议事日程，通过观看扶贫主题电影、进行感恩教育、健全村规民约、治理陈规陋习等各种形式，全面激发贫困户内生动力，坚决破除"等靠要"和把扶贫当作一种"待遇"的错误思想，彻底解决"精神贫困"的问题，变"要我脱贫"为"我要脱贫"。在网格化管理方面，严格按照"八到户八到人"的工作要求，挨家挨户、循环往复，实现走访"常态化"，不仅解决贫困户的问题，还着力帮扶那些相对较为贫困的临界困难村民，努力做到"走访八遍""效果九成""满意十分"。除了正面教育外，九通村还通过微信群进行侧面宣传，在潜移默化中改变群众的思想观念，大力营造"勤劳致富光荣、懒惰致贫可耻"的良好氛围。

九通村图书室（摄影 田杰）

四、九通村脱贫攻坚的经验及启示

（一）立足本地资源禀赋合理选择产业，实现多元化经营

选择产业发展之路是每个村庄经济发展的关键环节。由于农业产业培育难度大、见效慢，面临自然和市场的双重风险，因此，在产业选择上，一方面要充分考虑本地的实际条件，选择适合本地发展的种养殖产业；另一方面要充分考虑产业效益，合理搭配种养殖产业，使产业布局能够同时抵御自然和市场的风险，确保产业发展为农户带来增收。

九通村在产业布局上就充分考虑到了这些因素，在产业发展选择上花了很多心思。一是根据本地人口、土地和气候条件选择中药材、蔬菜种植等产业。九通村外出务工人口多，村内常住人口少，选择种植多年生中药材避免了土地抛荒，同时充分利用本地高海拔温差大、夏季凉爽的气候条件发展蔬菜种植业。二是传统产业与新产业结合，形成以大黄为主的中药材，以高山反季节蔬菜为主的特色效益农业和传统烟叶的种植布局，稳定发展节奏、不冒进，降低市场风险。三是形成村有骨干产业、户有增收产业的格局。九通村集中力量做好烟草种植，同时主推中药材发展。在烟草种植方面，九通村集资建设烤烟房，做好产销服务，强化和延续烟草种植优势；在中药材种植方面，九通村培训村民的药材种植技术，积极筹办中药材加工厂，努力做大做强中药材产业。同时，根据各家各户的条件，指导各户发展中药材、烟叶、蔬菜种植和生猪、肉牛养殖，确保各家各户都有增收产业。

（二）能人带动为产业发展保驾护航，建立长效发展机制

九通村以技术培训为基础，通过能人带动和组织带动两种方式为产业发展保驾护航，顺利推进多元化种养殖产业发展。产业要实现发展需要做好两件事：一是确保产品质量和稳定生产；二是确保产品有销路，顺利推向市场。如果这两件事没做好，产业就难以发展。为确保产品质量，保持有效、稳定的产量，九通村在种养殖技术培训上做了许多工作，涉及烟叶、中药材、蔬菜种植、农家乐、养殖技术等内容。种养殖技术培训，一方面提升了农户的产业发展技能，为稳产和提升产品质量打下坚实基础；另一方面也强化了农户发展的信心，凝聚发展力量，坚定了产业发展的道路。为实现种养殖产业的产业化发展，九通村在经营组织培育上也花了大力气，力图通过能人带动和组织带动两种方式为产业发展保驾护航。一是大力实施土地流转，推进烟叶、蔬菜集中连片种植，助推大户实现规模化生产；二是采取"公司+基地+合作社+农户"方式，按照"政府扶持、企业带动、金融帮助、农户参与"模式，以烟叶、蔬菜种植为纽带，把农民、企业、市场紧密联系起来，实现多方合作共赢。在这一过程中，九通村培育了一批致富能人，他们通过成立企业和合作社组织农户生产和销售，实现了产业发展的组织化运作。

（三）订立村规民约，确立自治协会与网格管理双驱动模式，实现村庄治理转型

打赢脱贫攻坚战，实施乡村振兴战略不能仅仅注重实现经济发展，实现农民增收，还应该注重乡风文明、治理有效。九通村在稳步推进脱贫攻坚工作的同时，注重强化村民自治，努力提升村民民主管理和民主监督水平，不断提升基层治理的水平与能力，净化乡村社会环境，增强广大村民特别是贫困农户的主人翁意识以及实现脱贫致富的信心，充分发挥村民在脱贫攻坚中的"主力军"作用。九通村制定了明确的《村规民约》，就遵纪守法、移风易俗、厉行节约、环境卫生、邻里关系、见义勇为等方面做出约束性规定，还据此成立了红白理事会、农家乐协会、公路养护协会、用水管水协会、邻里互助协会等进行自我管理、自我教育、自我约束、自我服务的自治组织，为脱贫攻坚营造良好的社会环境和群众基础。同时，九通村坚持由村级指挥所统筹协调，督促帮扶人和网格管理员严格履行职责，通过"九通村政策宣

传群"和"九通村脱贫助困工作群"等微信群建立文化宣传机制，并落实网格管理，逐户走访、摸排问题，建立户情档案，及时研判和解决问题。

（华中师范大学调研组　执笔人：范长煜、蔡志海）

村庄现状：

经过干部群众的共同努力，九通村全部贫困人口稳定实现"两不愁三保障"，到 2020 年，贫困发生率降至 0。为巩固脱贫成果，当地积极组织贫困户参加雨露培训，学习中药材和烟叶种植技术，并通过开展政策宣讲、整治陈规陋习等措施持续发挥基层党组织的引领作用。2020 年，全村中药材、烟叶、蔬菜种植保持了稳定的规模，此外，还建成了中药材加工厂、产业园，实现了种植、加工、销售"一条龙"。在政策支持下，种养大户成长为新型经营主体，通过土地流转、雇劳务工等方式带领群众增收致富。村级集体经济得到壮大，2018 年投入 20 万元发展的 40 亩贝母长势良好，2020 年底实现分红 36000 元，全年村集体收入达到 80000 元。村民年人均可支配收入 13000 多元，贫困户人均纯收入与全村人均可支配收入基本持平。

易地搬迁脱穷根　东西协作齐扶贫
——宁夏回族自治区永宁县原隆村调查报告

原隆村是永宁县最大的生态移民村，安置了来自固原市的 14 个村组 10578 人。村里 1998 户人家全部移民自固原市原州区和隆德县，那里曾被联合国粮食开发署认定为"不适宜人类居住的地区"。2011 年，宁夏启动中南部地区生态移民工程；2012 年 5 月，原隆村的村民开始陆续搬离原来恶劣的居住环境，在新建的原隆村开始了新的生活。2016 年 7 月 19 日，习近平总书记来到永宁县闽宁镇原隆移民村看望回族移民群众。在永宁县考察期间，习近平总书记说闽宁镇探索出了一条康庄大道，祝愿宁夏脱贫奔小康的目标早日实现。

原隆村东西协作扶贫取得了巨大成就，以"闽宁协作"为抓手，不断凝聚脱贫攻坚的合力，拓展了镇、村、组三级对口扶贫协作的新路子。东西协作扶贫模式为当地政府引入社会力量参与扶贫积累了成功经验，在后续扶贫工作中当地政府高度重视引入社会力量参与到原隆村的扶贫中来，逐渐形成了"政府协调融资＋村集体入股＋企业兜底托管＋贫困户分红"的产业发展模式。2017 年 12 月和 2019 年 5 月，调研组两次到原隆村开展调研，本报告结合调研结果，对该村"易地搬迁＋东西协作"的扶贫模式进行介绍与分析。

一、建档立卡基期村庄概况

原隆村位于宁夏回族自治区永宁县闽宁镇镇区以北、110 国道西侧、乌玛高速闽宁出口向西 200 米处，是自治区"十二五"期间永宁县境内最大的生态移民村，安置了来自固原市的 14 个村组 10578 人。2010 年规划建设，2012 年 5 月实施搬迁，至 2016 年 8 月搬迁结束，共安置八批移民。因安置的移民群众均来自固原市原州区（炭山乡、中和乡、开城镇、三营镇、张易镇）和隆德县（奠安乡、山河镇、杨沟乡、凤岭乡、温堡乡、沙塘乡、观庄乡、神林乡）的 13 个乡镇，故命名为原隆村。在 2015 年之前，原隆村正是搬迁安居的阶段，这一期间村里房屋水电路等各项基础设施以较高的标准规划并逐渐施工完善，因此一开始就为移民贫困户创造了良好的安居条件。

（一）人口与资源

1. 人口

原隆村建档立卡始于 2013 年，共识别贫困人口 776 户 3730 人。全村少数民族人口占比较大，其中回族人口占比就超过 30%。村里人口结构较好，劳动力占比高。65 岁及以上人口占比为 13%，适龄上学儿童占比为 6%。而劳动力人口占比为 60%，但是外出务工劳动力占总劳动人口的比例不到 50%，村民的就业意识和就业能力并不强。村里的人力资源的质量也并不高，能人数量不足 30 人，每年考上大学的人数也在 30 人上下徘徊，相对于全村人口基数来说情况并不乐观。此外，村里还有 5% 的人口因为患上大病或者慢性病丧失部分或者全部劳动能力。

2. 资源

原隆村耕地资源稀缺，全村总耕地面积为 6900 亩，有效灌溉面积为 4800 亩，土地流转比例很高，土地流转租金为每亩 500 斤一等小麦。流转出去的土地主要用来发展种植和养殖业，产业以肉牛养殖、葡萄、红树莓种植和光伏农业为主。另外，由于是生态移民村，原隆村并无林地、果园、荒山、水面等其他资源。

（二）基础设施

由于是移民搬迁村，村内各项基础设施先进且完善。2015 年原隆村已满足"五通八有"考核条件，村内硬化道路通达率为 100%，全村实现通电照明、通自来水和通广播电视。上下水、天然气等各类基础设施完善。另外，村里开通客运班车，每半小时一趟，村民出行十分便捷，村民出行基本交通工具为小汽车、摩托车、电动车等。基础设施方面，村内装有路灯 620 盏，有垃圾箱集中收集处理设施和雨污分流设施。此外，原隆村有1个村卫生室，2位村卫生室医生，1个图书室（文化室），村内有体育活动场所和运动健身器材。另建有党群文化活动中心1处，公共厕所2座，垃圾中转站1座，农贸市场1座。村内五级网络畅通，小学、幼儿园教育体系完备，自动存取款机、足球场、篮球场等便民服务设施齐全，村容村貌整洁，民风淳朴，特色产业发展良好。村民居住、生活条件较好，居民现住宅房屋均为一层平房，危房数为0。搬迁后每户均获得54平方米住房，户均0.4亩或0.6亩的宅基地，3.5亩耕地。此外，家家户户基本实现了旱厕改造，全村共有家庭水冲式厕所1998个。

村民新居和文化广场（摄影 吕梦敏）

（三）收入与贫困状况

原隆村2012年5月实施搬迁，农户刚刚搬迁至原隆村时可谓是家徒四壁、百业待兴。建档立卡初期由于村庄周边无相关配套产业，农民务工只能到县城或银川周边，甚至省外务工，务工渠道狭窄，加上务工岗位短缺，致使人均可支配收入不足3000元，生活条件比较艰苦。在识别的776户贫困户当中，致贫的原因主要集中在缺劳力、缺资金、缺技术、缺土地、因学和因病等，而且大多贫困户都是由多种致贫原因交织产生的。最主要的致贫原因是缺劳力和缺资金，有112户，占所有贫困户的14.4%；其次是缺资金和因病致贫，有87户，占11.2%；最后是缺劳力和因病致贫，有72户，占9.2%。多种致贫因素的叠加增加了贫困户家庭发展的困难。

二、脱贫攻坚投入与建设

（一）资金投入：数量、来源、投向

2016年至2020年，政府共投入项目22个，投入资金1.26亿元，投入项目涉及养殖、种植、光伏、扶贫收益性资金、扶贫车间、设施农业及基础设施配套。除财政资金外，原隆村的扶贫资金还包括金融扶贫贷款和社会捐赠。其中原隆村获得的金融扶贫贷款达1400万元，该笔贷款只针对贫困户，每个贫困户获得的贷款额度在3万~10万元不等。社会捐赠方面，截至2019年第二次调研时，共获得104万元，其中54万元为某部队捐赠，主要用于建立光伏发电设备；50万元是银川市内的非政府组织捐赠，主要用于建大棚、发展农业生产。

（二）脱贫攻坚主要措施

1. 易地搬迁脱穷根，打造生产生活新环境

原隆村自2010年规划建设，2012年5月实施搬迁，至2016年8月搬迁全部结束，历时6年有余。原隆村共安置八批移民，移民群众来自固原市原州区和隆德县的13个乡镇。在搬迁之前，固原市的这些乡镇地处山大沟深、十年九旱的西海固地区。当地自然生态条件恶劣，农作物收成完全靠天吃饭。而新搬进来的原隆村地理位置较为优越，离银川不足25公里，村旁就是201省道和110国道。且原隆村临近黄河水源，以前因常年干旱而广种薄收的现象有了很大的缓解。此次移民搬迁对安置群众每户配套建设供水、供电、冲水厕所、绿化等设施，村里也建立了一站式便民服务大厅、卫生室、文化活动中心，还建设了文化广场、农贸市场、小学、幼儿园、自动存取款机等公共服务设施，村庄房屋也规划得整齐划一。村民都表示，现在的人居环境和生产环境相比搬迁之前有了巨大的进步。

2. 多方引进兴产业，带动贫困户脱贫增收

为确保农业强、农村美、农民富，原隆村确立了以产业为支撑的发展思路，以农村集体产权改革为突破口，村集体成立土地股份合作社，通过土地流转，大力引进产业，以产业为依托，提供就业，增加收入，加快脱贫步伐。调研

易地搬迁脱穷根 东西协作齐扶贫
——宁夏回族自治区永宁县原隆村调查报告

时共引进7家企业，有13位能人、大户，构筑特色种植、特色养殖、光伏产业、劳务产业、旅游产业五大产业格局，产业累计投资11.48亿元。在土地流转中，村民先是把自己的土地流转给土地股份合作社，然后合作社与企业签订土地流转协议。土地租金为每亩500斤小麦，小麦价格为国家当年发布的I等小麦收购价（2017年为每斤1.18元），租金3年一调整。另外，村民还可根据自己所有土地获得粮食直接补贴，具体包括粮食直补每亩15元、农资补贴每亩66元、良种补贴每亩10元三项。原隆村为了巩固提升，针对已经实现脱贫的建档立卡贫困户的相关政策仍在延续，即"脱贫不脱政策"。主要带动情况如下：引进龙头企业集中发展葡萄产业，带动全村950余人参与，3000人就业。引进实施光伏农业—科技大棚项目，覆盖415户贫困户，解决500多人就业。建设光伏电站，贫困户每年分红1万元。引进一家牧业公司发展规模化养殖，采用托管扶贫模式，537户贫困户托管肉牛3074头，每年保底分红600多万元。另外，引进一家农牧科技公司发展红树莓产业，流转土地示范栽培红树莓2700亩，已解决900多人就业。

红树莓产业园区（左）、肉牛养殖产业项目（右）（摄影 李德阳）

原隆村的产业扶贫模式可以具体概括为"一户四牛一棚一电站"的"4+1+1"脱贫模式：为76户建档立卡贫困户每户托管4头肉牛，每户每年享受分红8000元；为每户在光伏科技公司种一栋大棚，每户每年享受分红10000元；通过光伏小镇建设项目，采取"企业担保＋被扶贫户＋政府贴息"的模式进行光伏扶贫，保证扶贫户5年内每年收入不低于10000元，25年内总收入不低于20万元。2019年底前完成二期1800套光伏电站的建设，届时原隆村将实现2000户光伏扶贫项目全覆盖。后期还将通过集体光伏产业回购(即集体出资收购光伏产业中公司的股份),进一步提高贫困户和农户的收益回报率。另外还将实施"扶母返犊",即建档立卡户与牧业公司签订养殖回购协议,申请扶贫小额贷款30000~50000元,以受孕母牛50%的价格购置5头母牛自养,繁育后的牛犊由企业以高于市场10%的价格回收,牛犊抵充母牛剩余的50%价格后,5头基础母牛归农户所有。该模式可以提高贫困户对产业发展的参与度,提高其自我脱贫的内生动力。

3. 强化针对性就业培训,促进贫困户劳务收入

原隆村以"支部+合作社(协会)+企业"的模式,村支部与企业联合,加大定向和定期技能培训,与公司签订协议加强劳务输出。村里注册成立劳务公司2家,培养发展劳务经纪人49人,发展个体工商户及服务业81家,带动村里劳动力就业超过3000人。对有劳动能力且有意愿的贫困户会优先安排工作岗位且加大培训补贴力度,使劳务产业成为贫困户增收致富的"铁杆庄稼"。另外,原隆村认真开展"村头建厂",通过引进公司在原隆村建设扶贫车间,推广刺绣、软陶、手工编制等传统工艺;聘用中老年妇女剪衣服线头,打造家庭就业项目,解决原隆村贫困户的就近就业问题,实现对就业"最后一公里"难题的突破。

4. 以"旅游+"带动农户增收,进一步巩固扶贫成果

在发展种养业的同时,原隆村通过"旅游+"带动农户增收,进一步巩固扶贫成果。"品美酒、玩采摘、看演出和享美食"观光旅游活动正在原隆村悄然兴起,以酒庄、光伏生态园和红树莓生态产业园为主的乡村旅游线路成为向游客展示移民新村独特魅力的新名片。各类农业企业都在进一步发展旅游业,实现一二三产业融合发展,第二、三产业的发展有效地提高了第一产业的附加值。使得第一产业能够吸纳更多移民特别是"4050"移民就业,而在移民新村,"4050"人员是脱贫攻坚的主力。此外,发展旅游业也带来了很多服务业岗位,帮助"2030"年龄段的贫困户实现就业。旅游业发展而产生的岗位有近200个,充分满足了贫困群众的就业需求,各种因素致贫的贫困户大多实现了就业。在"种植业+旅游"的产业融合发展的模式下,企业对贫困户的带动能力更强,贫困户的收入也有显著增加。

5. 实施政策兜底与特殊救助，促进村内全面脱贫

一方面是兜底保障。原隆村实施了"56789"暖心工程，累计2646名群众享受到免费健康体检、生日祝福、高龄补贴、特殊群体救助等惠民政策。将丧失劳动能力、无法通过产业扶持和公益岗位等手段脱贫的贫困家庭全部纳入政策兜底，截至2018年底共有政策兜底贫困户10户11人。另一方面是特殊救助，原隆村筑牢救助防线，有效开展了临时救助、残疾人救助、教育救助、医疗救助和慈善救助等救助活动，认真识别因特殊原因产生重大困难的贫困人口，先后在大病救助、临时救助、教育救助和慈善救助等方面帮助130余户困难群众渡过了难关。

6. 开展民风教育，提升移民文明素质

原隆村开展以"诚信""感恩""勤劳致富"为主题的精神文明和文化体育实践系列活动，设立道德积分榜，按照友爱互助、爱岗敬业、孝亲敬老、诚实守信、健康生活五项指标认真开展评星定级和评选工作。全村形成了积极向上、和睦向善的良好氛围。

三、脱贫攻坚成效

（一）人均收入提升明显

该村人均收入自移民搬迁以来有了很大的提升，人均可支配收入由2014年的3100元增加到2018年的9000多元。村内贫困户的收入主要由工资性收入、转移收入和财产性收入构成，由于村内土地全部实现流转，村内贫困户暂未进行农业生产活动，因此村里贫困户生产经营性纯收入基本为0。2018年村里整个贫困户收入构成为工资性收入约4200元、转移性收入约4800元和财产性收入300多元。可以看出，贫困户的转移性收入占据的比例超过50%，政府的扶贫投入较大。

（二）基础设施改善明显

原隆村是一个移民村，2012年开始移民，2016年移民完成，因此该村基础设施建设很完善。村里靠近201省道和110国道，道路硬化率100%，且已经实现通水通电通网。另外，村里现有一个3万平方米的休闲广场、1500平方米的党群活动中心（2017年后扩建了520平方米）和一个6000平

方米的集市。生活、出行和生产等方面的基础设施都很完善。

（三）公共服务覆盖面进一步延伸

原隆村公共服务的变化主要体现在两方面：一方面是打造一支全心全意为人民服务的党政干部群体。通过培养和选拔村级后备干部，把那些政治素质好、勇于担当奉献的优秀分子作为重点培养对象，充实村级后备干部队伍。截至2018年底，村里推荐两个带头人模范2名，选配村级后备干部2名，培养致富带头人6名，在支委班子中培养副书记1名，聘用优秀返乡人才1名。另一方面积极改善自身对村民的服务能力。村"两委"将全村划分成13个网格并配备网格小组长，这些网格小组长可将村内公共服务的覆盖面进一步延伸。迄今，网格小组长在民族团结、环境卫生管理、邻里矛盾纠纷调解、培育民风、移风易俗、技能培训等公共服务方面发挥了积极作用。

（四）村级治理能力多方位提升

原隆村的村级治理能力的变化主要体现在两方面：一方面是村干部的治理能力和综合素质得到提升。通过强化学习教育，组织党员干部和村干部定期开展村组干部党风廉政建设和意识形态学习教育，提高理论水平，增强纪律意识、规矩意识和责任意识，切实做到全心全意为人民服务。另外，利用组织生活会契机，组织村组干部开展自查自纠工作，深入查找自身存在的问题和不足，制定有效的整改措施，力促整改落实。这些措施进一步强化了干部作风建设，激发了干部干事创业的主动性和积极性，提高了为民服务能力。另一方面是提高村民对村务的知情权和参与权。凡涉及群众切身利益的事项，现已实现全部公开，接受了广大群众的监督，切实还明白于群众，还清白于干部，营造了风清气正的干事环境。此外，以"红色网格党小组"为基础，深入推进村民小组议事机制建设，把村级民主议事向村民小组延伸，进一步扩大了村民参与村级重大事项决策的覆盖面。

（五）内生动力得到提升，乡风文明更加进步

原隆村坚持"富脑袋"与"富口袋"相结合，把深化移风易俗与丰富群众文化生活结合起来，弘扬文明新风，乡风家风民风有了很大的改观。

一是通过建立宣传栏、绘制文化墙、打造道德文化长廊的形式，将社会主义核心价值观、孝德文化、诚信理念传递到家家户户，并将传统文化、名

人家训等宣传内容融入主街道两侧墙体，群众在生活中潜移默化地受到了道德情操教育。

二是加强政策引导、教育引导、典型引导，并发挥村规民约作用，极大扭转了农村铺张浪费、炫富攀比等不良风气，强化了勤劳致富和勤俭节约的观念。

三是大力发展健康的农村文化习俗。挖掘培养村民文艺骨干，充分发挥秦腔、广场舞、秧歌社火、书法等包含当地文化习俗的文化活动，在传统节庆日及周末晚上为村民唱秦腔、表演秧歌社火，进一步丰富群众文化生活。

（六）贫困发生率显著降低

2014年共有建档立卡贫困户770户3734人，2017年共识别建档立卡贫困户70户335人，到2019年6月全村还剩贫困户36户191人。贫困发生率由2014年的35.51%下降至1.88%。该村贫困发生率已经低于3%，满足贫困村出列条件，且统筹考虑村内基础设施、基本公共服务、产业发展、集体经济收入等综合因素，该村于2018年脱贫摘帽，并将于2019年底完成脱贫出列的验收工作。

四、经验与启示

（一）发展扶贫产业需要"政府搭台，企业唱戏"

基层政府凭借行政权力，通过制定产业扶贫政策，以产业资金为杠杆整合社会资源，在扶贫产业的发展中处于主导地位。政府主导干预下的产业在构筑有效均等的利益分配机制中发挥了重要作用。但是政府往往缺乏经济理性，在实际经营当中，政府主导干预下的产业发展普遍遭遇了困境，产业发展很难盈利，缺乏可持续性。而与之对应的，企业主导下的产业发展往往能够突破这种困境，将企业自身盈利与带动贫困户增收有效结合起来。原隆村通过落实各项补贴和贴息贷款等优惠政策，引进各类企业发展村内各大优势产业，培育形成了劳务输出、葡萄和红树莓种植、光伏农业、肉牛养殖、休闲旅游等产业。截至2019年调研时，各产业相关企业的发展都持续且稳定，规模不断扩大。总结原隆村的发展经验可以发现，原隆村对于扶贫产业的发展一直都是以企业为主体，村"两委"服务于企业发展并从中协调贫困户与企业的利益分配。企业主导下的产业往往能找到自身的盈利点，通过土地流转、托管分红、入股分红和促进就业的方式对贫困户形成有效的带动。

（二）正向激励与负向考核，提高脱贫内生动力

一方面，加强移风易俗宣传，激发脱贫的自我意识。驻村工作队及村"两委"包组包户责任人，利用入户走访契机，宣传扶贫、移风易俗政策，结合"双评双考"考核办法，对建档立卡户脱贫积极性进行打分，对脱贫内生动力强的农户予以重点帮扶，对存在"等靠要"思想的农户进行教育引导，激发自力更生、脱贫致富的动力。另一方面，加强职业培训，激励创业就业，培育贫困户自我脱贫的能力。职业培训包括烹饪、服装、刺绣、工程和驾驶培训，2018年完成各类技能培训5期210人，驾驶员培训169人，对驾驶员补助50余万元。另外，鼓励贫困户创业就业，创业就业的建档立卡贫困家庭每人可以享受一次性求职创业补贴1500元。如果贫困户发展自己的生产经营或者创业时有资金上的困难，还可以申请扶贫小额信贷，申请对象为永宁县60岁以下建档立卡户户主。贷款额度是30000~50000元，期限3年到5年不等，贷款实施免抵押免担保、基准利率、政府贴息政策，对守信经营、有较强发展能力的贫困户，贷款额度可提高到20万元以上。

（三）关注特殊贫困群体，提升社会保障能力

对于深度贫困人口，政府要实施收入和医疗上的政策兜底，提高社会保障能力。截至2018年12月底，原隆村低保户310户374人，领取低保资金137.3万元。农村特困人员11人，领取供养经费7万多元。临时救助33户，领取救助金13000元。有残疾人总数410人，其中二级以上重度残疾168人，补贴发放47万多元。精神疾病等服药人数23人，服药补贴约20000元。此外，政府对于因病致贫的建档立卡贫困户，通过"一站式"结算系统，实行政府健康扶贫专项资金兜底保障，确保贫困患者年度内住院医疗费用实际报销比例不低于90%或当年住院自付费用累计不超过5000元。

对于老年人群体，原隆村贯彻实施永宁县"56789"暖心工程，进一步保障老年人生活。"5"指为50岁以上的农民定期开展健康体检，由政府出资提供相应的医疗服务；"6"指给全县年满60周岁以上老人每五年祝福一次生日，每人发放补贴200元并送上生日蛋糕；"7"指将70~79岁老人纳入高龄生活补贴范围，未享受低保和领取退休工资、养老金的每人每月补贴100元；"8"指在高龄低收入老年人基本生活津贴的基础上，每人每月发放50元生活补助；"9"指加强重症精神病人监护、建立失独家庭特别扶助金制度、提高重度残疾人津贴补助标准等9项保障措施。2018年，70岁以上385人领取生活补贴46.2万元，80岁以上163人领取高龄津贴97.8万元。领取生日蛋糕的老人290人，发放生日蛋糕290个，领取生日慰问金5.8万元。

五、脱贫攻坚及长期发展面临的困难、挑战及对策建议

（一）面临困难、挑战

第一，建档立卡群众自身发展动力仍然偏弱。部分群众思想保守、观念落后，自我致富意识淡薄，依赖政府扶持思想严重，依然存在"等靠要"等懒惰思想，安于现状。

第二，扶贫产业主要为农业种植、养殖产业，季节性用工明显，相对稳定就业较少。村民在就近务工和外出务工之间不好抉择，出现摇摆，耽误务工时机。且劳务合作社主要服务的是与村庄有合作关系的企业，除此之外，村民务工途径有限，外出务工也缺乏劳务合作社支持和保障。

第三，金融扶贫存在短板，贫困户贷款意愿不强。一是银行对扶贫工作的支持力度低。银行与扶贫部门隶属两个体系，沟通难度大。二是建档立卡群众发展产业、贷款意愿不强，扶贫小额信贷工作推进缓慢。三是扶贫小额信贷与产业扩规增效衔接方式相对简单，如何充分利用建档立卡小额信贷助推产业发展、利用产业扩规增效反哺建档立卡群众还需更加深入地探索研究。

第四，不满现象逐渐显现。本来贫困户与非贫困户之间差距不大，但随着针对建档立卡贫困户的优惠政策和发展支持项目不断增加，贫困户与非贫困户之间的差距逐渐缩小甚至大幅反超，引发非贫困户的不满，使村庄和谐关系产生破裂。而且，原隆村1998户村民分批搬迁，回族群众占很大比重。回族和汉族群众之间存在一定文化隔阂。越是靠后批次的搬迁户，能够享受到的政策优惠和产业支持越多，进一步增加了村庄内的不稳定因素。

（二）对策建议

第一，多元化发展产业。原隆村当前产业以种植、养殖为主，受季节、

气候、市场影响大，产品流通区域也有限，应当考虑产业多元化发展。一是在现有发展基础上，原隆村可以延长现有产业的产业链条，逐步发展加工制造业和服务业，提升产业利益空间。在旅游服务业方面，原隆村已利用现有基础取得初步发展。并且，原隆村交通便利，产业链扩张后产品销路能得到保障，还能解决季节性用工问题。二是可考虑在外地建厂发展，原隆村人口庞大，土地面积狭小，产业很难扩张，可以考虑投资其他地区，建立原隆村的产业"飞地"。尤其在精准扶贫过程中，原隆村周围很多村庄还缺乏产业基础，而原隆村已有不少积累，投资于这些贫困村不仅能提高资本投资效率，还能带动其他村脱贫致富，为实现共同富裕做出贡献。

第二，发展"普惠式"扶贫。从村庄整体发展角度入手，以提高整体生活水平、壮大集体经济、为贫困户提供致富平台为目的，创造能够惠及全村、优先贫困户的扶贫发展模式。具体的，一是将针对贫困户的资源"均等化"，比如，教育扶持项目针对贫困户学生入学的补贴可改为面向全村学生，减少教育补贴的不均衡；医疗方面，新农合、医疗保险、养老保险优惠惠及全村，政府可进行整体性补贴，鼓励全村入保，从整体上遏制因病致贫现象再发生。二是发展"普惠式"项目，后续发展产业或项目以村庄整体福利为出发点，提高村庄整体发展水平，比如加强村庄基础设施建设、为全村村民提供技能培训等。当然，此过程中，在机会和资源有限的条件下，应实行贫困户优先发展。

第三，政府持续发力，引导贫困户参与优势产业发展。在政府大力宣传下，当地贫困户对于精准扶贫小额信贷政策有所了解，但自主创业意识并不强，无法合理利用资金来发展脱贫致富的特色优势产业项目。因此，当地应继续加大宣传力度，结合多方力量，促进优势产业发展，给予产业发展尤其是贫困户参与产业发展或创业更多的优惠政策，激发和引导贫困户的创业意识。例如可以在村民参加会议时，播放关于当地特色优势产业的宣传片，从而增强贫困户对当地产业项目的认识，提高其自主创业能力。

（中国人民大学调研组　执笔人：李德阳、张璟、郑风田、崔海兴）

村庄现状：

在短短的9年时间里，原隆村从荒凉的"干沙滩"变成了承载梦想和希望的"金沙滩"。这得益于福建的对口帮扶和当地各级政府的支持，更得益于村集体的全盘布局和统筹规划。原隆村从强化基层党组织建设入手，选优配强村"两委"班子，为村级集体经济统筹规划和发展奠定了组织基础。在此基础上，原隆村充分激活村集体统筹功能，利用土地资源集中优势，进行规模化土地流转，壮大村级集体经济实力；借助企业公司发展产业之外力，激活村级集体经济内力，带动和培育村民内生发展动力；通过整合多项扶贫资金，再造村集体资产，增强村集体造血功能。2019年底，原隆村顺利脱贫出列。2020年，农民人均可支配收入达到8540元，村级集体经济收益达到147万元。

产业扎根人气足

——河北省阜平县顾家台村调查报告

顾家台村隶属河北省保定市阜平县龙泉关镇，全村共 147 户 360 人，2013 年底确认建档立卡贫困户 110 户 270 人，贫困发生率达到 75%。经过两年的脱贫攻坚，2015 年脱贫 42 户 138 人，2016 年脱贫 63 户 123 人，2017 年脱贫 4 户 7 人（其中 2017 年"回头看"回退 4 户 7 人，退出 1 户 4 人，去世 1 人，当年实际减少贫困人口 1 户 5 人）。截至 2017 年底，全村剩余贫困人口 4 户 4 人。调研组于 2018 年 6 月到顾家台村开展实地调查。

一、顾家台村基本情况

2013 年元旦前夕，习近平总书记到顾家台村考察，嘱咐当地干部群众想方设法做好脱贫工作。在各级政府与社会力量的支持下，顾家台村采取了一系列脱贫措施。一是基础设施取得明显改善。全村实施农村危房改造 89 户，易地扶贫搬迁 18 户。全村实现了户户通水泥硬化路，自来水进院进屋，污水统一处理，建设猪舍、鸡舍统一养殖地等，居住环境大为改观。二是因地制宜发展脱贫产业，尤其在特色农业和乡村手工业方面取得进展。特色农业主要是林果种植和香菇种植，全村流转 547 亩土地，其中 427 亩用于种植苹果，120 亩用于种植香菇。顾家台村引进了一家皮具生产企业发展乡村手工业，带动了至少 30 名当地劳动力脱贫。除此之外，乡村旅游业也在发展之中。三是确保医疗保障。全村参加新农合 360 人，参保率 100%。60 周岁以上老人在县内住院合规费用按政策 100% 报销。全村共有 2 人享受大病补偿政策。

四是落实教育救助帮扶。全村共有4人享受教育扶贫政策，其中，2人享受雨露计划，2人享受贫困生救助。

顾家台村的扶贫工作取得显著成效，2013年村民人均纯收入仅为980元，2014年上升至2680元，2015年为3140元，2016年已达6278元。调研发现，在顾家台村的扶贫工作中，重点解决的是发展产业的问题。阜平县近年采取"政府支持、企业运营、农民参与"的产业发展模式，引导顾家台村探索出一条乡村产业发展多方联动的路径。而乡村产业发展不仅带动了劳动力就业，更形成了劳动力回流和返乡创业的良好趋势。

顾家台村的标准香菇大棚（摄影 吴柳财）

二、深层挑战：乡村产业的探索与培育

在脱贫攻坚政策实施以前，顾家台村的典型就业模式是"本地农业、外地打工"。2013年顾家台村启动扶贫工程，依靠产业发展带领村民致富，主要发展思路是"两种（核桃、大枣）两养（羊、牛）"。然而，培育、发展一个成功的产业不是一蹴而就的。顾家台村的产业基础过于薄弱，面临着资金、技术、劳动力以及自然资源等各方面的限制，顾家台村的"两种两养"发展面临诸多困难。

顾家台村在阜平县政府的带领下，总结"两种两养"的失败经验，开始加大政府的协调与支持力度，引入企业提供技术与管理，依靠乡村的社会基础，形成政府、企业和乡村社会"三方联动"的产业发展模式。发展了以香菇种植为代表的特色农业产业和以箱包加工为代表的乡村手工业，这两个产业带动了村民的就业，提高了村民的收入，聚集了村庄的人气，成为顾家台村脱贫致富的重要内生力量。

三、脱贫经验：政企带动、扎根乡土、聚集人气

顾家台村产业发展的经验可以简单总结为"政企带动、扎根乡土、聚集人气"。产业的发展带动了村庄的劳动力就业，并且吸引外出务工人员返乡，使得村庄"人气聚集"，顾家台村正从一个萧条的贫困村转变成有人气的富裕村。

（一）政企带动：高投入、大规模和组织化

香菇大棚产业是在全县的统一规划下进行的，是全县香菇产业的一部分。阜平县通过整体规划和财政支持，将全县的香菇产业打造成统一品牌，形成一种"高投入、大规模、组织化"的乡村产业发展模式。政府通过融资平台投资建设高水平的农业大棚及配套设施，一年两季的冷暖棚（双季棚）每个需要投入25万~30万元。大棚建好后，承包给民营的香菇龙头公司，再由这些龙头公司租赁给农户分户经营。2015年以来，政府和企业共累计完成投资8.6亿元，建设棚室4000余栋，覆盖13个乡镇96个行政村，辐射带动农户11000余户，其中贫困户3800多户，户均增收20000元左右。

"政企带动"的特点是，一方面通过政府和企业的投入实现"高投入"和"大规模"，另一方面在日常经营过程中依靠农户"分户经营"。这就是所谓的"六统一分"——"六统"是指棚室、品种、菌棒、技术、品牌、销售六个方面由企业统一负责，"一分"是指农户分户承包经营，农户的分户经营也并非简单分散承包，而是通过"园区制"实行"组织化"经营。全县在适合建大棚的乡镇、村庄、自然村建设"大棚园区"，截至2018年调研时，共建成54个园区，每个园区50~100个大棚不等。园区配备了服务大棚的配套设施和工作人员，负责维护棚室、发放菌棒、技术指导、收购香菇等工作，

是企业直接和农民打交道的部门。农民承包大棚虽然属于自主经营，但其实除了日常管理和劳动投入之外，其他环节都被高度地"组织化"了。

香菇的日常管理通过农户承包经营，这正是香菇产业得以繁荣、农民能够大规模受益的关键所在。如果说政府和企业提供了阳光、空气和水，基层乡村则提供了香菇产业得以健康成长的土壤。乡村产业只有扎根在乡土社会的泥土里，才能获得成功。

（二）扎根乡土：产业发展的社会基础

1. 香菇种植：特色农业产业

顾家台村是全县54个香菇种植园区中的一个，共有50个香菇大棚。这个园区的大棚建得较早，是只种一季的冷棚，每个大棚投资60000~70000元，是省级龙头企业阜平县某种植有限公司投资建设的，以每年每个棚3000元的租价承包给农户经营。

农户的经营方式是香菇产业能否长效持久发展的关键，我们以香菇种植过程为例说明。香菇种植是一个劳动力投入很高的产业，有的环节还需要大量地雇用劳动力完成。（见下表）

香菇种植流程

流程	时间	用工情况	费用	备注
入棒、脱袋			装一棒5分钱；脱袋一棒5分钱	6个月大周期就用同一个棒
放氧			5分钱一次一棒	整个大周期一般放氧2次
注水	2~3天	用工密集	5分钱一次一棒	注水的控制决定出菇的时间，每一茬菇要单独注水，大周期共5次
出菇				
疏蕾	2~3天	用工密集，一个棚一天大概12个工	每人每小时10元（合5分钱一次一棒）	每茬一次，共5次
浇水、通风				

续表

流程	时间	用工情况	费用	备注
摘菇	3天	用工密集，一个棚大概12个工	每人每小时10元（合5分钱一次一棒）	每茬一次，共5次
分拣、卖菇				将菇分成若干等级，各级价格差别较大
扔棒			5分钱一次一棒	

我们先以顾家台的农户为例来算一笔账。先计算成本。（1）菌棒价格。菌棒要从种植公司买，价格是3元，这中间政府有政策补贴，贫困户每个菌棒补贴0.7元，一般户补贴0.6元，因此每个菌棒农户只需支付2.4元左右。（2）劳动成本。如果生产香菇的各个环节都雇人劳动，则每个菌棒要支付大约1元钱的成本。香菇每年可以收5茬，除了入棒、脱袋和两次放氧外，其他的工序如注水、疏蕾、收菇都要进行5次。按每次用工每个菌棒5分钱来算的话，总费用正好是1元。（3）租赁承包。每个大棚租金3000元，可以放20000个菌棒，则每个菌棒均摊成本0.15元。三项成本加总，假如一个大棚完全雇人劳动，则成本合每个菌棒3.5元左右。香菇种植成本相对比较固定，但是香菇的收益并不是稳定的。从2017年的一般情况看，顾家台一个农户包1个半大棚（1个大棚、1个小棚），种30000个菌棒，平均每个菌棒产值5元左右，则每个菌棒获纯利1.5元左右，总的纯收入在45000元左右。

以上是纯粹数字的计算，但是农户要靠种植香菇得到这些收入，最为重要的是要保证香菇的质量和品级。香菇从出菇到完全成熟，除了严格的田间管理外，还对采摘时机有严格要求。最适合采摘的时机是刚刚成熟、尚未"开伞"的这短短几个小时。这个时候采下的菇大一点的叫作"白光面"，小一点的叫作"白小菇"，顶部乳白，水分较少；次一级的叫作"混装菇"和"小菇"，颜色不够白；再次一级的叫作"黑菇"，顶部发黑，湿度大；更次的叫作"菜菇"，伞面打开且卷边；最次的叫作"片菇"，完全开伞。2018年顾家台村的香菇收购价为"白光面"每斤5.5元，混装菇每斤4.2元，

产业扎根人气足
——河北省阜平县顾家台村调查报告

黑菇每斤 2.8 元，菜菇每斤 1.5 元，片菇每斤只有 0.5 元。香菇在短短几天内成熟，其价格会随着成熟度迅速下降，如果不能及时采摘就会大大折价。要保证质量和品级，关键在于短期内投入大量的劳动力，"争分夺秒"地将菇采下来，这是决定这个产业能否获得成功的重要因素。

农村并没有正规的劳动力市场，农户雇人劳动，主要是用打电话的方式，也就是找熟人，或者通过熟人找熟人的方式进行。通过农户间"关系"展开的劳动力短期雇佣模式是此地香菇产业能够成功开展的

正在菌棒上生长的香菇（摄影 吴柳财）

关键，也是香菇产业必须要"扎根乡土"的根本原因所在。总结起来，其中主要的原因有这样几条。

第一，农业雇用劳动力有着特殊模式。农户主要通过自己的社会关系寻找农业雇用劳动力，主要是靠亲戚熟人关系介绍来雇用劳动力。因而农民的人际关系网络和农户的生产条件限制了农户能够承包的规模。据调研组了解，种香菇特别辛苦，村民经常半夜三点还在采菇，由于香菇怕光，所以是戴着头灯熬夜采摘，吃饭睡觉也顾不上，耽误时间就是耽误了赚钱。所以，虽然在理论上承包一个大棚完全雇人劳动也会有 20000~30000 元的收入，但这是完全不现实的，因为这种日夜劳动不可能完全依靠雇人进行。再者，由于香菇品质对劳动质量的高要求，简单的雇用劳动力往往会导致赔本，所以我们在顾家台看到的情况是，有夫妻二人两个劳动力的农户一般会承包 1.5~2 个大棚，很少会超过 2 个。如果承包多了，自己劳动力不够，又雇不到人，就会赔本。

第二，农业生产管理有着特殊性。若公司统一雇人，就无法解决劳动力的监督问题。香菇的用工最紧迫的是注水、疏蕾、摘菇几个环节，尤其是摘

菇，为了保证香菇的品质需要晚上加班干活。另外，因为农业产业的特殊性，用工时很难像工厂里那样进行监督。比如在疏蕾和摘菇的环节，如果雇工磨洋工或者不把活干好，雇主也很难及时发现和时刻监督。而农户自己雇人，一是人员少，干活的好坏相对更容易发现，"干得不好，下次就不找他了"；二是因为有熟人关系，大家顾及人情，也相对自觉。

第三，农村劳动力有着特殊性质。在村的农业劳动力并不把自己定义为一个工人，其劳动时间和劳动过程受到家庭生活的干预。这些劳动力（尤其以妇女居多）一般都优先照顾好家里的老人孩子，做好家务，然后在闲散时间去打零工。承包棚的村民杨某告诉我们，"雇人特别难"，大家并不是像天天按时上班一样在村头等着你，"在端午节期间，因为大家都在包粽子，雇工非常难，有时只好全家动员，夜里也没得歇"。这时农户们都各显神通，而最有效的手段就是去找亲戚和熟人帮忙。

在调研中发现，没有一个村民会用"劳动力"这种词指代村民，而是用"村里人"来指代。在他们看来，"村里人"有自己的家庭生产生活，有特别的思想方式，有特定的伦理观念，还有特殊的人际关系，他们通常没有工厂的时间感与纪律感，也没有特别强的挣钱的动力，只是把这些当作家务之外的副业而已。乡村农业产业要在乡村扎根，必须要正视这些"村里人"的特点。顾家台的经验告诉我们，正是家庭分户承包经营，利用农民自身的人际关系网络，才很好地解决了香菇种植过程中的雇工和监督问题，从而保证了生产效益。

2. 箱包加工厂：乡村手工业

为了进一步带动乡村劳动力就业，顾家台村引进了河北白沟的一家箱包加工厂在顾家台村开设加工点，由公司运输原料到村里加工，在加工和包装之后公司再运回保定进行销售。到2018年开展调查时厂子已经开工两年，常年可吸纳当地30多名劳动力就业，都是四五十岁的农村妇女。每个劳动力每天保底工资60元，每年根据任务完成情况给予奖金。每个月能够加工一万个皮包，每个皮包当地村民能够赚取10元左右的加工费。

产业扎根人气足
——河北省阜平县顾家台村调查报告

妇女们在箱包加工厂工作（摄影 吴柳财）

乡村社会虽然有大量的剩余劳动力，但是在乡村发展劳动力密集型的乡村手工业依然需要克服一系列困难，尤其需要思考乡村手工业如何扎根乡村社会的问题——如何使乡村劳动密集型加工生产环节适应乡村社会劳动力特征和劳动管理过程。2017年开工以来，第一年箱包加工厂一直处于亏本经营的状态，主要原因是箱包加工的速度无法提升，产品质量也存在问题。

首先，箱包厂使用的工人有着特殊性质，劳动力都是农村妇女，她们与沿海正式工厂中的女工有着本质不同，她们在打工的同时必须兼顾家庭。"她们早一刻也不来，不会想着可以多出点活，她们到点就下班，很少加班"，并且"家里面有事她们放下就得走""有的来一个小时就走了，有的来半天就走了"。农村妇女的这种特点给箱包加工厂的流水线生产带了挑战，如果一条流水线上请假的工人太多，经常需要其他人比如后勤人员顶上，有时候甚至厂长都要亲自上流水线。

其次，农村妇女有着特殊的行为方式。在乡村社会中，她们特别注重面子，因此在生产管理中厂长要十分尊重她们的感情。正如厂长所言，"工人出错了，你说她两句，她就受不了，就走了"。这使得加工点在管理上面临着很大挑战。当产品出现质量问题的时候，也无法处罚工人，只能靠厂长自己一个人返工。

因此，乡村工业必须采取特殊的管理方式。第一，如何处理好与乡村妇女的关系成为工厂经营管理者十分重要的任务。箱包加工厂的管理建立在管理者与工人十分熟悉的基础之上，熟悉工人才能知道每个工人的技术水平和劳动投入程度，此外也只有跟工人很熟悉，才可以批评工人——"与她们熟了，有什么可以直说"。第二，要十分重视工人的感受，"要哄着工人""没有当领导的感觉"，厂长即使因为生产管理批评了工人，也要立即去"哄"她，让她有台阶下。第三，任用村庄中有责任心的人担任小组长，他们一般对村里人比较熟悉，在生产管理过程中发挥了关键作用。箱包加工厂厂长不断总结经验，克服了一系列经营管理问题。2018年开始，箱包的产量和质量都有了一定保证，也使加工厂实现了收支平衡。

（三）聚集人气：产业发展与人口回流

贫困村普遍面临着人口和劳动力外流的情况，由此导致的贫困村空心化、老龄化使得许多贫困村产业发展和村庄治理缺乏能人。顾家台村通过实施脱贫攻坚战略，尤其是乡村产业的发展，使村庄出现了"人口回流"的良好趋势，集聚了人气。这是顾家台村脱贫攻坚战略实施过程中的突出亮点。

1. 顾家台村脱贫政策实施之前劳动力外流打工情况

顾家台村全村147户360人。截至2018年调研时，全村20~60岁的劳动力大约有一半在外打工，大概有100人，打工者的流向主要是北京、石家庄和保定。

首先，外出打工劳动力有着很强的代际差异，在村的年轻人很少，20~30岁的年轻人几乎没有人在村，在村的以四五十岁的劳动力为主。其次，劳动力的流动也有着极为鲜明的性别差异，外流的劳动力以男性为主，在村的劳动力以40岁以上的女性劳动力为主，以及少量的40岁以上的中年男性劳动力。大部分外出打工的劳动力的子女、妻子或者父母依然在村庄，所以这部分外出劳动力依然保持了与村庄的密切联系，一般过年时会返村，此时全村能够达到300人以上。另外也有十几户已经在城市买房、定居。

2. "人口回流"：顾家台村脱贫攻坚的突出成效

近年来，随着乡村产业的发展，顾家台村出现了打工劳动力返乡的趋势，成为顾家台村脱贫攻坚战略实施的突出成果。粗略统计，全村近两年来已经有十几个返乡创业、就业的劳动力。返乡劳动力中，除一部分中年劳动力返乡就业以外，尤其值得注意的是，出现了一个"创业型返乡青年"群体。

先来看中年劳动力返乡就业的情况。中国农村劳动力外流与劳动力的生命周期紧密关联，"二三十岁的时候，宁愿在外面赚3000不在村里赚4000；到了40岁以后，宁愿在村里赚3000不愿在外面赚4000"。之所以40岁以上的劳动力有着很强的返乡动力，是由于这个时期的劳动力面临着家庭的牵绊，通常愿意选择离家近的区域打工，以方便照顾家庭。因此，乡村能不能为这部分返乡劳动力提供合适的就业机会，是这部分群体能不能顺利返乡的关键。村民顾大叔等人是典型的"中老年返乡"劳动力，他们都在50岁左右，之前在外地从事体力劳动，没有固定职业，看到顾家台村兴起了香菇种植业而返乡承包大棚种植香菇。

尤其应该关注的，是顾家台村出现的"创业型返乡青年"群体。这类青年一般在三四十岁，通过长期在外打工掌握了一定的技术或者有了一定的资金积累。随着脱贫攻坚战略的实施和乡村产业的发展，他们看到乡村社会"机会多"而"主动"返乡寻找发展的机会。这类群体一般返乡创业，从事一些需要一定资金或者技术的行业。

村民顾某就是一个典型的"创业型返乡青年"。顾某30多岁，从小跟随父母离开了顾家台村到县城定居生活。高中毕业以后，顾某到北京稻香村当了一年保安。2008年，顾某筹集十几万元在临近乡镇的一个村开办了一个养猪场，后来又在镇上开办了一个肉铺。2015年，顾某看到顾家台村的一些脱贫政策的实施带来了创业机会，于是返乡。在政府的帮助下，2015年顾某成立了养猪合作社，2016年顾家台村兴建香菇大棚初期，在政府动员下他又承包了4个香菇大棚，对村里香菇种植业的发展起到了带动作用。2015年顾某开始担任村委委员，2018年入党。

四、总结与思考

（一）思考

1. 产业发展对于乡村发展的作用

乡村的繁荣离不开乡村产业发展，乡村产业发展是"人口回流"的关键。我们看到，人口与乡村产业是一个相互促进的关系，乡村产业兴旺也离不开乡村人气兴旺。

顾家台村通过产业发展带动了人口回流，实现了乡村人气聚集。以香菇产业的带动效应来看，我们粗略地算这样一笔账：按每个菌棒1元的雇人成本计算，顾家台村的50个大棚约有75万个菌棒，则每年仅香菇大棚一项所付出的工资就有75万元之多，按顾家台村每个工100元的价格计算，则全年可有7500个工的需求，这远远超出了顾家台村本身的劳动力数量，所以每到出菇季节，不但本村的人手不够用，还吸引了外村、外乡镇的人来本村劳动。香菇产业的发展，给本村村民提供了两重选择：一是可以通过直接承包大棚来获得收入，承包大棚的以夫妻二人两个劳动力在村的家庭居多，近些年甚至吸引了外出务工的人返乡回来种香菇。二是对于那些劳动力不够充足，或者劳动力受到限制的家庭，比如无法长期外出、只能留在村里、每天必须花时间照顾小孩和老人的妇女来说，香菇产业提供了务工增加收入的机会。

另外尤其需要注意，顾家台村发展起来了一个复杂、多元的乡村产业体系，能够广泛吸纳乡村各色各样的劳动力。以香菇种植、苹果种植业为代表的特色农业、以箱包加工厂为代表的乡村工业、以农家乐为代表的乡村旅游业，以及以镇区为依托的商贸服务业形成了一个"城乡融合""一二三产融合"的产业系统。

乡村劳动力有着特殊的性质：年龄、性别以及劳动技能的差异性大；与家庭生活、农业生活高度结合。因而，乡村产业的多元化、灵活性更有利于吸纳乡村劳动力。比如箱包加工厂能够提供一个较为稳定、收入较高的工作机会，但是对劳动力的年龄和技术有一定要求与偏好。而特色农业雇用则对劳动力的要求较低，属于季节性雇用，即"零工"。正由于有一个多元、灵活的产业体系，使得顾家台村及其附近的各种类型的劳动力都能被吸纳到这个就业体系中，形成了"村庄没有闲人"的良好局面。活跃的乡村产业，也营造了创业的机会，从而吸引青年劳动力返乡创业，寻找机会。

2. 乡村产业发展的经验

"政企带动、乡土扎根"，政府和企业在投入和管理上实现了"高投入"和"大规模"，但是在日常经营上，则实行"组织化"了的分户经营。农户的分户经营并非简单的分散承包，而是通过"园区制"实行"组织化"经营。在这个产业发展模式中，政府、企业和农户实现了有机结合。

顾家台产业发展的经验提示我们，乡村产业的发展除了自上而下的政策扶持和投入以外，更需要扎根于村庄自身的社会基础。乡村社会虽然有丰富的剩余劳动力，但是这些人有着极强的特殊性，他们与家庭生活有着紧密的联系，有着特殊的思想观念，有着复杂的人际关系网络。乡村社会和乡村劳动力的特殊性也不能一概看成是农民素质低下、观念保守的表现。这种乡村社会对乡村产业的特殊要求有其一定的社会和历史必然性，与农村历史传统有关、与农村经济生态体系有关。

这种特殊性在一定条件下也可以成为乡村产业发展的重要资源，其关键是在扶持乡村产业的时候能够充分认识到乡村产业需面对的特殊的社会基础，从而充分适应、扎根于这个社会基础。这需要各地结合实际情况，做出具体而细致的探索。

（二）政策建议

1. 探索建立乡村产业的多方协作机制，尤其是建立政府、市场、乡村社会三方联动的投入和经营机制

这是由现代农业的特点决定的，一方面现代农业需要高投入、组织化和市场化，传统农户的投入和经营模式已经不能适应；另一方面，农业的具体种养殖过程又依然存在着与传统农业相似的监督管理问题。所以，如何一边改善农业的外部经营环境，一边坚持农户经营的主体地位、调动农户经营的积极性，还需要进行更深入的实践和探索。

2. 探索乡村产业的体系化路径，培育多元化、灵活性的产业体系

乡村产业在带动乡村剩余劳动力就业方面发挥了积极作用。但是由于乡村劳动力的特殊性，乡村产业的体系化尤为重要。如何使乡村产业实现"一二三产业融合""城乡融合"，对于发展乡村就业和乡村振兴十分重要。

3. 探索乡村产业扎根乡土的实践机制

乡村产业的发展不是一蹴而就的。虽然有大量的政策和资金进入贫困村，但并不意味着乡村产业就能自然而然地发展起来。我们在看到乡村产业发展的政策、技术、资金条件的同时，也要充分重视乡村产业发展的社会基础。

顾家台村提供了一个乡村产业如何扎根乡土的经典案例，但是鉴于我国区域差别很大，各地尚需进行更为细致、深入的探索。

（北京大学调研组　执笔人：周飞舟、付伟、吴柳财、黄康佳）

村庄现状：

截至2020年底，香菇产业依然是顾家台村的重要增收途径，有68户通过流转土地获益，其中脱贫户55户，户均年增收1700元；共带动31户包棚经营，户均年收入60000元；带动70人在大棚内务工，人均年收入9500元。在中国农科院、河北农业大学的专家指导下，村里的林果产业成效显著，生产的苹果个头大、成色红、甜度高、脆度足，由种植企业按保护价统一收购。有150户通过流转土地获益，其中脱贫户83户，户均年增收2700元；有11人在果园长期务工、74人零散务工，其中贫困户53人，人均年收入9500元。箱包加工厂成功扭亏为盈，已有5条成套的生产线，吸纳顾家台及周边村共68名村民就业，其中贫困户30人，人均月收入2000元以上，2021年有望将就业岗位扩大到100个。

优势产业稳定巩固，新产业也逐步壮大。在阜平县的牵头组织下，顾家台村从2018年起发展乡村旅游，引入了两家公司开发管理，还被授予了"河北省直机关党员干部教育基地"称号。村里流转30多幢民房打造旅游民宿，组织贫困户办起"思农茶社"，还带动近10户村民开起了农家乐。2019年五一假期正式营业。2020年底，顾家台村人均可支配收入17000多元，相较2012年增长了16倍，自2018年起已连续3年超出全国农村平均水平。

三项改革助搬得出、稳得住、能致富

——吉林省通榆县陆家村调查报告

陆家村隶属吉林省白城市通榆县乌兰花镇，全村辖1个自然屯，3个村民小组，共391户917人。建档立卡初期，共有贫困户92户198人，贫困发生率21.6%。2017年底，贫困发生率降至1%以下，已经实现脱贫摘帽。2018年7月，调研组到陆家村开展了实地调查。

一、村庄基本情况

陆家村位于通榆县城西北47.5公里处，地处科尔沁草原东陲，年平均气温6.3℃。陆家村总面积18.52平方公里，以平原地形为主，平均海拔179.5米，有耕地17200.5亩、草原2145亩、林地7350亩。陆家村的产业以种植业为主，全村主要种植玉米、葵花、杂粮杂豆等粮食作物，无特色经济作物种植。陆家村的耕地中沙陀地、盐碱地各占1/3，土地贫瘠，荒漠化和水土流失严重，加之气候恶劣（2017年累计降雨量不足200毫米），导致农业综合生产力不高。且陆家村以户为单位进行农业种植，规模小，组织化程度低，经济效益差。2015年村级集体经济收入46.8万元，人均收入5500元，建档立卡贫困户人均收入2810元，70%的村民负债，村集体负债100多万元。截至2016年5月，全村共有房屋262座，砖瓦化率仅为51%，生产生活条件差，道路、排水、灌溉等基础设施落后，缺少必要的教育、医疗、文体等基本公共服务设施。

面对陆家村恶劣的居住状况和村级集体经济羸弱的情况，2015年下半年以来，吉林省、白城市、通榆县三级积极探索用三项改革的方法解决陆家村所面临的困难，把陆家村作为三项改革试点，以集体产权制度改革试点为引擎，以土地规模化经营改革试点和易地扶贫搬迁试点为支撑，激发陆家村的脱贫动力。2016年2月开始实施易地搬迁，10月新区建设工程完工，12月末完成了陆家村228户657人的全部上楼，其中建档立卡贫困人口85户188人。当我们来到搬迁户的家中时，搬迁户许某对我们说："以前种地挣的钱太少了，一年下来有4000元左右的收入就不错了，以前想不种地去县城打工，可是城里上班起早贪黑，感觉不适应，家里老母亲又有病，还需要人照顾。现在不一样了，自己的老房子拆了之后，村里给补贴了30多万元，用补贴的钱买了这套80平方米的楼房，还剩下了20万元。搬进新区以后，村里又有了好政策，我用自家的75亩耕地入股了村里的土地股份合作社，合作社每年付给我17000元的分红，自己不用种地了，可以去村里的家庭农场打工，一年可以干5个多月，一天120元，一年靠这个也能挣9000~10000元。现在的生活比以前好多了，不仅住的比以前好，收入也高了，还可以不出门在家门口上班，这样方便照顾母亲了，干起活来也自由多了。"

二、陆家村在振兴发展过程中遇到的挑战

陆家村属于典型的人均耕地较多，但土地贫瘠、沙漠化和水土流失严重，无其他资源的村庄。村庄产业结构单一，过于依赖种植业，无其他产业，2016年以前工资性收入仅占村民全部收入的12%，低于全省18.8%的平均水平。虽然在2016年末搬出旧址，改善了村民以前"垃圾靠风刮，污水靠雨刷"的居住环境，但陆家村在发展振兴的过程中依然存在两个重大困难，一是农业生产效益低下，二是村级集体经济羸弱。

（一）陆家村的农业生产效益低

陆家村土地贫瘠、水土流失和沙漠化严重，加之干旱少雨，导致农业生产广种薄收，农户以户为单位进行农业种植，规模小，组织化程度低，且当时陆家村的第一产业处在初级阶段，农业现代化水平低，导致农业生产效率低下。在农作物种植方面以玉米和大豆等作物为主，缺乏特色经济作物的支持。这诸多不利因素产生叠加效应，导致陆家村农业生产效益低下，以种植

业为生的村民收入低微，久而久之逐渐沦为贫困人口。

（二）产业项目缺乏，村级集体经济羸弱

直到2015年，陆家村的村集体还处于负债阶段，当时因为地理情况、村级集体经济情况和村基础设施等因素，无法吸引企业或能人来村庄发展项目，集体经济收入低微。本身陆家村的住户就分布零散，造成道路、安全饮水、卫生所等公共服务设施和公共基础设施建设任务重、投资大。另外，陆家村气候干旱，多风少雨，农田基础设施特别是水利设施仍显不足，而陆家村微薄的集体经济收入无力改善当时村子恶劣的生存和生产环境。

三、三项改革助搬迁项目"搬得出、稳得住、能致富"

陆家村在进行易地搬迁之后，面临的后续困难是如何在新环境中落地生根、发家致富，不仅要搬得出还要稳得住、能致富，这两者也关乎易地扶贫搬迁工作能否取得相应的政策效应。陆家村接连实行了村集体产权制度改革和土地规模化经营改革，以此增加了集体经济和农户个人收入，让陆家村村民"能致富"。与此同时，陆家村开展了"陆家村文化建设"活动，让陆家村在创收致富的道路上"稳得住"，完成了该村从落后贫困村向全县整村脱贫第一村和美丽乡村建设第一村的华丽"蝶变"。

（一）易地搬迁试点让陆家村搬得出

通榆县在陆家村易地搬迁方面抢抓政策机遇，2016年2月通榆县制定了实施整村搬迁项目的工作思路，确立了"以政策资金为主，县财政投资为辅"的搬迁原则，在不增加群众负担的前提下，实现"两不愁三保障"的工作目标，让群众不花钱住进新房。一方面，依据国家和省支持易地扶贫搬迁的政策文件，向上争取到建档立卡贫困户人均67000元的政策性资金共1300多万元；另一方面，利用土地增减挂钩政策，对拆旧区土地进行复垦，产生增减挂钩节余指标1500余亩，再与长春新区交易后实现流转收益1.5亿元。陆家村易地搬迁项目工程投资、现金补偿、复垦土地费等支出共计约1.1亿元，收支相抵节余近5000万元。

陆家村新建区回迁楼共6栋，占地17500多平方米，12栋车库占地4300多平方米。按照群众意愿，分别设计了35平方米、50平方米、60平方米、

80平方米、100平方米5个户型，每平方米的建筑成本为1700元，通榆县政府每平方米补贴500元，搬迁户购买新区回迁房每平方米只需花1200元。利用土地增减挂钩政策，搬迁户旧房拆迁可按每平方米获得一定补贴（砖墙房每平方米补贴1500元，土墙房每平方米补贴1000元）。截至2016年5月，易地搬迁户全部得到了搬迁补偿款，在购买完陆家新区的楼房和车库后，每户仍可获得现金补偿，户均得剩余补偿款10.7万元。新建区还配套建设了1250平方米的村综合服务中心，6000平方米的文化广场，1118平方米的幼儿园和敬老院，150平方米的村卫生室，并建有锅炉房、水泵房等集中供暖、供水设备，自来水入户率达到100%。2017年，完成了陆家村居民区亮化、美化和硬化工程，总投资500万元。

陆家村易地搬迁居民区远景（北京清峰同创教育科技有限公司提供）

（二）实行集体产权制度改革，壮大陆家村村级集体经济

陆家村为了解决村级集体经济羸弱的问题，在实施易地搬迁项目的同时，实行了村集体产权制度改革，通过集体产权制度改革达到壮大村级集体经济的目的。2015年，陆家村组建了清产核资工作组，按程序分类清查各类资产，明晰了集体资产情况。进行完初步的资产摸底后，2016年，陆家村村委会首先出台《陆家村集体经济组织成员资格认定办法》，依据有关法律法规，协调平衡各方利益，逐户逐人地进行核查、认定，确认村经济组织人员。在此基础上，陆家村又推出了《陆家村集体资产股权设置与管理办法》，明确经营性资产股份由个人股和集体股组成。其中个人股占80%，共计入股自然人股东912个，每个成员持基本股1.552个。为了更好地管理村集体资产，陆家村建立"村三委＋公司"的资产管理模式，把村集体资产经营与村行政事务管理分离。2016年8月，成立通榆县陆家村集体资产经营管理有限公司，明确由乌兰花镇"三资"代理服务中心代管财务账目，接受镇党委政府、村"三委"、公司监事会监督，陆家村集体资产管理公司持有村经营性资产股份20%的集体股，下设土地股份合作社、农机专业合作社、物业公司和牧业小区。土地股份合作社主要负责集体所有的耕地、林地、草地、荒地等资源性资产的经营管理，农机专业合作社主要负责集体所有的机械设备等经营性资产的经营管理。

陆家村按中央农村土地"三权分置"的政策，以坚决保护农民的土地承包权、放活土地的经营权为原则，在不违背承包农户意愿的基础上，以2015年农村土地确权实测面积为准，从2016年4月开始，由土地股份合作社进行土地的流转入股，保留社员合法的承包权，将社员的承包册内地的经营权作价；以每亩作价2333元，按每1000元一股入股到陆家村土地股份合作社（入股期限为10年），陆家村土地股份合作社按册内地面积每亩233元进行一次分红。社员将原经营册外地的承包经营权转包给陆家村村集体资产经营管理公司，陆家村村集体资产经营管理公司将册外地的承包经营权以集体股的形式，按照和册内地同样的方式入股陆家村土地股份合作社，土地股份合作社同样以每亩233元分红给村集体经营管理公司，村集体经营管理公司按社员原经营册外地面积每亩133元支付农户流转金，按社员册内地面积每亩66元对社员进行二次分红。陆家村土地股份合作社将社员入股的在册地和陆家村村集体经营管理公司入股的册外地统一出租给村内种植能手成立的6家家庭农场，家庭农场按土地面积以每亩233元的价格支付给土地股份合作社作为租金。其中，入股册内地的农业支持保护补贴资金即"三补合一"资金仍归承包社员所有，入股册外地的农业支持保护补贴资金归村级集体经济所有。

陆家村的农田（图截自纪录短片《诗赞新村》[①]）

2017年3月底，入股陆家村土地股份合作社的耕地总面积为17101.5亩，基本实现整村的土地流转。陆家村依靠集体产权制度改革，集体经济收入大幅度壮大，争取到国家高标准农田续建、农机新型经营主体等多个项目，投资额度达到1600多万元；依靠转股出租土地每年获得租金90多万元及管理服务费11万元；出租幼儿园每年创收30000元；陆家村将全村原有的宅基地复垦改造为高标准水田，并且将水田出租给村里的种植能人，每年可以为村集体增加50万元收益，2017年集体经济总收入达到170万元以上。

（三）实行土地规模化经营改革，增加陆家村村民收入

为了打破传统的种植规模小、组织程度低的农业生产经营模式，实现土地规模化、集约化、产业化经营，陆家村通过发展土地股份合作社、家庭农场等新型农业经营主体，探索出了"合作社+家庭农场"的农业经营模式。土地股份合作社按照《陆家村整村土地承包经营权出租合同》，将土地经营权出租给本村种植能手成立的6个家庭农场。家庭农场将土地集中，实行土地连片化、规模化、集约化的生产经营，打破了过去农民以户为单位的生产经营方式对农业生产的束缚，利用规模化的村集体土地吸引政策项目，建设高标准农田5000亩，架设输变电线路12.2公里，实现电机井全程灌溉，大

---

① 吉林通榆县陆家村脱贫攻坚纪录短片《诗赞新村》，由中国扶贫发展中心监制，北京清峰同创教育科技有限公司于2019年拍摄并制作。

幅度提升了农业的现代化水平，消除了先前农业现代化水平低对种植业的阻碍，同时也把农村劳动力从"一亩三分地"中解放出来，2017年，陆家村土地机械化作业率达到90%，380位农民"变身"产业工人。

陆家村仅靠土地流转的租金，户均收入达9878元，人均4212元。土地的规模化经营不仅增加了农户的收入，还解放了大量的农村劳动力。在通榆县委、县政府和主管部门的协调下，陆家村组织全村全劳力对外输出，全年共输出130余人次，人均收入30000余元。针对半劳动力人员，陆家村利用陆家村资产管理公司将他们安置到土地股份合作社、物业公司等部门，共安置100余人，人均收入12000元左右。且土地流转后，农户原承包册内地的"三补合一"仍归原农户所有，户均收入2400元，人均收入1024元，2017年村民人均收入达到17516元，是2015年的3倍多。

（四）文化建设使陆家村稳得住

对于陆家村这样的易地搬迁村不仅要搬得出、能致富，关键要稳得住。陆家村是易地搬迁村，村民原居住地相隔较远，以前不经常来往，刚搬迁来的时候，村民互相不熟悉，如何让来自不同居住地的村民和睦相处、团结友爱，这不仅仅是陆家村的问题，也是所有易地搬迁村都面临的问题。陆家村部分村民"等靠要"思想依然严重，想要搭国家脱贫攻坚政策的"顺风车"，村干部入户调研时，部分村民故意隐瞒收入不愿脱贫，甚至有人喊出了贫困光荣的"口号"，长此以往必将带坏村中风气，让三项改革在陆家村打下的坚实基础付诸东流。

为了加强邻里团结，宣传勤劳善良、敬老爱亲的传统美德，培育良好的村风民风，真正成为美丽乡村建设第一村，陆家村进行了"陆家村文明建设活动"，打造良好的村庄精神风貌。一方面，制定了三字经式的《村规民约》，宣传邻里团结、善待他人等思想。该《村规民约》通俗易懂，形式喜闻乐见，内容深刻，深入人心。

另一方面，陆家村开展了"四道家庭"评比活动，评出善道、孝道、富道、美道模范并进行表彰，树立榜样，建立良好村风民风。如，陆家村村民武某是一名老党员，为人善良、乐于助人。武某自家养了百十头牛，每天起早贪黑地放牛，不但自家养得好，还带动周围群众养牛，起到了一个共产党员的模范带头作用，用实际行动感染了大家，被评为2017陆家村首届善道模范。武某等善道模范树立了勤劳善良、与人为善的道德榜样，宣传了邻里团结、乐于助人的美好品德。陆家村村民李某主动承包了6000多亩的土地，在他的精心安排和努力下，春播、夏耕、秋收等都非常及时，2017年获得了可观的收成，不仅富裕了自己，还带动了大家。2017年，李某荣获陆家村首届"富道模范家庭"。李某等富道榜样激发了陆家村村民的致富动力，提高了贫困户的内生动力，让带头致富成为陆家村的精神追求，让贫困光荣改为致富光荣。

四、思考和建议

陆家村实行三项试点改革助力易地搬迁项目，从搬得出、稳得住、能致富三个基本点出发，使用易地搬迁政策和土地增减挂钩政策相结合的方法保障陆家村"搬得出"；集体产权制度改革增加村集体经济收入、土地规模化经营改革增加农户个人收入，二者合力帮助陆家村"能致富"；陆家村的文化建设活动让陆家村可以"稳得住"。

（一）陆家村做法的一些启示

1. 用好用活国家政策，打造易地搬迁试点

陆家村充分利用国家支持国家贫困县脱贫攻坚的土地增减挂钩政策，统筹整合土地节余指标，再与长春新区交易收入资金，不仅保证了路、水、电、暖等基础设施建设，还利用资金同步进行了产业发展规划，实现了整体脱贫致富，陆家村易地搬迁项目的成功证明了用好用活国家支持的易地搬迁政策是贫困村加速实现整村脱贫的正确选择。

2. 创新农村集体经济运行机制，实施农村集体产权制度改革

实施农村集体产权制度改革，是创新集体所有权制度和改善集体经济运行机制，解放和发展农村生产力的治本之策。陆家村积极推进这项改革，建立了"归属清晰、职责明确、保护严格、流转顺畅"的现代产权制度，盘活了村集体存量资产，在保护农民自身资产权益的基础上，振兴了乡村的集体经济，增强了贫困村的"造血"能力。

3. 开发新型农业经营主体，推进农村土地规模化经营改革

农村劳动力外出导致家中土地闲置，是现在大多数村庄面临的问题。这

就需要开发新型的农业经营主体（大型的家庭农场或农业合作社）将耕地集中起来，进行规模化、集约化、产业化的土地经营管理。培育新型的农业主体将是未来进行乡村振兴、建设新型乡村的必经之路。

（二）几点建议

1. 主动应对劳动力相对短缺问题

积极引导外出务工人员返乡就业，为村庄产业发展提供人力基础。目前，由于村庄基础设施和家庭农场的快速发展，村内劳动力相对短缺，劳动力价格日益上涨，这对以家庭农场生产为主的陆家村形成了较大的挑战。面对这一情况，陆家村要提升农业种植技术，以此减少种植成本或为农产品增加附加值，靠降低的成本和创收来增加利润吸引劳动力。

2. 提高种植技术

家庭农场直接和市场联系，风险随时存在。陆家村土地贫瘠，气候更是十年九旱，农业种植技术相对落后，农产品的竞争力不强。可考虑与大型农业企业、高校合作。比如，吉林农业大学等高校有较为先进的农业技术，让这类高校来陆家村开展试验田等研究性项目，是当下提高种植技术、加强陆家村农产品市场竞争力的有力措施。

（北京师范大学调研组　执笔人：马玉璞、侯军岐、徐怡帆）

村庄现状：

陆家村通过易地搬迁、集体产权制度改革和土地规模化经营改革三项举措，顺利实现了从落后贫困村向全县整村脱贫第一村和美丽乡村建设第一村的华丽"蝶变"。搬迁上楼几年来，村民日益习惯新生活。村里专门规划了小菜园，由各户种植自用蔬菜，帮助群众降低生活成本。实施产权改革几年来，陆家村规划建设起牧业小区、农机产业园区、水田园区、棚膜经济区，家庭农场数量增至9个。各类园区和农场每年吸纳劳动力数量稳定在150人以上。规模化、专业化经营带来了单位面积产值的提高，一年两季的蔬菜大棚每年可实现利润30000元，在大棚长期务工的村民月工资达到了3000元，短期零工平均每天80元。近3年来，陆家村的农民收入稳定在17000元以上，村集体年收入超过170万元。

第一书记来扶贫　乡村旅游助发展
——黑龙江省饶河县小南河村调查报告

小南河村隶属黑龙江省双鸭山市饶河县西林子乡，全村共有人口226户664人，常住人口95户165人，党员18名。2017年末，小南河村退出贫困村；2018年末，村里贫困户全部脱贫；2019年，入选首批全国乡村旅游重点村。通过传统文化和现代文化的融合，小南河村被列为黑龙江省乡村民俗旅游示范村。2018年7月底，调研组到小南河村进行了实地调查。

一、村庄基本情况

从地理环境看，小南河村位于西林子乡政府西北部，东经133.94度、北纬46.94度，距乡政府6公里，距县城23公里。村庄主要位于山区丘陵地带，海拔高度在55~60米，全村耕地总面积18500亩，但多为山坡、丘陵地区，再加上山区低温小气候的影响，大部分农田为旱田、岗子地，农作物种植以玉米、大豆和经济作物为主，种植结构单一。从村民生活来看，小南河村保留了自然村落的原始风貌以及传统的东北生活方式，拥有42栋木刻楞老屋大院，同时还保留了东北淳朴的民风和习俗。但是，由于小南河村贫瘠的岗子地改不成水田，农民仅靠农业种植收入微薄，2014年底人均收入仅4457元。

脱贫攻坚以来，尤其是2015年12月之后，小南河村在第一书记的带领下，针对致贫原因，精准实施产业带动、转移就业等，乡村基础设施日臻完善，公共服务水平明显提高，村容村貌大为改观，脱贫人口实现"两不愁三保障"，人均收入稳定超过国家扶贫标准，2017年实现整村脱贫。2017年，

第一书记来扶贫 乡村旅游助发展
——黑龙江省饶河县小南河村调查报告

农村居民人均可支配收入达到 10860 元，比 2014 年的 4457 元增长 144%。值得一提的是，小南河村充分利用"一山（《乌苏里船歌》中唱到的大顶子山）、两河（两条山泉河环村流入乌苏里江）、一寺（中国最东的寺院妙音寺）、临江（距离乌苏里江界江和四排赫哲村 12 公里）"的生态资源和老东北的民俗资源，因地制宜，探索出了乡村旅游产业脱贫致富的路子。截至 2018 年，小南河村先后被评为黑龙江省"乡村民俗旅游示范点"、国家住建部"国家规划设计示范村"、国家旅游局①"乡村旅游扶贫村"，成为浙江卫视《我们十七岁》拍摄基地、我国第一部赫哲族题材电视剧《黑金部落》拍摄基地。自开发乡村民俗旅游以来，小南河村游客日益增多。截至 2017 年底，共接待省内外游客 30000 余人，带动旅游服务及山特农副产品销售收入 220 余万元，贫困人口生活得到大幅度改善。

《黑金部落》拍摄基地一角（摄影 史志乐）

二、小南河村面临的突出困难

小南河村在脱贫攻坚之初，主要面临以下两个问题：

（一）村"两委"软弱涣散，缺乏有序的组织领导

小南河村虽有扶贫政策，但是缺乏有力的组织领导，村"两委"组织涣散，凝聚力、公信力和号召力不强，不能按时按要求坚持开展相关脱贫攻坚

---
① 注：现已合并为文化和旅游部。

工作，未能将脱贫攻坚政策与村庄发展结合；部分党员年龄偏大，体弱多病，文化程度不高，导致扶贫政策宣传不到位，相关工作落实质量得不到保证。加上长期以来村内无能人带动，小南河村优质的自然资源得不到开发，村民自身观念比较保守，找不到适合脱贫致富的发展门路。

（二）村民收入结构单一，缺乏持续增收的产业

小南河村在生产生活条件方面保留了20世纪三四十年代的自然风貌，村民主要以农业种植为生，扶贫初期村内无其他产业。虽然小南河村有耕地面积18500亩，人均耕地面积28亩，但土地均为岗子地，改不成水田，村民只能种植玉米和大豆，种植结构单一。再加上受大顶子山小气候影响，产量基本是全县最低，特别是2015年国家取消玉米保护价后，种植旱田基本不赚钱，村民收入受到极大影响，村民又无其他增收渠道，导致全村陷入普遍性贫困。

三、组建队伍，找准优势，着力发展乡村旅游

近年来，小南河村在驻村第一书记冷书记的带领下，打造了一支本土化、走不掉的工作队，构建了乡村旅游与产业发展相互促动的模式，逐步解决"谁来干""干什么""怎么干"三个问题，顺利实现了贫困人口脱贫致富。

（一）谁来干：打造一支"不走的工作队"

面对软弱涣散的党组织、贫困的村民，首先要聚人心、凝人力，小南河村的脱贫攻坚必须由一支能打硬仗的工作队来带动。2015年12月以来，冷书记探索出了一条"党员—致富带头人—领导班子"的村级组织培养模式。扶贫首先得抓党建，冷书记从村内的18名党员入手，尤其是动员常年在本村的5名年富力强的党员，指导他们成立旅游协会，并作为村"两委"后备力量培养，着力加强党组织的凝聚力和党员的先锋模范作用。2018年已完成了村"两委"换届，旅游协会的餐饮部长、会长、销售部长、公司经理分别当选为村支书、村长、妇女主任、民兵连长，整个班子焕发出新的生机。老支书担任监督委员会主任，继续发挥党员作用。帮助党员马某建立网店销售特产蜂蜜，使山村搭上了互联网平台。小南河村党支部从一个软弱涣散的党组织成长为全市先进基层党组织、抗洪抢险支援先进党支部，小南河村的经验

第一书记来扶贫　乡村旅游助发展
——黑龙江省饶河县小南河村调查报告

也成为全国乡村治理典型案例。冷书记自己也说，她希望能动员本村的力量，着力培养本村的党员，打造一支"不走的工作队"，持续推动脱贫攻坚工作。

（二）干什么：充分发挥优势，确定发展乡村旅游

小南河村虽然穷，但是有如下优势：一是生态摄影资源好，拥有一山、一寺、两河、一江，村内保留了一批20世纪三四十年代的关东特征明显的木刻楞老屋大院；二是民风民俗好，拥有很多东北特色的民风民俗，比如老房子、老磨盘、老鸡窝、老烟袋、老杖子、老棉袄棉裤棉帽子、老牛车老马车和马爬犁、老作坊和老讲究老习俗，还有老豆腐匠等独特的传统匠人，而且曾是东北抗联七军的重要活动地区。驻村工作队反复研究小南河村的基本情况，摸清每个贫困户的需求和困难，发现如果单靠种地致富几乎是不可能的，倒是可以充分借助小南河村自然条件和人文资源，通过发展乡村旅游让娴静的小村庄的绿水青山变成金山银山。冷书记又是一名摄影爱好者，她以摄影人的专业视角，不仅看到了小南河村的秀美风光，也看到了小南河的无限发展商机。经过饶河县委、县政府调研论证后，驻村工作队和第一书记确立了打造民俗摄影旅游基地的重要发展思路和方向，以大顶子山景区为背景、以饶河大美湿地为依托，以小南河独特的关东风情和民俗资源为特点，借力摄影圈的资源，建一个集观光、摄影、农家乐为一体的旅游基地，重点发展特色乡村旅游。

小南河村特色农家乐（北京清峰同创教育科技有限公司提供）

（三）怎么干："支部＋协会＋公司"推动乡村旅游持续发展

组建了队伍、选好了方向，接下来就要解决"怎么干"的问题。小南河村的村干部团结一心、不断创新，在实践中摸索出了"支部＋协会＋公司"的模式，推动本村乡村旅游持续发展。

1. 协会约束化管理助推动力提升

第一书记和村党支部立足长远，组织群众成立了小南河农家旅游协会，把103户有发展旅游产业意愿的村民全部纳入协会管理，激发农民的自发性和发展潜能。协会内部又设立了农家乐餐饮部、旅游部、种植部、养殖部、文艺部、销售部和摄影宣传部7个部门，公开推选群众公认的能人担任协会会长，由优秀党员和青年、积极分子担任各部部长，会员按照专业特长和发展需求分别编组，各部门分工明确，职责清晰，既独立工作又相互配合，实现了对会员的约束化管理。通过协会，使得旅游经济与村民管理紧密相连，达到了既规范行业的发展，又提升村民主动致富动力的目标。

协会内部制定了旅游协会章程、管理制度和工作制度，出台了相应的标准，发挥协会自我教育、自我管理、自我服务的作用，促进每位会员守法经营，有效提升了农民的纪律和规范意识。比如，餐饮部统一了全村"农家乐"的卫生标准和价格，建立了准入制度，对达不到卫生标准的、达不到质量要求的、私自提升餐饮价格的予以整顿，整顿期间协会不再安排接待游客，确保了村庄餐饮行业质量和信誉。种植部为了配合农业观光旅游，对在大顶子山下种植的向日葵和油菜花海进行了规划。各部门之间建立了相应的利益联结机制。村党支部与协会工作相互融合、相互促进，在管理上坚持民主、自愿原则，最大限度地激发党员干部和群众的创业热情及致富动力。

协会把村内分散的16家"农家乐"资源以及其他旅游接待景点联合成为规模实体，严格实行"统一标准、统一价格、统一接待、统一分配、统一结算"的"五个统一"管理模式，旅客的食宿接待由协会统筹安排，避免不良竞争损害游客利益。统一推出了小笨鸡炖蘑菇、大鹅、土豆、杀猪菜、卤水豆腐等"六大盆"农家美食，让农民将自家的农产品转变成旅游商品。在旅游产品设计上重点突出乡村旅游的乡土性，回归淳朴民俗，坚持货真价实，突出乡村旅游的体验性，让游客因体验农村生活而驻足。突出乡村旅游的特色性,打造具有地方特色的菜品、住宿、娱乐等民俗旅游产业。

2. 公司化发展形成良性运作模式

小南河村注册成立了自己的农业旅游开发有限公司,逐步建立健全符合市场规律的利益共享和风险共担机制。第一书记和"两委"班子经商议决定,实行全民认购公司股份,每股股金2000元,根据家庭经济情况,自愿认购股数,股数可多可少,年终可分红,募集股金10万元;贫困群众也能以提供劳动力、房屋食宿、从事旅游服务等形式入股。公司严格按照公司法和章程经营运行,让人人都成为经营者,通过手工艺制作、表演、服务、生产等形式加入旅游服务业,形成以点带面的发展模式,强化了村民的市场观念和市场竞争意识。

公司将品牌意识贯穿于整个营销过程,注册了"小南河村"牌商品商标、办理了条形码,推出了农家辣椒酱,恢复了酒坊、油坊、豆腐坊、绿色种养殖及加工等与旅游相关的产业。冷书记还组织村民拍摄辣椒酱宣传片,带领女村民自制各种口味的辣椒酱,并同村民们把小豆腐、冻饺子做成礼品,把

小南河村种植实验基地(摄影 史志乐)

房前屋后小园里没上化肥的杂粮进行包装销售。2017年元旦期间，冷书记发动村民参加省委组织部和省电视台联合举办的"第一书记年货大集"，前后共销售"小南河村"牌系列农副产品10余万元，使小生产和大市场进行了对接，30多名贫困户从中直接受益。

为了小南河民俗旅游的发展，小南河村与省内多家旅行社建立合作关系，在他们的旅游线路中增加小南河线，截至2018年调研时，已接待团体游客2000余人。小南河村正在积极通过扩大村民股份、寻求与企业联合等形式，进一步扩大公司规模，筹建标准化辣椒酱厂车间，主打"小南河村"辣椒酱，2017年辣椒酱的产量达13000多瓶。

四、思考和建议

（一）初步思考

1. 村级脱贫攻坚需要一支本土化、接地气、能战斗、走不掉的队伍

小南河村成为贫困村，一方面是由于地理位置、气候条件，另一方面缺乏强有力的组织领导，村"两委"没有切实发挥党组织的作用。调研发现，2015年12月是小南河村发展的转折点，第一书记的到来使得小南河村的面貌逐渐发生变化。冷书记意识到驻村工作队不能单打独斗，必须与村"两委"协作，共同脱贫攻坚。她主动打造一支本土化、接地气、能战斗、走不掉的工作队。首先从党员入手，其次培养致富带头人、培养村"两委"的后备力量，最后逐步壮大村"两委"建设，发挥党员模范带头作用，形成全民攻坚作战的良好氛围。

2. 村级脱贫攻坚要找准自己的优势，做到人无我有、人有我优

小南河村的优势比较明显，自然风光好，历史年代久，风俗民俗多，尤其是保存了20世纪三四十年代的风貌，具有天然的旅游资源。如何开发和利用这些优势资源成为要破解的难题。2015年12月之前，村民们缺乏有效引导，小南河村没有得到充分开发，贫困程度深。第一书记来了之后，看到了小南河村的优势，积极争取资金，制定村庄发展规划，通过摄影团队大力宣传小南河村的秀美风光，并注重凸显老东北的风情，吸引了大批国内游客。小南河村发展乡村旅游没有盲目上项目、投资金，而是找准自己的发展方向，

主攻东北民俗和农家乐，在保存本村面貌的基础上做好做专，并且不断创新发展方式，成立"协会""公司"，走向产业化脱贫致富的道路。

3. 村级脱贫攻坚要以群众为中心，让村民参与受益

贫困村脱贫不能空喊口号，也不能由政府唱独角戏，要实干，要组织引导群众参与。自从第一书记驻村以来，小南河村已经发生了翻天覆地的变化，现在的小南河村已经变成村容整洁、邻里和睦、民风和谐、干部群众团结一致共谋发展的新面貌。村民踊跃参加"百人秧歌队""五星级文明户"评比等集体活动，业余文化生活逐渐丰富，邻里之间感情逐渐深厚，集体主义荣誉感逐渐增强。小南河村的村民切实参与到脱贫攻坚当中，从自身参与、自身劳动中激发脱贫动力，精神面貌焕然一新，贫困群众从原来的"旁观者"，变为现在集体经济的从业者，甚至是管理者，用自己的积极付出创造脱贫致富新局面。

（二）几点建议

1. 进一步培训和锻炼乡村致富带头人

小南河村的发展仅靠几个人的力量仍然不够，现阶段乡村旅游的发展思路已经明确，效果也逐渐显现，需要进一步用好外力、激发内力，形成干事创业的合力。为此要着力培养一批能实心实意关心群众冷暖、能踏踏实实扎根农村、能全心全意带领村民走致富路的带头人，和村民们融为一体，带动村"两委"和广大村民把小南河村发展得更好。

2. 进一步鼓励和提高村民脱贫攻坚的参与度

第一书记和"两委"班子应该提高村民的参与度，让脱贫致富的思想深入人心，发动广大村民积极投身到各项事务中来，充分调动村民的积极性、主动性、创造性，充分汲取村民的宝贵意见，才能做到少走弯路、不走弯路，切实提高乡村致富的质量与效率，从村民的伟大实践中汲取智慧和力量，带领小南河村走上脱贫致富的道路。

3. 进一步融合经济与文化的各项资源

小南河村脱贫攻坚的最终目的是对村庄各项资源进行优化配置，发挥小南河村的优势，实现可持续发展。要把已有的、初具规模的乡村旅游经济延伸到文化领域，彰显其本村的个性和特色，形成独特的地域符号，增强文化

吸引力，反过来推进小南河经济的发展，把小南河村的民俗文化做成经济产业，农民才能富裕。

（北京师范大学调研组　执笔人：史志乐、张琦、姜楠）

村庄现状：

黑龙江省饶河县小南河村坐落在美丽的大顶子山下，因为偏远闭塞、土地瘠薄，小南河村曾经是当地有名的贫困村。脱贫攻坚以来，小南河村在第一书记的带领下发生了巨大变化。以大顶子山景区为背景、饶河大美湿地为依托，以小南河独特关东民俗资源为特色，通过发展特色乡村旅游的旅游扶贫思路，短短几年时间，小南河村生动实践了"绿水青山是金山银山，冰天雪地也是金山银山"的理念，荣获首批"全国乡村旅游重点村"称号。

2016年末，小南河村退出贫困村；2018年末，村里贫困户全部脱贫；2019年，入选首批全国乡村旅游重点村；2020年，村民们玩起网络直播。

2019年底，总投资200余万元的标准化辣椒酱厂和生产线建成了，当年就实现了分红。2020年，公司与村民签订辣椒收购合同30万斤，仅此一项，最多一户村民增收13万元。小南河村民对更加美好的生活充满了信心和希望。

5年时间，小南河村从零起步，至今共接待游客40000余人次，营业收入达到400余万元，村民增收130余万元。标准化辣椒酱厂投产当年就为股东和脱贫户分红近20000元。看着家乡的日子越来越红火，不少外地打工者也回家投入火热的乡村振兴事业中来。

统合化分散经营　组织化人情治理
——江西省修水县黄溪村调查报告

黄溪村隶属江西省九江市修水县马坳镇，下辖 11 个自然村，15 个村民小组，2018 年总人口 683 户 3106 人。2014 年，全村建档立卡贫困人口有 66 户 227 人，贫困发生率 7.3%。该村已于 2016 年脱贫出列，2017 年底剩余贫困人口 9 户 30 人，贫困发生率 0.96%。调研组于 2018 年 7 月底赴黄溪村开展实地调查。

一、黄溪村的基本情况

黄溪村位于江西省西北部，临近湘鄂赣三省边界，距县城 20 公里，三面临水，一面靠山，区域面积 11.3 平方公里，其中，山林面积 6000 亩，耕地面积 1326 亩，人均耕地面积仅 0.43 亩。黄溪村传统农业产业以水稻、玉米、花生、蚕桑为主，村民一度基本没有其他副业收入。20 世纪 90 年代黄溪村上游东津水电站的建成使农业灌溉用水温度过低，使得黄溪村部分土地成为"冷浆田"，加剧了人多地少效益低的农业生产困境。薄弱的农业基础使村内的青壮年劳动力只能依靠外出打工获得收入。闭塞的地理环境、单一的收入来源、恶劣的基础设施条件使得原本就贫瘠脆弱的村庄越发陷入贫困的旋涡。

从 2009 年开始，新上任的黄溪村"两委"班子决心发展农业产业，改变村庄面貌，在 2011 年进驻的驻村工作队的紧密配合下，展开了一系列颇具特色的扶贫工作。一是整合资源、完善设施。黄溪村将移民搬迁、土地增减挂、新农村建设和脱贫攻坚等相关政策有机结合,先后接纳安置九个乡镇的深山、库区移民和本村整组易地搬迁户502户,其中2016年贫困户新建房户16户;按照贫困村退出要求,修建进村公路、打通与省道的快速通道,村内实现了户户通水泥路;建成村级自来水厂、小学综合大楼和村级公墓区。二是因地制宜、扶持产业。着力提升本地的蚕桑产业,发展花卉苗木、有机茶叶、无公害蔬菜、有机葡萄等特色农业产业,提高产业化、品牌化和市场化水平,年创收750万元以上,被评为"全国一村一品示范村"。三是凝聚力量、改善风气。长期的贫困落后状态使黄溪村人心涣散,违法犯罪现象频发,教育水平难以提升。村"两委"和驻村干部走遍全村,精准把握每家每户的家庭情况和实际困难,动员党员、干部以身作则,选拔群众代表,有针对性地化解村庄矛盾、改善不良风气、激发内生动力,情理兼顾、因户施策,到2018年时,黄溪村已被评为"全国民主法治示范村"和"九江市文明村镇"。

黄溪村广场(摄影 任鹤坤)

黄溪村的扶贫工作取得了显著成效,村民人均纯收入从2013年的2730元提高到2017年的8000元,贫困户人均收入达到5000元。黄溪村在"统分结合"发展特色产业、"情理兼顾"改变村庄面貌上进行了有益的探索与实践,扎实有效地推进了全村脱贫进程。

二、深层挑战：提升产业效益、探索民情治理

黄溪村是一个典型的山区村落，自然环境和交通条件的限制给村庄发展带来了极大阻碍，而且由于村民居住分散、私搭乱建现象普遍，有限的耕地不能得到充分利用。2009年，村干部开始借助移民搬迁、危房改造、土地增减挂和新农村建设等相关政策，统一规划和建设中心村房屋，规范村民宅基地管理，同时对村内乱坟岗进行迁移整治，建设村级公墓区，在此基础上平整土地、整组搬迁、集中居住，扩大了连片耕地规模。然而，人均耕地不到五分，且桑蚕产业技术落后、经营分散，仍然难以带来经济效益，亩均年收入不足1000元，如何发展高效农业、增加农民收入，成为村庄发展的关键所在。

黄溪村街道（摄影 任鹤坤）

此外，黄溪村曾是远近闻名的"上访村"，曾长期无法开展计划生育工作，2009年因赌博、打架斗殴、吸毒贩毒等被判刑的人员有60余名，而全村走出的大学生不足10个，社会风气较差。在这样的环境中，群众难以动员、政策难以落实，探索产业发展道路时还必须考虑民风民情等实际状况，否则不但良策难施，更会挫伤村民对村庄发展的信心与期望。如何凝聚村集体力量，使干部获得农民群众的理解与信任，有效治理民风民情，是黄溪村发展过程中的另一个难题。

因此，在着力推动农业产业高效发展的同时进行民情治理、改善乡风民俗，构成了黄溪村脱贫攻坚工作的双重挑战。

三、脱贫经验：统分结合促发展，干群融合聚人心

对于黄溪村来说，充分利用有限耕地进行高效生产十分关键，要克服自然条件的限制，就必须在土地经营模式和劳动组织形式上有所突破。因此，黄溪村在脱贫进程中，结合自身的产业特点，尝试了新的土地承包经营方式，灵活发展了多种农业产业。

（一）尝试新的土地承包经营：确权、确股、不确地

为了解决农业产业经营规模问题和土地调整、流转的困难，黄溪村委会采取了新的土地承包经营方式，其主要特点是"确权、确股、不确地"。

黄溪村在重申土地属于集体的基础上，由各小组"收回"和规划本小组土地，这一步类似土地流转，但并不向农户支付土地租金，以明确"土地集体所有"的性质。农户承包土地需向自己所在小组提交申请，小组统计全组农户承包及种植意愿后，对本组土地进行分片规划，申请某种作物的所有农户抽签分配土地，并向小组缴纳土地租金，考虑产业效益、土地条件等影响因素，土地租金定为每亩200~400元，此为"确权到组"。土地承包到户后，村集体根据各小组规划统一平整土地，购买和栽种种苗，建设大棚，组内土地不足或有剩余的可以进行跨组调配，土地经营收益完全属于承包的农户。每年年底，各小组按照当年实际人口数平分本组土地租金，此为"确股到人"。由于土地属于集体，且种植桑树的前期投入，如土地平整费用、种苗费用和初期肥料等均由村集体支付，在发生承包权转让时，新承包农户无须对土地附着物进行补偿购买，只需继续向小组缴纳土地租金，即可在已经耕作好的桑园进行经营，获得土地收益。此为"不确地"。

黄溪村从2010年开始尝试这一方案，2017年完成全村推广，村内桑园面积从70亩扩大到800亩。土地流转从农户与农户之间的沟通协调变为农户与小组之间的承包关系。考虑到蚕桑产业的劳动力需求，村内一般农户承包土地面积不允许超过10亩（即一个家庭在拥有两三个劳动力时可能照料的最大面积）。

统合化分散经营 组织化人情治理
——江西省修水县黄溪村调查报告

黄溪村桑园（摄影 凌鹏）

村集体负担全部前期投入、小组统筹规划农业产业、农户承包进行分散经营的模式既没有引入大型农业企业进行雇工经营，也没有由村小组直接进行集体化经营，这是为了避免农户只能赚取劳动工资而没有土地收益。因此黄溪村模式的内核仍然是农村家庭联产承包责任制的分散经营，一方面，小组的全部土地租金按人头平分体现了农民的集体成员权，也缓解了人口增减和土地调整周期较长带来的土地分配不均问题；另一方面，土地的长期投入不需要农户个体承担，而经营收益依靠农户自身劳动，不存在监管和激励等用工问题。以这种土地经营模式作为基础，结合蚕桑产业的生产特点和市场化的经营方式，黄溪村的产业扶贫取得了较好的效果。

（二）发展新产业模式：统合化的分散经营

1."经济命脉"：发展高效的蚕桑产业

黄溪村从2010年开始改良本地种植的桑树品种，引进"强桑1号"，扩大桑园面积，截至2018年，黄溪村已拥有800亩桑园，每亩标准化种植600株桑树。全村每年的养殖数量为丝蚕1900张，种蚕1500克，年创收500万元。蚕桑产业涉及全村100余户人家，是全村最主要的农业产业。

一是丝蚕养殖。丝蚕按"张"计数，蚕蛾在蚕纸上产卵，一张蚕纸（30厘米×50厘米）上有10克蚕籽，可以孵化出三万余条丝蚕。刚孵化出的蚁蚕发育到可以吐丝结茧的大蚕共有 5 个生长阶段,即"5 龄"。其中,小蚕阶段为 1~3 龄蚕,共 10 天,这一阶段的蚕食桑量较小,体积也较小,但对温度、湿度及桑叶质量要求较高,病害潜伏期长,会严重影响丝茧产量;大蚕阶段为 4~5 龄蚕,这一阶段蚕的食桑量极大,桑叶采摘负担较重,5 龄蚕会长到 6~7 厘米,蚕室空间需求较大。

针对小蚕阶段技术要求高、大蚕阶段劳动力投入和场地要求高的特点,黄溪村开始以"小蚕工厂化、大蚕省力化"为方向组织蚕桑产业发展。2014 年,黄溪村投入 170 万元创办"黄溪小蚕工厂",修建了占地 8.5 亩的小蚕工厂和 20000 平方米的大蚕蚕室(名为"大蚕工厂")。小蚕工厂代替农户进行蚕籽催青、孵化和小蚕培育工作,聘请农艺师和技术员,联系外部技术支持,根据 1~3 龄小蚕的生长需要控制温度、湿度、喂桑时间和喂桑量,雇用少量村内劳动力按照规定的采叶、切叶标准进行喂养,及时进行蚕室换气和调框等操作。

休蚕期小蚕工厂(摄影 凌鹏)

黄溪村劳动力外流情况较为突出,从事蚕桑产业的仍然多为 50 岁以上、年龄偏大的中老年群体,加之土地分散细碎等原因,蚕桑技术和质量难以提升、养殖规模难以稳定。而且,种桑养蚕技术性较强,养好小蚕是蚕桑生产取得效益的重要条件。村集体创办的小蚕工厂代替的就是养蚕过程中技术难

统合化分散经营 组织化人情治理
——江西省修水县黄溪村调查报告

度最高的环节,农户直接从4龄养起,喂养12天后即可吐丝结茧。在4~5龄共计12天的大蚕养殖阶段,桑叶消耗量数倍于小蚕阶段、技术要求相对较低,"大蚕工厂"实际上就是按照养殖要求建设的标准蚕室,内置多个多层蚕架,农户将从小蚕工厂订购的3龄蚕放置到自己租赁的"大蚕工厂"中养殖,只需采摘桑叶放上蚕架,并及时清理桑蚕排泄物即可。

这种模式降低了农户的养殖风险,提高了蚕茧产量和品质,缓解了劳动力和蚕室、蚕具投入压力,还将农户个体的养殖周期从22天缩短到12天,农户可以通过增加养蚕批次来增大蚕桑种养殖量,在上下半年各两个多月的养殖期内,农户能够养殖14~16批次丝蚕,可以实现一个劳力一年30000元以上、一对夫妇一年50000元以上的桑蚕收入。此外,小蚕工厂的雇工需要还为十几名贫困人口提供了就业机会。

休蚕期"大蚕工厂"(摄影 任鹤坤)

保证稳定收益的另一个关键环节就是销售。黄溪村为了保证养蚕户能够获得稳定的经营收入,集体投资180万元创办了"蚕茧收购站",对村内生产的蚕茧进行统一收购,收购价格根据蚕茧质量和市场情况有所变动。蚕茧收购站通过市场化经营,与蚕茧产业链上的其他公司展开合作,销售蚕茧。黄溪村的小蚕工厂和蚕茧收购站不但能为村内农户提供服务,还覆盖支持了周围数个乡镇的桑蚕产业发展，2017年提供小蚕4000张以上，收购并销售蚕茧40万斤。

二是种蚕养殖。种蚕是以培育蚕种为目标的养殖产业，技术要求相比丝蚕更高。种蚕的生长周期和丝蚕大体一致，只是养殖周期更长，通常在45天以上，一年只能养殖春蚕、秋蚕各一批。种蚕的收益更高，能够达到每斤40~60元，是丝蚕的两倍以上。相应地，种蚕的养殖难度也更高。种蚕因为存在杂交配种的需要，不能由小蚕工厂大规模培育，蚕农从蚕籽公司购买蚕种，经过催青、孵化、从1龄养到5龄，之后结茧、配种、产籽，再将蚕籽放回蚕茧中，一起称重返销给蚕籽公司，类似订单式加工。这需要劳动力能够较好地学习和掌握养蚕技术。如果说小蚕工厂是为年龄偏大、不懂技术的劳动力养殖丝蚕提供保障的话，种蚕养殖则是一个给壮年劳动力在丝蚕养殖基础上继续增加收入的机会。

这里以一个贫困户家庭脱贫经历为例，给为经营蚕桑种养殖的情况算一笔账：2014年成为建档立卡贫困户的一对夫妻承包了7亩桑园，桑蚕主要由妻子照顾。2018年上半年，她养殖了28克种蚕、6张半丝蚕，投入的成本包括：土地租金400元/亩/年，全年共计2800元；蚕室（"大蚕工厂"）租赁费用10元/平方米，租用150平方米，全年共计1500元；桑树农药、肥料和种蚕蚕药成本每年在10000元左右；蚕籽和小蚕（从小蚕工厂订购）购买费用，种蚕蚕籽100元/10克，共280元，小蚕320元/张，两批次共13张，4160元，总计4440元。桑树苗和初期栽培成本由村集体支付，不需要农户投入，后期照顾桑树和采摘桑叶没有雇工，只有家庭自身的劳动力投入。这四项投入的前三项为全年投入，最后一项为上半年的养殖投入，下半年如果保持这一养殖规模，成本以二倍计算即可，扣除年底按照家庭人口数分红返还的土地租金后，全年总投入在23000元左右。

上半年，这28克种蚕（春蚕）产出了500斤左右的蚕茧和蚕籽，一起以每斤40~50元的价格返销给蚕茧公司，获得收入20000余元；养殖两批共13张丝蚕，每张产出60~70斤丝茧，每斤丝茧售出价格为25元左右，获得收入20000余元。桑蚕养殖仅上半年就获得了40000余元的收入，全年收入预计在90000元左右，减去成本，年纯收入在70000元左右。而且蚕农一年只有 5 个月时间用于采叶、养蚕，其余时间劳动力需求较低，丈夫还可以继续打零工，每年还可获得 10000 余元的收入，家庭纯收入能够达到 80000 元以上。

蚕桑产业高效化发展的关键在于小蚕工厂的技术保障和蚕茧收购站的市场对接作用，这两方面由村集体投资的村办企业主导，配合村内的土地流转和产业规划，带动了农业产业的规模化经营。与小组统筹、跨组协调的土地规划类似，小蚕工厂除了在养蚕技术上起到提升作用以外，还影响和调节着全村丝蚕养殖的体量。缩短养殖周期后，蚕农在两个多月内要完成 7~8 批次大蚕的养殖，小蚕工厂在养殖季开始前接受全村蚕农的小蚕预订，养殖季每 10 天左右就要提供一批 3 龄蚕，扩大生产规模后还面临周边乡镇的小蚕供给压力，需要很强的计划性。配合蚕茧收购站的收购和销售，黄溪村的丝蚕产业形成了统一建设桑园、统一共育小蚕、分散养殖大蚕、统一销售蚕茧的"统合化分散经营"高效产销模式。

2. "一般产业"：发展苗木合作社及其他农业产业

除桑蚕产业以外，黄溪村还在土地流转的基础上发展了多种产业，统一规划，避免了不同农业产业的相互干扰。黄溪村的不同农业产业没有一概采取桑蚕产业的"统分统"模式，而是根据农户意愿和具体的产业特点，灵活地运用了不同的经营方式。

2013 年修水县还没有大规模的苗木基地，本地的园林绿化公司都是从外地购买苗木运送到修水县，因而黄溪村在规划产业发展时，考虑投资建设一个花卉苗木基地。苗木基地初期投资 25 万元并承包 20 亩土地，其中，村集体入股 20%，20 户农户入股 80%，入股金额从 1000 元到 30000 元不等。苗木基地种植有桂花树、茶花、石楠、杜鹃等多个品种。经过前期投入、技术学习和经验累积，2015 年合作社扦插了近 20 万株小苗，开始盈利，纯利润在 30 万元左右；2018 年扦插小苗超过 40 万株，预计创收 50 万元以上。苗木合作社实行公司化经营，重要决策由股东大会做出，每年收益在保留发展资金后进行分红。尽管村集体占 20% 的股份，但主要是由个人股东们自主经营，只是日常工作和决策会向村委会汇报，参考村委会意见。在销售方面，通过村集体的广告和推介，苗木合作社 55% 的花卉苗木供给到政府采购渠道;20% 销售给有新农村建设、改善村庄环境需要的其他村庄,黄溪村自身的环境整治和美化所需的苗木也全部由本村苗木合作社提供,价格更加低廉;剩余 25% 则销售给零散订购的其他公司。

苗木合作社逐渐带动了村内农户自主进行苗木种植。由于苗木种植不存在"保鲜期",树龄越长、苗木越粗大,价值越高,且基本不存在病害,对散户来说风险较低。此外,村内还发展有机茶园 500 亩、无公害大棚蔬菜 200 亩、有机葡萄基地 60 亩、高品质红柚 30 亩,仍然由村集体承担建设蔬菜大棚、葡萄基地等产业的前期投入,农户向小组申请承包种植。

3. 产业扶贫小结

调研时,黄溪村基本形成了以蚕桑种养殖业为主导、多种高效农业共同发展的农业产业格局。

作为村内的"经济命脉",蚕桑产业的收益是村庄经济稳定提升的关键,"统合化的分散经营"降低了养殖技术难度和农户的生产、销售风险,分散经营的本质也避免了规模化经营常常遇到的监管与激励问题。村办企业的收入壮大了黄溪村集体经济,不仅推进了脱贫攻坚工作,也筑牢了乡村振兴的基础。作为多样化经营补充的"一般产业"为农户提供了更多选择,为其通过家庭内部分工实现不同产业的组合经营留出了空间,增强了农民家庭抵御风险的能力。总结而言,基于新的土地承包经营模式,村"两委"和村小组统筹规划的主导产业和其他产业也形成了一种"统合化分散经营"的状态。

(三)凝心聚力:推动组织化的人情治理

经过近几年的产业发展,截至 2018 年,黄溪村的集体资产已超过 2000 万元,创办了 8 个村办企业;部分劳动力回流到村庄,村内经商门店已有 72 家;修缮后的村小学从 2009 年只有 68 个学生发展到 2018 年的 320 个学生;全村培养了 226 名大学生、22 名研究生,其中还有 3 名大学生毕业后选择回到黄溪村村委会工作。黄溪村在经济发展的同时,村庄面貌也发生了巨大变化,产业发展和风气改善二者相辅相成,有赖于村集体在村庄治理层面上的探索与实践。

1. 村委会、生产小组与群众代表进行组织化动员

黄溪村是一个人口超过 3000 人的大村,政策和意见的上传下达渠道十

分关键。黄溪村在各小组会议上提名选举了各小组的群众代表,每组5名群众代表加上3名小组干部,每人负责对五六户家庭开展工作。分户时组干部和群众代表通常都会根据自身的亲友和人脉关系来选择负责对象,最后再将较难开展工作的农户"一人搭一个"分配到人。在需要作出产业选择或发展方向判断时,村集体会组织党员、组干部和群众代表到农业企业或其他村庄进行集体学习或考察,每名干部和群众代表都需要提交学习体会,讨论产业是否适合在本村发展,实践"集体决策"。在这一组织基础上的黄溪村"两委"班子具有很强的凝聚力和执行力,在土地流转、整组搬迁和迁坟建墓这样的重大事项上,黄溪村没有产生较大的矛盾冲突,工作开展相对顺利,而且徐支书、方主任等村干部自2008年当选后,10年来连续3届无一人落选。

徐支书18岁时就在黄溪村任支部书记,后调入乡政府工作,20世纪90年代又下海经商。这位村支书不但积累了大量的基层工作经验,还具备了一般村干部较难具备的商业见识与市场眼光,在村内具有较高威信。黄溪村委会还吸收了本村的老支部书记、小学校长等在村内德高望重的老干部进入,又特别注重培养村集体的年轻后备力量,形成了老、中、青三代兼具的组织结构。

强有力的领导集体、组织化的动员方式是黄溪村产业规划、集体决策得以落实的重要基础。但是,除村干部个人在外积累的资源与见识以外,我们还应该看到,支书、主任是在村庄中成长起来的带头人,他们引进的资源、模式,创新的制度、方法,从没有脱离自己成长的这个村庄的实际情况,他们有意或无意地遵循着村庄自身的发展脉络和生存逻辑,才得以盘活黄溪村的经济状况,改变贫穷落后的村庄面貌。这一点突出表现在面对脱贫攻坚的深层挑战时,村干部们实践的一套"人情治理"的工作方法。

2. 实践"人情治理"的工作方法

黄溪村产业规划的基础是土地大规模流转的突破,为了完成这项工作,村内落实了整组搬迁、规范农户宅基地、迁坟建墓等项目;在脱贫攻坚工作中,移风易俗、改善村庄风气也是不能绕过的难关。解决这些"难啃的硬骨头"的过程,最能展现黄溪村干部的工作特点。

一方面,尽管村内进行了大规模迁坟,其中还包括一座村内大姓方氏的

680年的祖坟，但并没有闹出严重的内部矛盾，其关键就在于除了村干部、小组干部和群众代表动员亲友关系进行挨家挨户的劝说以外，村干部在迁坟过程中和公墓修建上还特别注重理解农民的思维方式和遵循当地的风俗传统，不但举办了盛大的迁坟仪式以示隆重，还考虑了村民在意的风水、墓园的环境和每一座坟墓的方位朝向等细节问题。村干部对方氏家族长辈进行了有效的开导和动员工作，亲手和方氏族人一同起坟抬棺，赢得了村民的信任和尊重。

另一方面，村内一度赌博成风，村支书就从贫困户入手整顿风气。看到贫困户聚众打牌时，他没有当面驳伤贫困户的面子、产生正面冲突，而是私下将照片发送给对方，"提醒"他的低保状态，贫困户第二天就主动到村委会承认了错误。这种做法避免了村干部自身的权威受到直接挑战，在达到教育效果的同时还"卖了对方一个面子"，照顾到了彼此的人情关系，也在一定程度上营造了"偷懒可耻"的氛围，对好吃懒做和赌博风气产生了遏制作用。

更具普遍性的例子是具体的纠纷协调过程。在调解村民纠纷时，村支书会先将自己的身份从村干部转换成"长辈"，使对方感到不好意思、意识到自己行为的不当之处，在沟通之后，再以村支书的身份，站在对方角度阐述事情的利弊，而没有一味以干部身份或"政策的口气"压制对方，最终不但使对方感到理亏，还认识到这样做在利益上也似乎没有好处，从而达成让步和调解。在对待吸毒、斗殴等违法犯罪人员时，村干部则特别注意调解其家庭内部矛盾，避免妻离子散的悲剧发生，也给刑满释放人员回归正常的社会生活留下了希望。在劝解年轻人时，村支书丰富的人生经历也会成为"动之以情，晓之以理"的素材。考虑一家一户的特殊性、精准开展扶贫工作是一项复杂工程，村支书总结的经验是"必须要根据每户人家的家庭情况，要考虑他的生产、工作、经济收入和下一代的转向"。

3. 村庄治理小结

"组织化的人情治理"是黄溪村村庄治理实践中两个相互融合的侧面，"组织化"是指村干部、小组干部、群众代表、群众四个层级的动员模式，它以村庄的人情关系结构为依托开展工作，配合党建工作进行"人情治理"，从而使统一思想、集体决策、全村动员在一个大村成为可能。政策和决定的有效落实还和具体的工作方式关系密切，特别是对曾经风气较差的黄溪村来说，经济发展和民风改善之间并不是一个水到渠成的过程，两者更可能是互为因果的。利用人情、面子和关系开展村庄治理不是一个创举，这种治理模式常常被掩藏在产业规划和经济发展取得的显著成效之下，但恰恰是成百上千件教育与调解的"小事"支撑起了庞杂的扶贫工作。正确的产业决策和这种"人情治理"方式一起发挥作用，才可能换得一个风清气正、稳步脱贫、日渐富裕的复兴村庄。

四、思考与建议

（一）思考

1. 统一思想、凝聚力量是高效生产、脱贫致富的关键一步

"统分结合"的农业经营模式是改革开放的重要成果。调查发现，黄溪村的土地承包经营模式尝试更多在于"统"的部分，统一规划产业以取得规模效益，统一收购销售以降低市场风险。其中最大的挑战就是如何统一群众思想、获得群众信任、动员能人大户带头。改变农民关于土地所有权的认识不可能一蹴而就，通过组织化的动员模式和人情治理的工作方式，黄溪村用了7年时间才在全村所有小组推广了新的经营模式。同时，"土地集体所有"的思想认识又进一步强化了村庄凝聚力，"确权到组、确股到人"突出了个人在集体中的成员权利，集体土地将个体农户联结在了一起，从一盘散沙的低效率状态走向团结一致的高效生产状态。

2. 产业经营方式要考虑产业特性和村庄社会基础

调查发现，黄溪村的多种农业产业没有"一刀切"地采取相同的经营模式。在进行经营方式选择时，首先要抓准特定农业产业的关键生产环节，对于丝蚕养殖来说，技术要求高、养殖风险大的环节就是小蚕培育，既要保障培育质量，又不能过度提高农户成本，村办集体企业就成为较好的选择；对于大棚有机蔬菜来说，前期投入大，精耕细作的要求高，集体建设、分户承包的模式就更加合适。其次要考虑产业扎根的村庄社会基础，同样的产业和经营模式在人口外流情况、民风民情不同的村庄可能产生不同的效果，丝蚕养殖为年龄大、学习能力差的农村留守劳动力提供了收入来源，种蚕养殖也为陆续回村的青壮年劳动力创造了致富机会，苗木合作社的雇工则依托于本村的熟人关系，避免监管问题。产业特点和村庄社会基础相协调，才能让多样化的农业产业繁荣发展。

3. 将扶贫工作放到乡村振兴的整体背景下进行考量

调查了解到，黄溪村干部比较擅长争取和整合不同的发展项目和产业政策，2014年以来的产业提升和脱贫进程的确离不开扶贫政策的大力支持，但是也要看到在此之前利用新农村建设、移民搬迁、土地增减挂等不同政策奠定的发展基础。在精准识别、精准帮扶贫困户时，也要意识到脱贫攻坚工作是乡村振兴发展的一个重要契机。扶贫工作中常遇到的"等靠要"问题，有时恰恰是过于注重"精准脱贫"对建档立卡对象个体的"数字效果"，反而对村庄风气产生了负面影响。发达的村级集体经济可以为因病、因残贫困户提供更多保障，气正心齐的村庄风气能对内生动力不足的贫困户形成压力，是能够维持脱贫效果的长久之计。黄溪村的脱贫成果不仅展现在人均收入的提高上，更体现在村内发展兴盛的商业服务业、迅速提升的教育质量和日趋改善的民风民情上，这或许是一个村庄从"脱贫"走向"致富"、从"衰微"走向"振兴"的关键所在。

（二）建议

1. 干部个人能力突出的村庄更要注重后备力量培养

调查发现，黄溪村发展过程中的能人带动作用非常明显，特别是支书与主任的个人能力和威信起到了关键作用，村内产业的发展、矛盾纠纷的调停很大程度上依赖于村干部的独到判断和细致工作。但在今后，黄溪村还能否维持一个强有力的领导集体，将土地流转、产业规划和村庄治理的成果维持下去，可能是黄溪村未来发展面临的重要问题。

2. 新的土地承包模式需要协调返乡人员经营权的问题

调查了解到，农户向村小组承包土地的模式意味着农民对地块不再具有类似所有权关系的对应关系，这也意味着外出打工农民在某种程度上失去了土地经营权，尽管他们能够分得代表其成员身份的土地租金分红。一定时期内的土地规划和承包经营一旦确定，外出返乡的农民回到村庄就会面临无地可种的情况。目前这一问题是通过村集体的协调工作、村民之间的沟通，以及必要时村办企业承包土地的让步来解决的。这涉及对劳动力返乡的预期判断，青壮年劳动力是否会大规模回村、回村后是否从事农业生产。在新的情况下如何维持良好的规模经营，这是黄溪村土地承包模式和产业经营方式可能面临的挑战。

（北京大学调研组　执笔人：任鹤坤、凌鹏、吴柳财、罗兆勇）

村庄现状：

黄溪村用了10年时间从一个贫困村、落后村成长为修水县村级经济社会发展的排头兵、脱贫攻坚与乡村振兴的样板村。火车跑得快，全靠车头带。村级组织坚强富有战斗力，带领全体村民共同奋斗是黄溪村的重要特色。村里很多党员都是产业大户、致富能手，在群众中有影响力，形成了"党员干部带头干，全民参与跟着干"的良好局面。在土地流转、集约经营基础上，村里推进农业功能拓展，逐步形成"基地规模化、品种优良化、运作市场化、服务社会化、操作规范化、产业效益化"的新模式，达到产业高效发展的格局。如今的黄溪村，集体固定资产价值已达3000多万元，每年集体收入30万~50万元。村民人均纯收入突破了20000元，家家住楼房，户户有存款，全村银行存款突破亿元，80%以上户有小车，过上了小康生活。2021年2月23日，《人民日报》以《生机勃勃的黄溪村》为题刊登了黄溪村从贫困走向振兴的故事。村支部书记徐书记被评为脱贫攻坚先进个人，受到党中央国务院表彰。黄溪村已被当地划入正在启动建设的蚕桑特色小镇核心区，未来将以生态资源为依托，逐步打造成一个集休闲、观光、游览、娱乐为一体的综合旅游村。

贫困村产业扶贫：外部主导转向内部主导

——广西壮族自治区百色市田阳区桥马村调查报告

桥马村隶属广西壮族自治区百色市田阳区[①]五村镇，村部距离五村镇政府所在地12公里，距离田阳城区40公里。全村辖9个自然屯10个村民小组。全村面积8.24平方公里，有耕地面积1018亩、林地面积700亩、果林面积512亩、牧草地面积262亩，人均耕地面积不足1亩，且大部分无灌溉水源。由于土地和水资源匮乏，加之地理位置偏僻，桥马村农民收入主要依靠外出务工。桥马村是"十三五"区级（省级）贫困村。2015年建档立卡贫困人口158户598人，贫困发生率为31.46%。2017年实现脱贫摘帽，建档立卡未脱贫贫困人口11户29人，贫困发生率为2.39%。2020年12月底实现建档立卡贫困人口全部脱贫。2018年6月和2020年8月，调研组两次到桥马村开展实地调查。

一、外部主导产业扶贫与超常规投入

（一）外部主导产业扶贫及主要举措

脱贫攻坚战打响之后，桥马村在基础设施建设、产业开发、振兴集体经济等方面进行了积极探索，村庄面貌得以彻底改观，并于2017年底实现脱贫出列。在脱贫出列之前，桥马村具有一个与大多数贫困村不同的特点，即它是省级领导干部挂点的贫困村，自治区党委办公厅等多个不同层级的党政部门与桥马村建立结对帮扶关系。省级领导干部帮扶村这一特殊身份对桥马

---

① 注：2019年8月撤销田阳县，设立百色市田阳区。

贫困村产业扶贫：外部主导转向内部主导
——广西壮族自治区百色市田阳区桥马村调查报告

村脱贫攻坚产生了重要影响。桥马村在基础设施和产业扶贫等各方面获得了大量输入性资源，并在外部力量主导下探索产业扶贫新模式，这为该村2017年就能脱贫出列奠定了重要的物质基础。同时桥马村在各类经验宣讲和媒体报道中的"出镜率"高，成为广西的"明星村"。

1. 光伏扶贫

桥马村光伏产业扶贫覆盖了村庄的全部贫困农户，每户装机容量3kW，年收入2000元左右。光伏扶贫采取政府扶持、企业资助、贫困农户参与的建设方式。设施建设由广西工信厅联系企业承担，建设资金来源于某企业的公益性捐赠。项目分为两期，第一期覆盖村部所在的下巴村民组，第二期覆盖其他村民组的全部贫困农户。由于桥马村贫困农户居住分散，无法统一安装发电机和光伏板，第二期的光伏板统一安装在五村镇政府和镇中心小学的屋顶上。尽管五村镇的镇政府并不在桥马村辖区内，但这项资产归桥马村集体所有。脱贫攻坚期间，光伏发电收入用于扶持贫困户，脱贫攻坚结束后这笔收入（税后约21万元）转为村级集体经济收入。光伏扶贫项目也是桥马村各项外部力量主导产业扶贫项目中为数不多持续产生收益的项目。

村民屋顶的光伏发电设施（摄影 陈冰）

2. 金融扶贫+生态养殖

2016年桥马村开展"户贷企用"金融扶贫探索。由81户贫困户申请扶贫小额信贷50000元，入股田阳区一家养殖企业发展肉牛和肉羊养殖。扶贫小额贷款期为3年，贷款到期后由企业负责偿还，贫困户每年按协议获得固定分红。贫困户通过扶贫小额贷款入股企业并享受分红，同时也可以在企业的养殖基地务工。另外，企业规模化养殖催生了桥马村牧草的种植。村民在2016—2017年间种植牧草200亩，每亩地获得的年收入为2400~3000元，高于传统作物玉米的收入。2018年国家不再提倡"户贷企用"，且龙头企业另有发展计划，该项目终止。村民种植牧草的土地改为建设特色水果基地。

3. 发展蛋鸡养殖产业

2017年，桥马村在外部主导下发展了蛋鸡养殖产业。由田阳区政府投资平台公司在村内流转土地、建设9栋鸡棚，并引进柳州市一家养殖企业发展蛋鸡养殖。企业提供鸡苗、兽药、饲料和全程技术指导，雇用贫困户负责喂养和管理。每个贫困户负责1栋鸡棚，饲养规模约4200羽，相关的工作包含喂饲料、捡蛋、包装、清理鸡粪，每日工作时间约8小时。企业按每斤4元的价格回购鸡蛋。产业建立后，桥马村优先组织残疾贫困户、家中有老人小孩需要照顾无法外出务工的贫困户共计7户进入蛋鸡养殖产业务工。一个饲养周期（18个月）结束后，各户收入45000元至50000元（因产蛋量有差异），平均每月2500~2800元。该产业在运行一个周期后由于龙头企业退出而终止。

4. 发展村级集体经济

在政府、企业等外部力量主导下，桥马村探索实施了食用菌、特色水果、肉鸽养殖等多个村级集体经济产业项目。2017年广西壮族自治区财政厅支持桥马村180万元用于发展村级集体经济。由桥马村集体流转土地20亩，建设食用菌大棚并租给田阳区一家食用菌企业发展食用菌产业，规划年产量200万斤，产值500万元。企业按建设投资总额8%缴纳土地租金和大棚租金，桥马村集体获租金收益28800万元。该产业项目在运行一个周期后因企业退出而终止。

食用菌种植示范园内的鹿角灵芝棚（摄影 陈冰）

在特色水果产业上，桥马村组建村民合作社，由村民合作社在村内流转土地300亩，引入专门田阳区从事果树栽培的企业负责建设果园、栽种果树。待果树挂果后，企业将果园交还给村集体和村民合作社。该产业项目选择在桥马村发展蜜柚产业并于2017年启动项目建设，但是项目资金未全部到位。桥马村更换帮扶单位后，该项目一度搁置。2019年，桥马村新任第一书记争取到专项资金350万元，项目得以重新启动。项目重新启动后，经由田阳区相关部门进行市场调查后将产业改为发展泰国红宝石青柚。青柚于2019年种植，要到2021年才挂果，桥马村集体还未确定青柚产业的收益分配模式。

桥马村300亩特色水果基地青柚产业项目（摄影 陈冰）

127

在肉鸽养殖产业上，由田阳区政府组织桥马村与其他7个贫困村联合成立企业组织，每村出资55万元（政府拨付贫困村发展村级集体经济的财政资金），共计440万元，建设钢架鸽棚5栋（建在桥马村），钢架鸽棚租赁给百色市肉鸽养殖企业经营，每村每年获集体经济收入（租金）35000元。桥马村村民可在其中打工。

桥马村肉鸽养殖产业项目（摄影 陈冰）

2016—2018年桥马村产业扶贫主要项目

序号	产业名称	启动时间	项目内容	主导力量	运行情况
1	光伏扶贫	2016年	覆盖全村贫困户，每户3kW装机容量，年收入约2000元。脱贫攻坚结束后，该收入将转为集体经济	政府	持续运行
2	金融扶贫+生态养殖	2016年	县级平台公司投资建设基础设施（羊舍、牛舍），养殖企业租赁；贫困户以小额贷款入股，享受分红；村民可种植牧草，出售给养殖企业	政府+企业	政策叫停企业退出
3	食用菌产业	2017年	村民合作社建大棚出租，企业经营，贫困户务工	企业	企业退出
4	蛋鸡养殖产业	2017年	县级平台公司投资建鸡舍，企业经营，贫困户务工	企业	企业退出

续表

序号	产业名称	启动时间	项目内容	主导力量	运行情况
5	特色水果产业	2017年	集体经济，流转300亩土地，种植泰国红宝石青柚	政府	建设中
6	肉鸽养殖产业	2018年	集体经济，8个村联合投资建设鸽棚，出租	企业	运行中

（二）外部主导产业扶贫的问题

在脱贫攻坚之前，由于交通和资源条件差，桥马村村民农业收入低，农户纷纷外出打工，外出务工成为家庭最主要收入来源。脱贫攻坚战打响之后，桥马村被评为贫困村，且是省级领导干部挂点联系村。这些具有一定结构性意义的身份转变，使得桥马村获得了"明星村"光环，广西党委办公厅、田阳区财政局、五村镇人民政府等多个部门与桥马村建立结对帮扶关系，财政扶贫资金投入大幅增加，企业积极加入桥马村扶贫产业实践。外部力量深度介入桥马村产业扶贫形成了外部力量主导村庄产业发展的局面。外部主导在短期内推进了产业快速发展，但也带来了相应的问题。

1. 村庄产业发展不可持续

外部组织（企业、政府）偏向于选择资金和技术双密集型的扶贫产业。而资金和技术密集型的产业对劳动力的要求较高，外部组织替代村民实施产业管理成为外部组织主导桥马村产业扶贫的重要特点。外部组织对桥马村资源条件了解不多，主要基于自身的资源和偏好确定村庄发展的产业，所选择的产业大部分是农民没有探索过的，如蜜柚产业、蛋鸡养殖等。产业很难与桥马村资源禀赋、社会条件相契合。同时，外部组织的驻地毕竟距离桥马村比较远，在产业的生产管理等环节很难做到精细化。产业管理粗放（特别是在种植产业类型上），产业发展的效益很难提高。更为重要的是，外部组织及其资源是与桥马村作为省级领导干部挂点村相关联的。当桥马村的这种特殊关系消失后，外部组织对桥马村产业扶贫的投入力度和关注度必然大幅下降，甚至消失。2018年广西壮族自治区调整了省级领导干部挂点村，桥马村不再是省级领导干部挂点村，对口帮扶单位也进行了相应的调整。结对关系调整后的桥马村不仅政府在产业扶贫资源投入上明显减少，之前参与产业扶贫的相关企业大部分也退出了,外部主导的大多数产业扶贫项目也随之终止。

2.村庄内生发展能力难以形成

资金和技术双密集型的扶贫产业的前期投入大,但是对劳动力的要求较高,劳动力需求也少(技术替代劳力)。贫困农户因技术和能力等制约,很难参与到产业发展过程中,更多的是象征性参与。在产业扶贫中,村民的农业技术并没有得到实质性提升,甚至可能形成一定的"等靠要"依赖思想。桥马村大部分农户仍以外出务工作为家庭主要收入来源,家庭农业资源或流转给外部组织发展规模化产业,或是自己种植玉米等传统农业甚至撂荒,村民农业生产技术没有实质性提升。村级集体经济的发展主要依靠外部组织的投入与组织生产,村干部将精力集中在争取外部资源上,并没有主导发展村级集体经济。

二、内部主导产业扶贫与能人带动

桥马村产业扶贫除了外部组织主导的产业类型外,村庄内部也探索了一些农业产业。2018年4月桥马村结对帮扶关系转变,外部干预和资源投入大幅减少,村庄产业扶贫转向内部主导与能人带动。

(一)内部主导扶贫产业的实践探索

1.借助区域优势发展芒果产业

百色市田阳区种植芒果历史悠久,20世纪80年代就有群众自发零星种植芒果。90年代,田阳区政府立足区情,坚持以果兴农发展战略,大力发展芒果产业,并被农业部授予"中国芒果之乡"的称号。经过20多年的发展,芒果产业已成为田阳区第一大品牌的农业产业,种植规模达到接近40万亩,并围绕芒果产业形成了产供销服务体系。然而,田阳区芒果产业集中在河谷平原地区,桥马村属于南部大石山区,气温偏低且光照不足,通常被认为不适合芒果种植。

大安村民组是桥马村10个村民组之一,距离桥马村的村部约5公里,有18户71人。该组位于大石山深处,石山林立,土地资源贫瘠,交通不便。尽管田阳区芒果产业快速发展,但是大安村民组农户仍以玉米等粮食作物种植为主。2012年,这一局面被打破,该村民组村民农某在庭院试种了几株芒果,

贫困村产业扶贫：外部主导转向内部主导
——广西壮族自治区百色市田阳区桥马村调查报告

果树长势良好。庭院试种芒果成功后，2013年，农某开始在自家承包地种植。除了政府组织一些芒果种植技术培训外，农某通过询问农药店铺老板等方式进一步提高种植技术和积累经验。同时，田阳区政府帮助大安村民组修建了通向外部市场的砂石路。3年后，农某的芒果挂果。该村民组海拔达到500米，气温比河谷地带低，昼夜温差较大，种出的芒果不仅特别甜，而且上市时间也比田阳河谷地区的晚1个月，芒果获得了较好的销售价格。2016年，农某将收获的200斤芒果拉到集市卖，销售价格为每斤4元。

之后，农某通过流转土地扩大芒果种植面积。芒果产业的良好效益也带动了其他村民跟进种植。其间，政府为村民免费提供种苗、肥料等生产资料，同时开展了相应的技术培训。几年下来，大安村民组所有农户都种有芒果，产业规模不断扩大，外地的经销商也到大安村民组收购芒果，芒果成熟后不需要村民自行运输到县里农贸批发市场销售。农某等大安村民组村民在芒果种植面积扩大后就不再到省外打工，而是在农闲时到田阳区打零工，生计方式转变为以农业为主打工为辅。大安村民组芒果产业的成功，带动了桥马村其他村民组的跟进种植。截至2020年8月，桥马村芒果种植面积达到600亩，村民的种植技术和市场意识也不断提高。例如，为规避单一品种价格波动带来的风险，种植户会搭配种植桂七、台农、贵妃、金芒等多个品种。由于每个品种的价格变化不同，因此，多品种种植可以保证总收入的稳定。

桥马村大安村民组芒果产业（拍摄 陈冰）

在外来力量主导的产业项目陆续退出后，"土生土长"的芒果成了桥马村新的主导产业之一，并提高了种植业在村民收入中的比重。相比于外部主导的产业扶贫项目，政府对桥马村芒果产业的支持力度并不算大，芒果产业的投入、管理、销售等都主要靠村民自己。那么，这样一个"新产业"，为什么能够取得成功呢？主要是它很好地借助了田阳区的县域经济所搭建的产业平台。田阳区是中国著名的芒果产区，形成了完整的产业链，从种植、采摘、销售、包装、深加工到物流、农资、技术支持，各个环节都有市场化的服务体系支撑。在解决了山区因海拔升高、气温低、露水较重带来的种植难题后，桥马村的村民很容易就能搭上县域经济的"顺风车"。事实上，桥马村最早开始试种芒果的几户农户，都曾在河谷地带的芒果园和县城的水果批发市场做过零工。他们对芒果种植本身并不陌生。芒果只要能够形成高质量的产出，村民并不需要自己找销路，水果商贩会上门收购。对于一些品相不好，难以作为鲜果销售的芒果，田阳区也有多家从事芒果深加工的企业，企业会收购村民的芒果进行深加工。

2. 发展油茶产业

油茶产业是桥马村产业项目转入内部主导之后发展起来的又一种植面积较大的产业。油茶是一种小型乔木，种子可以榨油，是近年来大石山区种植范围较广的一种经济作物。据致富带头人、大楞村民组的组长介绍，桥马村大楞村民组"猴患"比较严重，村民自种的玉米、红薯常常被山上的猴群偷吃。2015年，他偶然了解到田阳区玉凤镇的油茶油能卖到每斤60元，于是决定在大楞村民组试种油茶。2018年起，大楞村民组的油茶树开始挂果，产量逐年提高。油茶种植取得成功后，桥马村第一书记陈书记将油茶产业推广到全村。2019年，陈书记利用两年的第一书记帮扶经费共10万元购买20000株油茶苗（合100多亩）发放给全村村民，每户分得15株。同时，2019年村庄的"以奖代补"项目资金也全部用于油茶种植。由此，桥马村油茶种植面积在2020年达到了400多亩。

无论种芒果，还是种油茶，都是对村庄的玉米等传统粮食种植的替代。但是这两种产业在促进桥马村农户对接"大市场"上存在较大的差异性。芒果是一种中高档水果，高价值、高收入，同时需要种植户掌握较高的种植技术。

换言之，芒果种植是市场需求导向的，它对玉米的替代，反映的是桥马村农业发展融合外部的农产品市场体系，有助于推动桥马村农户与大市场的有机衔接。而油茶树产量低，尽管油茶油价格一直较高，但亩产收益远不及芒果，且田阳区没有形成油茶产业化产供销服务体系。但是油茶种植有其独特的本地种植"优势"：成本低（每株苗的价格3元左右）、种植技术简单、管理轻松、抗风险能力强，就算遇到冰雹也少有损失；油茶果能够保存较长时间，既可以卖果，也可以榨油自己食用；猴子不喜油茶的味道，可以有效规避"猴患"。桥马村的青年农民认为，油茶产业是养老产业，他们年纪大了无法从事重体力劳动时，可种植油茶补充家庭收入。

（二）扶贫产业内部主导的优势

桥马村探索成功的芒果产业和油茶产业体现了内部主导产业发展上的独特优势，至少包括以下几个方面。

1. 扶贫产业村庄内部主导能较好地契合地区产业发展优势

在被认为不适合种植的情况下，村民探索种植芒果获得成功，使得村庄产业能与区域特色产业有效对接，产业发展获得了区域产供销服务体系的优势。与外部主导所选择的蜜柚等产业发展不同，芒果产业是田阳区主推的农业产业，不仅种植面积大，而且从种苗、管理技术到销售形成了完整的产业服务体系。桥马村芒果产业融入全县的芒果产业服务体系，实现小农户与大市场对接。

2. 扶贫产业村庄内部主导有助于农户积累产业技术与经验

基于外部组织的优势和偏好，外部主导贫困村产业扶贫往往选择发展资金和技术双密集型产业。这一类型产业劳动力需求少且技术要求较高，逐渐变为外部组织替代农户实施产业发展各项工作，村庄居民在产业发展中参与非常有限，村民也很难在产业发展中积累农业技术与经验。即使少数村民参与产业发展并一定程度上掌握相应的农业技术，也很难筹集到资金密集型产业发展所需的资金规模。而村民自主选择并探索的芒果等产业在田阳区已经形成了产业服务体系，村民获得种植技术的难度小，产业投入的资金规模也比较小，村民能在产业扶贫实践中逐步提升技术水平和扩大种植规模。

三、结论与思考

（一）简要结论

结对帮扶是我国精准扶贫的重要内容，要求每个贫困村都有对口帮扶组织（政府部门或企业），每个贫困户都有结对帮扶责任人。结对帮扶为贫困村和贫困户带来了脱贫亟须的资金和资源，对于贫困村发展和贫困户脱贫致富有积极作用。然而，结对帮扶的实质是社会扶贫，扶贫资源配置具有非制度性特点，所动员扶贫资源的多少取决于帮助主体的动员能力。这也使得结对帮扶资源供给呈现出"两级分化"现象：高级别、社会网络资源丰富的帮扶主体能够有效动员大量扶贫资源用于帮扶对象，级别低、社会网络资源匮乏的结对帮扶主体资源动员能力弱，动员资源有限。

脱贫攻坚战打响之后，桥马村成为省级领导干部挂点联系村，属于与高级别干部结对联系的贫困村。政府部门、企业等对桥马村产业扶贫输入了大量的发展资源，并主导了产业扶贫项目的实施过程，在短期内取得了一定成效。但是相关扶贫产业一方面主要由企业和政府负责推动与实施，农户在产业中地位边缘化，参与程度较低，且很难从产业中积累技术与市场经验，不利于贫困农户可持续脱贫。另一方面，这些产业的选择主要从政府、企业等外部组织的"偏好"出发，而非从村庄资源禀赋、农户发展需求与能力出发，导致了多数产业项目并不契合桥马村的实际，农户的参与意愿并不高，产业缺乏可持续性。一旦高级别干部结对的特殊关系解除，"明星村"光环退去，外部的投入随之减少、企业撤资，产业发展投入减少，甚至产业项目终止。

桥马村不再是省级领导干部联系村后，便回归了普通贫困村的发展定位。政府、企业等外部扶持力度显著减弱（与该村实现脱贫出列也有一定关系），桥马村产业扶贫由外部主导转为内部主导。通过村内经济能人的探索与带动，桥马村逐渐形成了以芒果、油茶等农业主导产业。相关产业既符合桥马村的自然资源禀赋，也使得村级产业有效融入县域完善的农业产业发展服务体系。

（二）思考与启示

任何一个贫困村的脱贫与产业发展都是多种努力综合作用的结果。桥马村产业扶贫的实践过程与效果至少给我们以下几点启示。

1. 支持村庄经济精英基于资源禀赋探索和带动农户发展产业

产业政策只有与村庄的资源禀赋、社会条件相契合，才可能落地生根，进而为村庄脱贫提供长久助力。打响脱贫攻坚战之后，桥马村获得省级领导干部挂点村的特殊身份，外部力量深度嵌入桥马村脱贫攻坚并主导了产业扶贫进程。但是外部组织选择的产业类型并没有充分考虑到桥马村的资源禀赋和村社民情，大多数产业项目以失败告终。当桥马村不再是省级领导干部联系村后，村庄经济能人等成为桥马村产业发展的重要内部力量。他们探索并发展起来的芒果、油茶等产业较好契合了村庄资源禀赋并实现了融入区域产业发展服务体系。可见，支持村庄经济能人基于村庄资源禀赋探索发展产业是促进贫困村产业内源性发展的重要方式。村庄经济能人熟悉村庄资源禀赋状况，具有农业技术和市场经验，能够探索出可盈利、可持续和具有稳定性的产业路子，为贫困农户向较高附加值农业生计提供产业选择。同时，在村庄经济能人的示范和动员下，贫困农户调整农业生计的意愿增强，最终参与到以村庄经济能人主导的产业合作平台（如合作社等），生计资本进一步提升。

2. 不断完善县域特色产业服务体系为农户对接市场奠定基础

发展产业不仅是巩固拓展脱贫成果的重要方式，也是实现脱贫地区乡村产业振兴的关键之举。市场导向既是现代农业的基本要求，也是脱贫地区农业产业带贫和农民致富的重要选择。就村级而言，村庄产业发展很难脱离县域的产业体系而形成与县域外市场的单独联系。更多的情况是，村级农业产业发展借助县域建立的特色优势产业平台或者网络与外部市场形成供需联系。基于县域资源禀赋确定特色优势产业，并不断完善"产供销"服务体系能为农业发展带动农民脱贫致富的重要支撑，也是实现农户与现代农业有机衔接的重要路径。桥马村内部主导探索芒果等农业产业取得成功的一个重要原因就是田阳区芒果产业在生产、加工、销售等各环节的服务体系日益完善，农户种植芒果时既不用担心技术问题，也能很快对接上产品销售市场，田阳区已与外部市场形成了稳定的供需联络网络，桥马村芒果挂果后借助县域芒果市场网络很快进入市场，并不担忧滞销问题。

3. 通过产业组织化将贫困农户纳入产业发展

随着农业产业向现代农业的演进，产业发展的资金和技术双密集型特征日益明显。资金、管理技术、市场经验、销售网络等对产业发展的重要性进一步增强。农业产业化发展逐渐超出单个农户（特别是贫困户）的经营能力范围，推进产业组织化运行已成为农业产业化发展的重要方式。不论是外部主导桥马村的产业扶贫，还是内部主导桥马村的产业扶贫，扶贫产业发展均体现出组织化特征。不同的是，外部主导桥马村扶贫产业的组织化是在贫困村范围内把少数贫困农户纳入政府、企业推动的产业组织化结构，而内部主导的芒果等扶贫产业组织化则是将包括贫困户在内的大部分农户纳入以县域产业发展的组织体系。

4. 进一步增强产业扶贫中村庄和村民的主体性

政府、企业等外部力量主导产业扶贫的优势是能把大量资源输入村庄，并使得产业扶贫在短期内形成效果，弊端则是村庄和村民在产业实践中的主体性不足，甚至被边缘化。对比桥马村外部主导产业扶贫和内部主导产业扶贫不难发现，外部力量主导下的产业扶贫，村庄和村民的主体性都不足，甚至形成外部组织对村庄的替代（外部组织全过程实施产业扶贫，村庄和村民象征性参与），村庄和村民在产业扶贫中很难发挥作用。与之相比，内部主导和村庄经济能人探索并发展起来的芒果和油茶产业，村民的主体性获得了比较充分的展现，村民农业经营能力也不断提高。

（华中师范大学调研组　执笔人：覃志敏

北京大学调研组　执笔人：卢露、王娟、唐元超）

多元化产业全覆盖　激励性动员促整合
——海南省保亭黎族苗族自治县三弓村调查报告

三弓村隶属海南省保亭黎族苗族自治县三道镇，临近三亚市，是典型的海南中部山区黎族村庄，全村下辖15个自然村，2017年底有823户，共计3325人（其中常住人口794户3274人）。2014年三弓村被确立为"十三五"贫困村，全村有贫困户120户共计440人，截至2017年底，已有109户406人脱贫，贫困发生率降至1%，实现了贫困村脱贫摘帽。调研组于2018年5月到三弓村开展了实地调查，2021年初通过互联网线上回访时，全村201户贫困户，共809人（有动态调整）均已脱贫，贫困发生率降至0。

一、村庄基本情况

三弓村紧邻224国道、交通便利，但山多地少，森林覆盖率超过86%，经济结构单一。2017年土地面积约9423亩，耕地5570亩。农作物以槟榔、橡胶、龙眼和其他瓜菜为主。养殖业方面以豪猪养殖为主。整体来看，该村致贫主要原因集中在三个方面：一是因客观外力因素致贫，主要包含因病、因学或家庭成员遭遇意外等重大变故；二是因主体内生性因素致贫，包括村民缺乏技术、资金以及存在"等靠要"思想；三是区位经济发展特点因素致贫，由于三弓村自然生态良好，导致经济发展存在"靠天吃饭"依赖性问题。

精准扶贫工作开展以来，在当地党委和政府的指导下，该村推行了一系列脱贫攻坚举措：一是全面落实"三保障"工作。二是发展产业实现"造血式"

扶贫，使全体贫困户100%参与到产业扶持中。三是以就业培训引导劳务输出，村委会通过奖金激励有劳动能力的村民就近或外出务工，同时组织就业培训。截至2018年共组织培训10次，800余人参与。四是大力吸纳社会力量参与扶贫，联合呀诺达景区、三道镇商会、慈善基金志愿者等组织机构开展扶贫工作。五是以党建为抓手促脱贫，建立"党支部—党员—村民"的三级联动体系，强化扶贫动员整合能力。

三弓村硬化路（摄影 王寓凡）

二、脱贫攻坚面临的问题与挑战

三弓村在脱贫攻坚工作中，主要面临以下三个问题。

（一）贫困户对扶贫产业的有效参与不足

虽然三弓村当前两大扶贫产业——兰花种植基地和豪猪养殖基地，已经吸纳了全村的贫困户参与其中，在范围上已经覆盖了所有贫困户及部分一般户。但是，贫困户对两大扶贫产业的"有效参与"仍显不足，即存在参与质量较差、"悬浮"在产业外部的问题，没有常态化地参与到产业运营中，产业扶贫的可持续性有待进一步提高。这虽然与产业的吸纳性有关，但主要因素是贫困户自身缺乏脱贫致富的主观能动性以及缺少组织机制将贫困户整合到产业中。如何提升贫困户参与扶贫产业的质量是三弓村当前面临的主要问题。

（二）扶贫政策落地与民风民俗的矛盾

保亭县是黎族与苗族自治县，当地少数民族聚集，有着独特的民风民俗，部分扶贫政策与当地的民风民俗存在一定的冲突。因此，如何化解政策要求与民风民俗之间的矛盾是扶贫政策落地与推进过程中面临的问题。例如，依据当地习俗，家中有丧事3年内不得建新居。但是在危房改造规划中，有政策推进的时间节点，需要赶进度、完成年度目标任务。于是一些少数民族村民对政策不理解甚至抵触，个别贫困户甚至成为"钉子户"，抗拒危房改造，影响扶贫工作的开展。因此，如何有针对性地制定适合于当地民风民俗的扶贫政策以及做好政策的解释和思想工作是值得思考的问题。

（三）贫困户政策依赖性强

贫困户的思想观念保守、人力资本差是普遍现象。部分百姓理财观念滞后又特别在乎人情面子，好热闹爱喝酒，挣10块就要花出去12块。有的贫困户好不容易被介绍到旅游景区上班，但受不了每天8小时按时上下班的工作方式，中午回家休息要喝两杯，亲戚朋友一打招呼又要请假去喝酒。为此，在政府的要求下，景区专门对贫困户设立了上半天班的工作制度，先让贫困户适应每天上班的生活方式，再慢慢向全天工作制转变。实际上，抛开种养产业不说，只要村民肯干，一年中半年时间都有工可打，从芒果催花、蔬果、除草到采摘、打包，一天可得150元，农民只要没病没灾、肯干，一定能脱贫。但是村内部分贫困户存在"等靠要"思想，对扶贫产业和政策支持依赖性较强，一旦政策支持减少，或市场发生变化，扶贫产业就难以抵抗风险。以豪猪养殖为例，2017年由于市场较好，豪猪养殖获得了较为可观的收益，同时也吸引了大量的养殖户开展豪猪养殖，加入的人多了，导致2018年市场供需失衡，反而影响了贫困户的收益。

三、脱贫攻坚取得的成效

在上级党委的坚强领导下，三弓村通过自身艰苦奋斗，脱贫攻坚工作取得了巨大的成效。截至2020年底，全村贫困户数量动态调整为201户809人，经扶贫动态调整后已实现贫困人口全部脱贫，贫困发生率为0。2020年三弓村集体经济收入超过17万元，人均纯收入13000多元。

（一）基础设施建设成效

三弓村将基础设施建设作为脱贫攻坚的重要抓手，自2016年起整合投入上级政府职能部门专项资金，经过5年多的努力，取得了瞩目的成效，将村庄打造成路平、灯亮、水通、环境优美的宜居之地，整个村庄的面貌焕然一新。

2016—2020年三弓村基础设施建设情况

项目名称	年份（年）
猪舍维修工程	2016
村道、入户道、排水沟建设	2017
村道建设	2017
番托美丽乡村建设	2017
村安全饮水工程	2017
高标准农田建设	2017
农村生活污水治理	2017
安装太阳能路灯	2017
硬化生产路、挡土墙	2018
硬化村道、修建下水道盖等	2019
修建水渠、硬化生产路	2020

此外，三弓村还设有卫生室1个（配有2名全科医生）、村级活动场所1个，满足了贫困群众就医、休闲之需。

（二）危房改造成效

三弓村十分重视贫困户危房改造，扎实地完成了相关工作：2016年危房改造13户，均为建档立卡贫困户；2017年危房改造51户，其中贫困户50户；2018年危房改造68户，其中贫困户56户；2019年危房改造11户，均为一般户。三弓村危房改造工作取得了显著的成效，经第三方鉴定公司对全村201户建档立卡贫困户住房安全等级鉴定，均为安全等级，其中A级168户、B级33户。

同时，三弓村对危房改造过程中出现的房屋质量问题进行了及时整改。

2019年至2020年7月底,前后3次共排查整改房屋质量问题80宗,涉及屋面渗水、墙体开裂、爆筋等。

(三)教育、健康扶贫成效

三弓村利用精准扶贫教育补助、"雨露计划"专项资金,大力开展教育扶贫,用教育斩断贫困代际传递,确保义务教育阶段入学率100%,无失学辍学现象。

2017—2020年三弓村教育扶贫资助情况

年份(年)	金额(万元)	资助人数(人)
2017	40.00	93
2018	58.97	234
2019	53.29	221
2020	46.17	183

注:数据由保亭县扶贫办于2021年提供,表中数据保留小数点后两位。

健康扶贫方面,三弓村帮助建档立卡贫困户缴纳新农合费用,实现了贫困户参保率100%。同时推进"一站式"医疗报销服务,报销比例达95%以上。

2017—2020年三弓村健康扶贫情况

年份(年)	帮缴新农合		医疗报销费用(万元)
	金额(万元)	人数(人)	
2017	7.92	440	31.94
2018	17.60	800	32.78
2019	20.13	805	0
2020	20.39	809	0

注:数据由保亭县扶贫办于2021年提供,表中数据保留小数点后两位。

(四)产业扶贫成效

三弓村以现代农业、旅游业相结合的形式开展产业扶贫工作,稳步推动"输血式"扶贫向"造血式"扶贫的转变,建立扶贫产业与贫困户的多元利益联结机制,切实提升贫困户收入的稳定性和可持续性。

2016—2020年三弓村产业扶贫情况

名称	年份（年）	投入资金（万元）	带贫成效
黄秋葵种植	2017	60.00	开发160亩
"呀诺达"旅游扶贫	2017	—	每户年增收1200元
豪猪养殖	2017	139.30	带动60户232人
山鸡养殖	2018	20.00	带动14户，每年贫困户分红5000元
兰花种植	2019	175.00	带动18户
南药项目	2020	71.44	带动69户259人
乡村旅游扶贫	2016—2020	1938.00	带动277户1067人

注：数据由保亭县扶贫办于2021年提供，表中数据保留小数点后两位。

（五）科技扶贫成效

三弓村自2016年起开办以家畜养殖、经济作物种植、建筑工程、家政服务、电商运营等主题的技能培训，这些技能培训累计惠及533名贫困户。科技培训可以帮助贫困户提升生产技能，变革发展理念，将扶贫与扶智有机结合。

2016—2020年三弓村科技扶贫情况

年份（年）	次数（期）	参加人数（人）
2016	2	6
2017	4	112
2018	3	39
2019	6	153
2020	6	223

（六）生态扶贫成效

三弓村在脱贫攻坚中致力于实现经济发展和生态保护相结合的思路，通过退耕还林、土地流转、宅基地复垦等举措，使生态环境明显改善，耕地面积由2018年的约5570亩减至2020年的约2780亩。同时，2020年共计向贫困户201户809人发放生态补偿金约28万元，切实确保贫困户利益。

四、典型做法和经验

（一）因地制宜落地多元化产业，主体"增能"强化扶贫稳定性

产业是扶贫稳定性、可持续性的重要保障。三弓村高度重视产业在精准扶贫中的作用，努力推动"输血式"扶贫向"造血式"扶贫转变。村委会灵活运用政府、社会资金和技术资源，探索政府、市场、社会以及村民自身在产业选择、经营中的功能和特点，并因地制宜地结合村区位优势和特点，形成了富有村庄特色的独特产业扶贫模式。

1. 支柱性企业带动，多样化渠道推动扶贫

三弓村毗邻国家 AAAAA 级景区呀诺达热带森林公园（呀诺达景区）。呀诺达景区成立于 2006 年，到 2018 年开展调研时共有员工 1400 余人，其中，海南本地员工 900 余人，保亭籍 600 余人，每年接待游客约 230 万人次，上缴 7000 余万元的税收，占整个保亭县的 1/6，为保亭县主要的支柱性企业，在全国甚至全世界都具有一定的品牌效应。2017 年以来，呀诺达景区在各级党委和政府的引导和支持下，开始全面参与脱贫攻坚工作，三道镇政府利用扶贫专项资金 178 万元投资公司运营，用于专项扶贫。职工中有建档立卡贫困户共计 20 人，同时 2016 年配合镇政府扶持脱贫 8 户 44 人，2017 年扶持脱贫 10 户 39 人。

呀诺达景区在脱贫攻坚方面呈现出以下优势和特点：

一是有效规避产业投资运营风险。呀诺达景区在产业的运营管理方面具有丰富的经验，能够规避贫困户因观念落后、市场嗅觉不灵敏、缺乏运营管理经验等因素所造成的风险。

二是企业待遇优厚。据呀诺达景区主要负责人、地方政府干部反映，贫困户一旦进入景区工作，基本上能保障每人每月最低 1200 元收入，一般有 3000 元左右的收入，保安、清洁员等岗位工资能达到月收入 5000 元以上。

三是能改变贫困户思想观念。呀诺达景区在管理上采取半军事化管理，定期对内部员工进行培训和团队建设，转变其"等靠要"等依赖性思想观念，从认知上激发贫困户的竞争和奋发意识。

除支柱性企业带动之外，呀诺达景区在扶贫渠道上也体现出多元化的特

点，其主要扶贫模式有以下三种。

一是以就业推动扶贫。在驻村工作队的推荐下，三弓村部分有能力、有意愿的村民进入呀诺达景区工作。此外，呀诺达景区还会向贫困户收购水果、蔬菜等农产品，消化贫困农户的生产成果。

二是无偿式社会捐助。呀诺达景区针对包括三弓村在内的贫困户，组织"三八外出考察""六一慰问活动""七一慰问贫困党员活动"以及慰问孤寡老人、残疾人、孤儿等弱势群体，帮助他们解决现实困难。

三是发挥民族文化优势，通过深入挖掘民族非物质文化遗产盈利。呀诺达景区鼓励周围村民充分挖掘在舞蹈、手工制品等领域的技艺，制作成精美的文化产品帮助其盈利。

呀诺达景区三弓村精准扶贫示范商铺（摄影 王寓凡）

2. 产业多元化配置，整合贫困户广泛参与

因地制宜实现产业多元化配置是三弓村扶贫工作的亮点之一，其产业涉及养殖业、农业、服务业等方面。三弓村充分利用县民宗委下拨的130余万元的中央少数民族发展资金和省级配套资金，开展豪猪养殖产业，在三弓村村委会下辖的新俄村建设大型豪猪养殖基地，由当地农业创业能手黄某负责运营，带动该村60户232人加入合作社进行托管托养。截至2018年调查时，

750头豪猪已经入栏养殖，预计2019年即可获得分红收益6000~7000元。三弓村还建设了大型的兰花种植基地，吸纳贫困户进入基地务工，实习阶段每月可以获得2600元的工资，转正后每月可达3000元，该项目共带动32户贫困户参与。此外，三弓村还组织专业技术人员就辣椒、豆角等传统农作物的种植进行培训，提供农产品销路，帮助村民获得补充性收入。

三弓村在产业多元化配置的同时，还实现了贫困户的产业参与全覆盖。村干部针对每一名贫困户自身实际，将他们安排到不同的产业岗位中：对文化水平较高，身体素质较好的贫困户，推荐其到技术岗、劳动力岗，使其获得较高收益；对条件次之的贫困户，安排其到简单工作岗位，例如喂养饲料、除草，保障其基本生活收入；对条件较差特别是没有劳动力的贫困户，则不给其安排具体工作，只依靠分红实现收益。在村干部的安排和贫困户的自主选择下，每一个贫困户都至少加入了一个产业合作社，保障其能够得到一份稳定的产业收益。

三弓村精准扶贫兰花种植基地（摄影 王寓凡）

3. 借培训"增能"主体，以就业提升扶贫稳定性

贫困户内生发展动力不足的主要原因是缺乏技术、技能，长期处于素质"失能"的状态。三弓村为提高贫困户的综合素质，挖掘其发展潜力，在扶贫工作中尤其强化"增能"式技能培训,增强贫困户的致富能力。2017年以来，三弓村围绕家畜养殖、经济作物种植、建筑工程、家政服务、电商运营等主

题，对全村贫困户开展了10次集中性培训，参与者达到800余人。三弓村在培训方式上注重结合主体实现多元化培训模式，例如，通过电视夜校、集体学习、一对一帮扶等个性化模式，力求培训效果的最大化。

此外，为实现稳定脱贫，三弓村村委会提倡以就业实现脱贫，尤其是对那些有劳动力的村民，鼓励其去呀诺达景区、槟榔谷、豪猪养殖场、兰花基地就业，形成"股东"和"员工"的双重身份，增强其通过劳动获取收入的能力，而并非单纯坐享分红，以提升脱贫的稳定性和可持续性。

（二）建立激励性动员机制，夯实脱贫攻坚基础

贫困户的内生动力不足、缺乏组织能力是影响扶贫效果的重要内因。三弓村通过开办积分式"惠民超市"，建立激励性动员机制，同时依托基层党组织开展工作，夯实脱贫攻坚的基础，提升扶贫效果。

1. 积分式惠民超市："自助式"扶贫福利获取

三弓村由于自然环境条件较为优厚，长久以来形成了较为安逸的"靠天吃饭"的思想观念，反映在贫困户身上就是"等靠要"思想较为严重，缺乏主动改造生活的能力和意愿。为解决这个问题，三弓村于2017年底开始筹划惠民超市，鼓励知名企业对超市无偿捐助资金和生活用品，2018年1月15日在三弓村村委会对面开办了辐射全村的积分式惠民超市。

惠民超市作为"不花钱"的超市，采取"农户参与评比+捐赠物资"的管理模式进行运营，同时采用以积分换取生活必需品的交易模式，每一件货物被标上"5分、10分、30分"不等的积分，每一个积分约等于一元钱的购买力。在积分的获取方式上，贫困户日常可以通过参加"电视夜校"等就业技能培训、"美丽村庄""美丽村民"等公益性活动，以及通过自己努力提高生活水平来获得数量不等的积分，再使用其兑换货物。贫困户每个月的积分都会变更，同时每个月因扶贫举措不同，积分的评定标准也会相应变更，以实现积分与扶贫工作步调一致。

惠民超市的货物主要来源于兰花基地的无偿捐助，也一定程度上联动了社会力量加入扶贫行动中。此种做法的最大特点在于，它可以激励贫困户相互之间进行竞争性评比，改变既往直接将福利送给村民的"输血式"扶贫，充分激发贫困户的主观能动性。

更为重要的是，惠民超市服务的对象不仅局限于贫困户，其他普通的村民也能够通过参加脱贫活动、公益活动等方式获取积分并兑换日常生活物资，只是在积分数额上会略低于贫困户。这种做法能够在一定程度上缓解贫困户与其他村民尤其是贫困边缘群体之间的紧张关系，摘掉贫困户"不劳而获"的标签，也充分激发全村居民的积极性，提高全村扶贫工作的稳定性。

2. "三信三爱"：以党建提升扶贫效能

得天独厚的自然条件，让三弓村个别贫困户认为"富不了，也饿不死，没菜去山里随便摘点野菜，没肉就去河里捞几条鱼"，对脱贫致富想法不多，甚至想都不想，日子得过且过，有些人甚至觉得脱不脱贫是政府和帮扶干部的事，和自己没关系。因此，帮助贫困户思想脱贫，是保质保量打赢脱贫攻坚战绕不过去的坎儿，如何调动懒汉的积极性是所有帮扶干部面临的最大难题。

2014年10月，保亭县在六弓乡大妹村进行了"三信三爱"工作先行试点，取得了预期效果。2015年2月，在全县铺开"三信三爱"活动。2018年调查时，三弓村有党员124人（其中预备党员12人），党支部主要同志受教育程度均在14年以上，具备一定的党建基础。由此，三弓村在镇委、镇政府的带动下，开展了"三信三爱"党建主题活动，通过定期组织贫困户开展各类集体活动，来逐步提高他们的思想认识和脱贫意愿。

所谓"三信"是指信党、信法和信组织，"三爱"是指爱村、爱邻和爱亲人。在此理念下，三弓村全体党员在村党支部的领导下，设立了纠纷调解岗、环境卫生岗、技术能手岗、党风廉政岗、致富能手岗等分工不同的岗位，辅之"美丽村民日""美丽村庄日""党群议事日"等主题组织活动，强化组织的整合、动员能力。在具体工作中，"三信三爱"主要以"六事工作法"为工具，"六事"工作法指的是在村小组层面，通过党员问事、党小组理事、党群商事、农户议事、党员办事、群众评事这六个步骤开展工作。

"三信三爱"活动主要沿着两个路径展开。一方面，构建了一张党员联系服务群众的树型图，包括五个层面：一是乡镇党委联系村党支部；二是村党支部联系村党小组；三是党小组长联系普通党员；四是党员联系农户，每名党员根据自身情况联系1~5家农户；五是从机关单位给每个村委会选派驻村帮扶第一书记，实现第一书记全覆盖。另一方面，构建了一个乡村治理体系，包括四项制度：一是建立"党群议事日"制度，有效引导群众积极建言、主动参与村里事务决策和公益事业建设，实现村集体大事从"队长说了算"到"村民说了算"转变；二是建立"美丽村庄日"制度，通过制定村规民约，引导村民共同参与农村环境卫生整治；三是建立"美丽村民日"制度，开展"知礼仪、树爱心、重孝道"专题教育和"美丽村民、美丽家庭、孝道之家、优秀党员"等评比活动，激发和增强了村民相互帮助、相互关爱的意识，培育乡村"知礼仪、讲诚信、重孝道"的乡贤文化；四是建立"村民学习日"制度，组织专人宣讲有关"三农"方面的法律法规和惠农政策。

自扶贫工作全面开展以来，三弓村充分运用"三信三爱"形成党组织整合机制，打造党组织对贫困户的吸引力，将扶贫工作与党建工作有效对接，取得了如下成效。

第一，建立高素质基层党支部，强化党组织引领动员能力。三弓村在上级党委的安排及实际工作中，选拔培育出了一批年纪轻、文化高、思想解放、有开拓进取精神的优秀党员担任村"两委"干部，充分探索"党员+贫困户""党员+致富能手"的帮扶模式，通过党建活动影响带动贫困户和其他村民，带领村民共同致富，带动集体经济发展。

第二，通过"四个日"活动拉近了党群关系。利用"党群议事日"充分了解贫困户的现实诉求，通过组织讨论商定解决方案，发挥党员信息传递、反馈的桥梁作用。通过"美丽村民日""美丽村庄日"等活动，组织贫困户积极参与到农村劳动中，倡导贫困户积极回馈社会，在村庄内逐步形成"人人争做美丽村民，家家共创美丽村庄"的良好风气。

第三，通过党建抵御和改造消极文化。针对乡村严重的宗教渗透，党组织充分发挥其影响带动作用，教育村民正确对待"宿命观""报应观"，树立积极乐观的价值观念。通过基层党建活动，弘扬积极向上的人生观、价值观，摒弃"等靠要"等落后、消极的思想。从小因病高位截肢的三弓村什改村村民黄某身残志坚，通过学习酿酒技能，用一条腿撑起了家里的全部开销，并于2016年底成功脱贫。"身体残疾不是自暴自弃的理由，政府对我们帮扶力度很大，但好日子是靠自己干出来的，不能天天想着'等靠要'，得找些力所能及的事情做。"因车祸小腿致残致贫的三弓村什南办村村民黄某某用两年多时间，养猪养鹅，种植辣椒、豇豆，加上3个子女外出务工，不仅还清了看病欠下的10万元外债，还在2017年底成功脱贫。

五、启示与建议

三弓村脱贫攻坚工作充分体现了内外联动的特点。所谓"内"，即如何通过建立有效的组织机制对贫困户进行有效带动，如何通过建立激励性的动力机制提升贫困户的主观能动性；所谓"外"，是指如何改良贫困户的产业参与方式，提升贫困户参与产业的程度和质量，化解贫困户与其他群体的潜在矛盾。从中可以得出以下启示。

（一）提升产业扶贫可持续性，推动贫困户对产业"有效参与"

三弓村通过产业多元化配置和全方位覆盖贫困户，较好地实现了产业扶贫的良性运行。应当鼓励贫困户以就业的方式"有效参与"到扶贫产业运营中，不局限于分红等被动形式，以主动积极的参与方式保障产业扶贫的可持续性和稳定性。

（二）引进竞争性扶贫激励模式，改变"等靠要"贫困文化

三弓村依靠设立"惠民超市"，引入积分制的方式，激发贫困户主动参与到扶贫行动中，潜移默化增强贫困户的主观能动性。更为重要的是，通过长期的评比和激励，能够逐渐改变长久在村庄内形成的"等靠要"思想，使贫困户养成依靠自己的努力改变生活的习惯和观念。

（三）依托基层党组织架构，发挥基层党员动员引领作用

三弓村拥有以"三信三爱"为代表的、良好的基层党建基础，以及一系列党组织活动。在基层党支部的组织下，以基层党员为纽带和桥梁，利用党建工作的方式方法以及共产党员的模范带头作用，引导贫困户加入脱贫攻坚的实践中，增强扶贫工作的内聚力和有效性。

（四）联动非贫困户参与扶贫，化解边缘群体相对剥夺感

无论是"惠民超市"还是"美丽村庄日"和"美丽村民日"，三弓村都将非贫困户也纳入了扶贫工作中，强化了非贫困户对贫困户通过自身努力脱

贫的认知，目睹贫困户的进取行为，感知贫困户的进取意识，减弱了其对贫困户的刻板印象，同时，也能够化解处于贫困和非贫困之间的边缘群体的相对剥夺感。

（华中师范大学调研组　执笔人：江立华、王寓凡）

村庄现状：

调研组2018年前往三弓村调研时，三弓村的脱贫攻坚工作已经初具成效。经过两年多时间的巩固提升，三弓村的脱贫攻坚工作又有可喜的进展：推动生产路硬化5条，14个村完成路灯亮化工程，与投资公司新合作发展南药项目，开展培训12次惠及376名贫困户，资助404名贫困学生就学，危房改造11户，等等。截至2019年10月，三弓村所有贫困户均已脱贫，贫困发生率由2017年的约1%降至0。2020年，三弓村集体经济收入超过17万元，人均纯收入达13000元以上。三弓村能取得这些可喜的成就，是认真贯彻落实习近平总书记关于精准扶贫工作相关精神、实事求是确保"脱真贫""真脱贫"的必然结果，为精准扶贫战略与乡村振兴战略有机衔接奠定了坚实的基础。

少数民族深度贫困地区困境分析
——四川省昭觉县三河村调查报告

三河村隶属四川省凉山彝族自治州昭觉县三岔河乡，位于该县西南部，是乡政府所在地，全村面积19.24平方公里，辖阿基、洛达、呷尔、日子等4个社，共355户1698人，劳动力878人。2018年5月和7月、2020年8月，调研组先后3次到三河村开展实地调查。三河村处于深度贫困地区，2018年调查时有建档立卡贫困户151户789人，低保户84户，低保人口265人，劳动力385人，贫困发生率46.5%。

三河村村委会（摄影 苏里古）

一、村庄基本情况

三河村有耕地 1700 余亩、林地 3600 亩,其中核桃 2500 亩,其他经果林 200 亩。农作物主要有马铃薯、玉米、荞麦等。该村地处高寒山区,平均海拔 2520 米。2018 年调查时基础设施薄弱,多数农户仍居住在土坯房中,依然保持彝族传统的生活方式,以传统种植和畜牧业为主要经济来源,收入结构单一,抗风险能力弱。从致贫原因来看,最主要的原因是缺资金,其他原因包括缺技术与交通条件落后。常年在外务工人员 91 人,占总人口的 5.4%,主要去往广东省东莞、深圳的电子厂、玩具厂务工,或前往新疆、西藏等地从事电路架线工作。

三河村主要开展了以下四个方面的脱贫攻坚工作。一是易地扶贫搬迁。所有建档立卡贫困户全部纳入易地扶贫搬迁,非贫困户随迁 204 户,参照彝家新寨标准补助。二是培育特色产业。三河村主要利用产业扶持周转金帮助贫困户发展土豆、荞麦、玉米等农作物种植,并发展肉牛养殖合作社与乌金猪养殖合作社,2017 年农户销售土豆、牛、羊、乌金猪等收入 26.5 万元。三是完善公共服务。发展学前教育,保障义务教育,全村小学、初中适龄儿童入学率达 100%。完成全民健康体检,落实医保低保政策,为特殊困难群众提供民政救助。推进生育秩序整治,2017 年计划外生育出生 2 人,符合政策生育率达 92%。四是乡风文明建设。通过成立村红白理事会对高价彩礼、大操大办等陋习进行整治,成立禁毒协会,评比文明家庭,引导农户养成良好的卫生习惯,促进乡风文明建设。

三河村是具有一定代表性的凉山深度贫困地区的村落,贫困发生率较高,发展难度较大。尽管已经摘掉了贫困村的帽子,但三河村的发展依旧面临着较大的挑战。通过 2018 年、2020 年对三河村的实地调查,本报告主要分析三河村在脱贫攻坚及乡村振兴方面所面临的突出挑战及成因。

二、三河村脱贫攻坚工作中遇到的困难

(一)2018 年贫困情况及主要困难

1. 2018 年贫困情况

三岔河乡共 1345 户 5995 人,建档立卡户 497 户 2488 人,贫困发生率

少数民族深度贫困地区困境分析
——四川省昭觉县三河村调查报告

为 41.50%。三河村贫困发生率为 46.5%，略高于全乡平均水平，贫困户 151 户，为全乡最多，贫困人口占全乡总人口 31.71%。该村的贫困主要表现在：人口为纯彝族，村民基本不懂国家通用语言文字。住房条件差，多为土坯房，319 户为危房户，占全村房屋的 89.86%，并且卫生环境较差，牲畜圈舍紧邻人居住的房屋，基本没有卫生厕所。基础设施落后，仍然居住在村内的贫困户与非贫困户差距较小。生产以种养业为主，产业支撑薄弱，致贫原因同质性高。农作物主要是土豆、玉米、荞麦，牲畜主要是猪、牛和羊。151 户建档立卡贫困户中，121 户主要致贫原因为缺资金，17 户缺技术。贫困户家庭人口多、年纪轻。三河村 151 户贫困户户均人口 5.23 人，85.43% 的贫困户户籍人口为 4 人及以上。在实地调研过程中走访的 26 户农户中，普遍有 3~5 个孩子。从年龄来看，789 位贫困人口的平均年龄为 23.62 岁。

2018 年三河村里的土坯房（摄影 王敏）

2. 脱贫攻坚过程中遇到的主要困难

三河村的脱贫措施主要是易地扶贫搬迁、发展特色产业、推进基础设施与公共服务建设，具有针对性，且已取得了一定的进展。但是各项工作在实际落实推进中仍然面临着种种困难。

易地扶贫搬迁中的土地纠纷与搬迁意愿不强。2018 年调查时，三河村的易地扶贫搬迁已完成选址工作，安置点已经开始建设，考虑到三河村本身的自然地理条件和原有的社会结构，同一迁出地的搬迁群众基本集中安置到一个安置区，有助于维持原有文化习俗和社会支持。三河村易地扶贫搬迁一共设计了9个安置点，预计安置易地扶贫搬迁户151户。阿基社、洛达社、日子社各有3个安置点，其中最大的安置点设计安置33户，最小的安置点设计安置12户。工作中主要存在两个困难，一是选址占地纠纷，二是村民普遍搬迁意愿不强。

三河村选择的安置点离各村民小组不远，土地纠纷主要来自安置点占用了农户的承包地。由于三河村自然条件较为优越，土地肥力较好，安置点所选取的位置土地平整，生产力高，部分农户认为补偿太少，不愿意将土地用于建设住房。与之类似的是有部分农户认为兑换地的肥沃程度与被占地并不对等，因而也不愿意交换。还有部分农户认为，用以交换的土地位置不合理。农户所承包的土地多在自家宅基地附近，用以交换的土地离自家土地太远，不便于生产。

贫困户与非贫困户都存在搬迁意愿不强的情形。贫困户不愿意搬迁，最主要的原因在于安置点离耕地距离过远。集中安置点在原行政村内，对搬迁之后的产业规划也是以种养业为主。基础设施与道路建设不完善，再加上购置机动车开销较大，很少农户拥有机动车，一些贫困户不愿意搬到新的安置点。对于一些非贫困户而言，安置点距离田地远是一方面原因，另一方面，非贫困户认为自身与贫困户经济条件差不多，但获得的补贴明显少于贫困户，自身需要投入的资金过多，同时并不认为搬迁之后自身收入会有明显增加，因此也不愿意搬迁。还有少部分农户现住房条件较好，亦有随子女搬迁至城镇的想法，也不愿意再在村内搬迁上投入。

产业发展缺乏规划，农作物同质性高，产业规模化不足。2018年调查时，三河村发展的土豆、核桃等产业在全州各县市，尤其是贫困地区全面铺开，同质性强。以核桃产业为例，凉山州先后制订印发了《凉山州核桃产业中长期发展规划纲要》《凉山州"1+X"生态产业发展实施方案》，意图将核桃产业打造成"千万亩基地、百亿级产值"的支柱产业。但从实地调研情况来看，核桃产业在三河村并未得到很好的发展，农户积极性不高。农户的积极性受如下几方面影响：一是核桃嫁接需要一定的技术支持，农户获得的技术支持有限；二是核桃挂果有一定的周期，见效相对较慢；三是核桃的广泛种植在一定程度上影响了核桃的价格。调研了解到 2017 年西昌市场上销售的核桃价格跌至每斤 8 元，农户收益低。

基层组织能力较弱。精准扶贫相关政策的执行与落地，最主要由乡政府、驻村工作队、村"两委"及社长（组长）推进落实，不同村庄不同主体发挥的作用不同。三河村的脱贫攻坚任务主要由驻村工作队与村"两委"协调完成，乡政府参与较少。工作队与村组干部磨合时间短，村组干部文化素质相对不高，在档案资料管理方面工作相对薄弱，数据主要依靠村文书的记忆。

（二）2020 年村庄情况及发展面临的主要困难

1. 村庄现状

经过几年的脱贫攻坚工作，在各方力量的帮扶支持之下，三河村发生了显著的变化。首先，住房安全得到保障，交通条件得以改善。截至 2020 年 7 月，三河村已完成易地搬迁 152 户 807 人，实现了所有贫困户的安全住房保障，同时 32 户三类人员（"五保"户、低保户、残疾户）的安全住房也已经开工建设。2019 年全村实现了水、电、通信网络和广播电视全覆盖，村民的居住环境得到了改善。道路建设上，三河村通往国道 G348 线的 9.6 公里柏油路和村内 20.3 公里的通组入户道路已于 2020 年竣工，道路的修通解决了村民出行难的问题。

其次，三河村进行了积极的产业探索，部分产业得到发展。种植业方面，2020 年的三河村正以云木香和冬桃产业进行新一轮的探索，并结合当地种植土豆、荞麦的传统，希望在种植业上取得进一步的发展。养殖业方面，三河村近年来大力推广西门塔尔牛和中华蜂养殖，并扶持村庄养猪养羊大户。2020 年调查时，村庄每家贫困户均养有西门塔尔牛 1 头，能繁母猪 1 头，土鸡 10 只。另外，全村共有蜂群 5000 群，也全部交由贫困户养殖。村庄的养殖合作社和民宿旅游事业开发也正在筹资建设中。

西门塔尔牛养殖(摄影 苏里古)

最后,务工机会与劳务收入增加。2018年时,三河村务工人数统计仅为91人,只占全村总人口的5.36%,而近年来,各类扶贫项目进村,村民可以不离开家门,就近在本村、本乡镇从事栽树、除草、盖房等工作,获得了不少劳务收入。

总体来看,截至2020年8月,三河村已实现了"一超六有"的既定目标:即村庄贫困户年人均纯收入稳定超过国家扶贫标准,吃穿不愁,有义务教育保障、有基本医疗保障、有住房安全保障、有安全饮用水,有生活用电,有广播电视。村庄贫困户的年人均收入也从2013年的不足3000元增长到2019年的9903元。

2. 发展过程中面临的主要挑战

2018年之后,三河村在住房安全、基础设施建设、基本公共服务等方面取得了显著的成绩,但在产业发展方面依然面临着较大困难。

一方面,产业发展缺乏科学规划,产业发展主线不明确。种植业方面,2020年的调查显示,2018—2020年,三河村最主要的产业是土豆、花椒和核桃,其中,土豆的种植面积由800亩增加到1000亩,花椒由400亩增加到2800亩,核桃1200亩。同时,三河村于2018年尝试了蔬菜大棚种植西蓝花,2019年、2020年共种植1800亩云木香,2020年尝试高山错季冬桃种植与车厘子、蓝莓种植。养殖业方面，主要是发展西门塔尔牛、乌金猪、土鸡与中华蜂养殖。

这种产业选择在实践中出现了比较明显的问题。村庄发展的各产业之间未能协调配合。花椒和云木香种植都需要2~3年的生长周期，而套种的同时影响土地原有作物生长，影响农户的短期收益。同时，村庄大力发展的花椒、云木香、核桃等的种植，缩减了中华蜂蜜源植物的种植面积，影响了中华蜂的觅食。而村庄发展的牛、羊养殖又有可能危害花椒与云木香的幼苗。凉山州核桃种植规模大，核桃受市场价格影响较大，农户种植积极性不高。调查了解到，2019年鲜核桃的价格低至每斤2元，村里大多数贫困户只种了一年就把核桃树拔了。

另一方面，产业发展规模化程度不高，对规模化发展准备不足。以三河村的养猪大户为例，其养殖规模从2018年的100头发展为2020年的300头，但养殖模式没有发生变化，依然采取散养的方式。与之类似的，村里的养羊大户也延续了传统的散养模式，管理他的200多只羊。还有农户尝试发展有一定规模的养鱼、养鸡等产业，但缺乏规模化养殖的经验。农户缺乏对规模化养殖的科学认知，以及缺乏随着养殖方式变化改变管理和经营模式的意识，对市场与风险也缺少准备。

三、三河村发展困境产生的主要原因

（一）整体性经济欠发达与区域发展不平衡

根据国家深度贫困地区的划定范围，凉山州有11个县属于深度贫困地区，包括一个高原藏区县和彝区10个县。凉山州2019年GDP为1676.30亿元，位列四川省第九，人均GDP为34085元。其中西昌市GDP为567.35亿元，占全州GDP的33.85%，深度贫困地区10个县占比为33.25%。昭觉县GDP为39.2亿元，占全州GDP的2.34%。昭觉县2019年GDP增长速度为5.3%，略低于全州5.6%的水平。

昭觉县深度贫困地区整体性经济欠发达与凉山州区域发展不平衡是主要的宏观影响因素。区域性的经济条件有限，使政府在资金投入方面会受到一定限制，并且优先选择投资回报高的行业产业。地区的产业结构会给贫困

地区的发展带来结构性限制。昭觉县产业主要以传统农牧业为主，农作物以马铃薯、荞麦、玉米、水稻为主，畜牧以西门塔尔牛、半细毛羊、肉牛养殖和乌金猪养殖为主。昭觉县经济增长点主要来自第二、三产业，但数据显示2019年昭觉县第二产业增速为－11.6%，可见昭觉县经济发展依然存在较大难度。整体性经济欠发达与区域经济发展不平衡在一定时间内会持续存在，对于以种养业为主且没有发展第二产业基础的三河村来说，如何进一步发展产业，是在今后需要探讨的问题。

（二）自然地理条件有限，发展基础薄弱

尽管三河村已经完成易地扶贫搬迁，基础设施建设得到明显改善，但自然地理条件对村庄发展的限制依然存在。昭觉县地形按地表形态分为低山、低中山、中山、山原、山间盆地等类，其中海拔1000~3878米的低中山、中山占辖区面积的79.43%。三河村地处高二半山区，山高路窄坡陡，地质条件复杂，夏季多发泥石流、山体滑坡。尽管村民已经搬迁入住新房，但其产业发展依然受限于自然地理条件和水土状况。另外，自然地理条件也增加了基础设施及相关配套设施的建设难度与成本，是三河村进一步发展的重要挑战之一。

（三）农户人力资本的缺失

一般认为，人力资本主要包括知识、技能、能力和健康状况，显著影响着农户的生活质量和发展能力，从数据与2018年实际调研情况来看，三河村贫困人口健康状况比较好。151户中有1户因病致贫，789人中14人残疾，2人患慢性病；而这16人中有13人无劳动力或丧失劳动力。三河村贫困人口主要在教育水平、专业技能、脱贫动力等方面有所缺失，这些能力的缺失影响了他们发展产业的意愿和进一步改善生产生活条件的能力。

一方面，教育水平低，上学年龄晚，知识与文化素质相对较低。2018年的调查数据显示，从文化程度来看，三河村789名贫困人口中，16岁以上的非在校生390人，其中小学文化240人，占全村总人数的61.5%，文盲或半文盲115人，占全村总人数的29.5%，初中30人，高中5人。另外，尽管义务教育已经得到普及，但是三河村存在的一个现象就是儿童上学普遍偏晚，入学年龄大。在2018年的实地调研中发现存在八九岁才上小学一年

级以及 16 岁才小学毕业的情况。上学年龄过晚有可能影响儿童之后的发展，由于年龄偏大，他们可能小学毕业或初中中途辍学外出务工，而知识能力的欠缺会影响他们获得更好的务工机会和工资水平。

上学晚主要有以下几个方面的原因。一是上小学的儿童需要一定的语言及生活能力，而培养这些能力的学前教育对农户来说费用较高，或者路途较远不方便。尽管有"一村一幼"，但由于村域面积大，农户居住分散，不少农户便让孩子在年龄更大一些之后直接上小学。二是农户家中孩子数量多，年龄稍大一些的孩子已经可以帮助照顾更小的孩子或者做一些农活及家务。三是学前教育并非义务教育，不能强制家长将孩子送到幼儿园。

另一方面，缺乏专业技能。对于三河村村民来说，最为实用的技能有三种，一是种养业方面的专业技术，二是务工技能，三是语言技能。种植马铃薯、玉米、荞麦等所需要的专业技术相对较少，但农户对专业种植技术的学习并不热衷。在 2018 年调研中，被问及是否愿意更换作物品种时，绝大多数农户都表示只要这里能种就可以，但同时希望作物"种起来简单"。这一问题在 2020 年的调研中依然存在，村民觉得种核桃费时费力且收益不好，依然选择种植玉米、马铃薯这些不费工且价格稳定的粮食作物。在养羊等对技术相对有一点要求的领域，农户表现得更为消极。2018 年调研中有农户养的 46 只羊死了 11 只，但并不知道原因，也没有想过该如何把羊养得更好。

三河村村民外出务工的专业技能少，能从事的工作有限，主要以低技能、重体力和高风险的工作为主。2018 年调研中有部分农户外出打工之后回村，他们曾经在北京、陕西、东莞、深圳、江西、西藏、新疆、西昌、德昌等地打过工，从事的工作包括在电子厂、玩具厂务工，电路架线，水泥厂、砖厂搬砖等。这部分农户在外务工的时间不等，绝大多数农户在外务工时间不超过 1 年，只有 1 户在陕西、西昌、德昌等地生活了 16 年，于 2015 年返村。

掌握国家通用语言文字的水平对农户习得其他技能和适应在外生活有非常重要的作用，但大部分三河村农户不具备基本的语言水平。外出务工返乡的农户都提到了语言问题，语言和朋友关系是他们在外适应的最大障碍。能讲普通话的农户在外务工的感受更为积极，他们返乡更多的是出于生活成本的压力，他们对再次外出务工表现出积极的态度，表示有机会还要出去打工，能讲普通话就能够凭自己的能力找工作。另外，一些语言不通的农户对外出务工呈消极态度，认为外面没有亲戚朋友，挣得也少，有人因沟通不畅被老板赶走过，不如在家务农。

（四）部分农户发展内生动力不足

除了人力资本的缺失以外，农户主观的发展意愿也有所欠缺。三河村自给自足的生产方式相对稳定，农户发展求变的动力相对较弱。三河村共有耕地1700余亩，户均耕地5亩，加上部分农户举家外出，耕地由留在村内的农户耕种，以及林地和农户开荒的地，三河村贫困户可耕种面积较大。经2018年实地调研了解，相当一部分农户选择轮流耕种自己的地，每年根据劳动力的情况，选择一定面积的耕地进行耕作。贫困户人均种植土豆约1亩，马铃薯采收之后种植圆根萝卜，另种有一定面积的玉米、荞麦、燕麦、四季豆，部分农户种有花椒、核桃。多数贫困户家有两头猪，一头能繁母猪，一头过年猪，还养有耕牛、鸡，部分养有羊。马铃薯、玉米、荞麦等大部分作为口粮，少部分拿到集市上销售；过年猪是主要的肉食来源之一，鸡、羊主要用于贩卖。乡镇集市约10天一次，只要条件允许农户基本都会前往，销售自家农产品并购买米、面、油、调料、衣服等生活必需品。农户步行前往集市所需时间从半小时到两小时不等，有时可搭乘顺风车。

三河村农户自给自足的生产生活方式相对稳定，能够满足基本的温饱要求。只要农户没有丧失劳动力，没有发生严重的自然灾害或者瘟疫，农户基本的生存需求就能够得到满足。不仅是三河村，其附近村镇的生存状态也较为接近，而这种状态在一定程度上削弱了农户求变求发展的动力。

同时，近几年产业发展项目的频繁变化，使得一些农户产生了"等项目"的心理。2020年的调研发现，三河村近年来产业更迭频繁，农户已经习惯了产业项目"一哄而上，一哄而散"的局面。农户原本就缺乏经营相关知识和抵御风险的能力，产业的频繁变化在一定程度上降低了他们发展产业的信心，使得农户更倾向于通过收取土地流转费、为项目短期务工的方式来获得收益。

另外，2018年在三河村及昭觉县其他一些地方观察发现，村庄中存在不少游手好闲、喝酒打牌的情形。2018年调研期间正值农忙季节，一些农户忙于采收马铃薯，割晒荞麦，但仍然有不少村民或蹲在家门口抽烟晒太阳，或聚集在其他人家门口喝酒打牌。部分农户表示，找工作时希望找"轻松的、挣钱多的工作"，村里基础设施建设、产业建设确实为村民提供了一些工作机会，但仍有部分农户因消极的态度和时间观念而错过了这些机会。

（五）传统观念的束缚

在过去对凉山地区彝族贫困的诸多研究中，提及了当地存在"身价钱"、厚葬风俗、人情往来这些方面的支出而导致的贫困，此次调研发现这些因素在三河村同样存在，其中聘礼与人情往来更为突出。传统的观念影响了农户对资金的获得、态度和使用方式，影响着他们生产生活条件的改善。

聘礼及婚礼的开销确实给农户带来了极大的经济压力。2017年村内平均聘礼支出约为每户10万元，在2018年实地调研过程中走访的2000年之后有过嫁娶的农户中，最多的聘礼支出30万元，最少的15000元，其余的多在55000元到10多万元。一些农户反映聘礼现在越来越高，如果女方有工作或者是干部，聘礼要四五十万元。大多数农户都因聘礼而负债，并且直到现在债务依旧没有还清。

家支是凉山彝族传统社会的组织形式，它是以父系为中心，以血缘关系为纽带结合而成的社会集团，采取父子连名的方式来保持血缘关系的巩固和延伸，若干代之后形成家支链，一般本家支成员都会背诵自己家支的谱系，有时也通过背诵家支谱系认亲。三河村的家支相对较多，每一个家支的户数相对较少，基本上集中住在一片的5~7户就是一个家支，但家支的联系一般不局限于村内。对于三河村的大部分贫困户来说，家支一方面给予他们经济帮助（借钱、赊账、借羊等），另一方面人情往来也给农户尤其是贫困户带来不小压力。2017年三河村贫困户人情往来净支出约为每户1000元，这对本就缺资金的贫困户来说是一笔不小的开支。调研中有一户提到去年人情往来花费了50000元，一户花费20000~30000元，都是找亲戚朋友借钱给的。人情往来不仅是付礼钱，参加婚礼、葬礼或其他场合还需要置办行头，杀牛帮忙等，这些开销也不算少。另外，找亲戚借钱每年需支付2%利息，大多数贫困户还款都比较困难，只能采取每年先还利息再还一部分本金的方式慢慢还钱。

对于非贫困户来说，家支传统也影响了他们自身的发展。有农户表示自己已经赊出去几十只羊，但对方的养殖并没有很好地发展，既没有还钱，也没有还羊。经常借钱或提供其他帮助对于他们来说有时也是较为沉重的负担。

毕摩是彝族传统社会中的智者，掌握传统彝文、医药知识和民族传说，三河村村民有请毕摩的习惯，2018年调研时发现，村民每年平均请2~3次，依据自身的经济条件和健康状况，有时会请得更频繁。每次请毕摩的花费为50~100元不等，但是需要按照毕摩的要求杀鸡、杀猪、杀羊甚至杀牛。调研农户中有一户非贫困户由于女儿身体不好，在去年一年请了6次毕摩，其他贫困户一般一年2~3次，总花费1000~3000元不等。农户并非不去医院看病，他们一般会同时去医院并且请毕摩，尤其是医院治疗未见起色的时候，他们更习惯于向毕摩求助。

村民参加文化活动（摄影 苏里古）

四、思考与建议

三河村目前存在的问题是多维度且复杂的，涉及宏观、中观与微观不同层次。针对问题产生的原因，调研组提出以下建议。

（一）需要充分发挥政府和社会各界力量，推进区域发展

普遍的经济欠发达和区域经济发展不平衡是凉山贫困问题的重要原因之一，经济发展动力不足、自然条件复杂、生态环境较脆弱给经济发展带来了

不确定性，再加上1978年西凉合并之后，西昌地区与昭觉地区发展不平衡的加剧带来了一定的矛盾，因此需要促进区域经济发展，减少贫困地区发展的结构性限制因素。

（二）对三河村产业发展做科学规划，落实地方政府主体责任

相比于其他高山地区，三河村的自然条件较为优越，能够发展的作物品种较多，基础设施建设也较之前有显著改善。应当加大科技支持，结合自然条件与易地扶贫搬迁的基础设施与配套设施建设，对三河村的产业发展做详细、具有可行性的规划，厘清村庄产业发展的主线。地方政府应当落实主体责任，合理利用资源，协调、整合多方帮扶力量，引导产业有序发展。

（三）公共服务方面，继续推进生育秩序整治，发展学前教育，提高义务教育水平

依据易地扶贫搬迁与村庄规划等，增办幼教点，方便儿童就近入学；通过双语教学解决语言问题，帮助儿童养成良好的卫生习惯与学习习惯；提供一定激励措施，鼓励家长送学前儿童到幼教点接受学前教育，并按时让适龄儿童接受义务教育。

（四）推广普通话，提供持续性有针对性的技能培训，增强农民的人力资本

首先，可以依托农民夜校，为农户提供普通话培训。2018年调研时，村民培训主要由凉山州华西职业培训学校承办，老师授课时主要使用普通话，夹杂着很少的彝文词汇。从培训的学习效果和对农户今后获得务工机会来说，这些培训的效果有限。其次，三河村有发展农业的传统和优势，可有针对性地对有意愿发展农业产业的农户进行系统培训，培养爱农业、懂技术、善经营的职业农民。再次，结合市场需求提供有针对性的专业技能培训，提升农民人力资本和就业机会。又次，对农民进行法制教育，逐渐改变传统观念，一方面有助于其在外务工时维护自身权利，另一方面能约束其自身行为，使农民获得更好的或长期稳定的工作机会。最后，鼓励女性参与各项培训，而不仅是厨艺培训或作为旁观者。

（五）培养致富带头人，激发村民内生动力

三河村有养殖大户已经和企业形成了初步的合作。但总体而言，村庄的致富带头人缺乏有针对性的支持，对村民的带动能力也较为有限。养殖产业急需的养殖技术和规模化养殖与管理技术依旧较为缺乏，同时，市场与风险的问题并没有得到真正解决——目前养殖大户较为依赖企业的兜底。因此乡镇村政府可以依据村庄产业发展的科学规划，帮助能人或带头人争取项目、资金或技术上的支持。同时建立利益联结机制，一方面建立养殖大户与企业的联结机制；另一方面建立农户与大户、农户与企业的联结机制，鼓励农户积极发展生产。

（六）移风易俗，推动文明健康乡风的形成

三河村有村规民约与红白理事会，但是需要将村规民约进一步完善细化，规定杀牛数量和聘礼上限等，并推动其落实。在村中打造积极向上的区域文化，鼓励勤劳致富与勤俭节约，并且可以将积极向上的区域文化以条目的形式，纳入家支族规，依靠传统的力量推动文明健康乡风的形成。开展群众喜闻乐见的健康娱乐活动，通过这些活动培养精神脱贫的动力。

（华中师范大学调研组　执笔人：郭之天）

直过民族边疆村寨的务工难问题
——云南省福贡县托坪村调查报告

托坪村是云南省怒江傈僳族自治州福贡县匹河怒族乡的一个行政村,东连怒江,西临缅甸,有 4 个村民小组,总人口为 167 户 665 人,其中怒族人口占总人口的 99%。外出务工人数为 65 人。全村有建档立卡贫困户 110 户 450 人,贫困发生率为 67.7%,属于深度贫困村。调研组于 2018 年 8 月在托坪村开展实地调查,通过开展县级部门座谈、走访基层干部群众等方式了解信息。

一、村庄基本情况

托坪村位于怒江西岸,紧靠高黎贡山,翻过高黎贡山就到了缅甸境内。托坪村村域山高、谷深、坡陡,自然条件恶劣。全村有耕地 999 亩,其中坡度在 25 度以上的耕地占 90%,陡坡耕地并不适合种植粮食作物。托坪村有水田 99 亩,易地扶贫搬迁集中安置小区占用水田 30 亩后,托坪村的水田就更加紧张了。托坪村交通条件落后。整个匹河怒族乡有 47 个自然村,其中有 14 个自然村不通公路,有两个为托坪村的托坪组和色德组。托坪组和色德组位于高山之上,从村委会到托坪组要步行两个多小时,到色德组要步行四五个小时。在这里修公路是一件特别困难的事情,由于经常遭遇山体滑坡和泥石流,因此必须要配套安全防护设施。每公里近 100 万元的修路成本让某些高山村寨通公路成为一件极其困难的事情。况且,修路会对生态造成严重破坏,越是山高坡陡的地方,植被恢复越困难。2016 年 6 月,时任国务院副总理汪洋同志前往托坪组调研时,曾步行两个小时的山路进村入户,当时托坪组组长曾代表全组村民向汪洋同志提了一条建议,给托坪组修一条路。汪洋同志要求当地要深入比较研究易地扶贫搬迁和就地帮扶的成本收益,统筹考虑当前脱贫与民族长远发展问题。这些不通公路的高山自然村正是脱贫攻坚最难啃的"骨头"。

由于自然条件和交通条件的制约,托坪村不少村民维持着种养结合、自给自足的自然经济形态。玉米是主要的粮食作物,草果和中药材是主要的经济作物。几乎家家户户都喂鸡养猪。村民搞养殖主要也是自给自足的小规模散养,并不是面向市场的规模化经营,因此从托坪村的地里和圈里"长不出人民币"。

党的十八大以来,托坪村以易地扶贫搬迁、农业种植结构调整和就业培训工作为主要抓手,大力推进脱贫攻坚工作,村庄面貌取得了较为明显的变化。高山小组托坪组和色德组将于2018年10月整村搬迁下山集中居住,玉米等传统农作物的种植已逐渐被取代,草果、花椒、茶叶等特色经济作物正在培育。村庄外出务工人数较之以前有所增加,但托坪村的外出务工人数占比依然很低,仅占全村总人口的10%。困扰调研组的一个关键问题是,既然一方水土养不起一方人,在东南沿海劳动密集型产业发达的背景下,托坪村村民为什么宁愿在家过苦日子也不愿外出务工呢?本报告在叙述托坪村脱贫的突出困难和脱贫举措之后,重点分析阻碍托坪村村民外出务工的主要因素。

怒江沿岸的高山住户(摄影 左雯敏)

二、突出困难：务工收入不足

种养结合的自然经济没能为托坪村村民带来多少现金收入。他们的现金收入来源主要是两块，一块是政策性收入，一块是务工收入。村民的政策性收入项目主要包括低保收入、边民补助、养老金、集体经济分红以及公益性岗位收入。以托坪村尹姓村民为例，他们家有5口人，2017年的政策性收入包括：边民补助1000元，低保收入7680元（全家共有4个低保指标），集体经济分红收入311元，退耕还林补助500元，政策性收入共计约9000元。2018年开始尹某被选为生态护林员，这个岗位将为他带来年收入10800元。一般情况下，每年尹某在附近打工时间约是60天，收入约9000元。青壮年劳动力在本地打小工一天约150元，包午饭则为130元。如果不算生态护林员岗位，那么他们家的政策性收入与务工收入大致相当。正因为有了这笔务工收入，他们家的生活才相对好点。

托坪村的务工人数很少，仅占全村总人口的10%。实际上托坪村2018年的公益性岗位只有20个。托坪村村民似乎宁愿依靠政策性收入以及种养经济收入蹲在家里过苦日子，也不愿意外出务工。根据匹河怒族乡的干部估计，当地农民收入的30%为务工收入，实际情况可能还不到30%。相比中西部很多农村地区超过50%收入为务工收入，托坪村30%的务工收入比例偏低。因此调研组判断，务工收入过低直接导致托坪村村民收入过低，而多方因素导致的村民不愿外出务工是更深层的致贫原因。

三、脱贫举措

（一）易地扶贫搬迁

托坪村有建档立卡贫困人口110户450人，具体分布为：托坪组42户159人，色德组45户203人，五湖组18户63人，腊甲底组7户25人。其中托坪组和色德组两个小组是高山小组，2018年调研组在实地工作时，这两个高山小组即将整村搬迁，共涉及87户建档立卡贫困户。集中安置小区正在修建，预计2018年10月搬迁入住。完成这两个村民小组的易地扶贫搬迁工作之后，托坪村的贫困发生率将从67.7%下降到13.2%。五湖组和腊甲底组位于江边河谷地带，距离匹河怒族乡街道 1 公里，不涉及易地扶贫搬迁，主要通过危房改造、农业种植结构调整以及鼓励村民外出务工等手段来解决贫困问题。

直过民族贫困户的千脚木屋（摄影 左雯敏）

（二）农业种植结构调整

2016 年之后，托坪村大力进行农业种植结构调整，决心要让地里"长出人民币"。农业种植结构调整的方向是把传统的粮食作物调整为以茶叶、核桃、柑橘等经济林果和草果、黄连、重楼等林下作物为主的经济作物种植。经过种植结构调整，托坪村的玉米种植几乎消失，整个匹河怒族乡的玉米种植面积仅剩下 10 多亩。托坪村在种植结构调整方面下了很大的功夫。怒江州民政局驻村工作队出资购买黄豆种子 2500 斤下发到托坪村的农户手中，茭白播种面积近 150 亩。托坪村向农户发放草果苗 4 万多株，苹果耕种面积约 250 亩，截至调研时，托坪村草果种植面积已经达到 1500 多亩。其中，已经挂果收益的约为 300 亩。此外，2017 年之后新种柑橘 100 多亩，茶叶 200 多亩，花椒 250 多亩，种植时间较短，尚未挂果产生收益。托坪村计划 2018 年养殖中蜂 2200 多箱。村里还种植了黄连近 150 亩，重楼约 60 亩，中药材不是政府扶持的种植项目，是村民自发种植的，虽然种植面积有限，但市场价格不错。

（三）就业培训工作

劳务经纪人制度。2016 年县政府聘请了 80 多名劳务经纪人，建立健全劳务帮带奖励机制，充分利用劳务经纪人组织动员群众外出务工。2017 年应珠海市要求又培训了 140 多名劳务经纪人，每个行政村配备两名。调研时福贡县已建立了一个 230 多人的劳务经纪人队伍。福贡县把劳务输出作为乡镇及县直部门考核的重要内容，劳务输出不能完成目标任务的，年度考核实行一票否决制。托坪村也很重视劳务经济，鼓励村民外出务工，截至调研时，全村已有 65 人外出务工。

"两后生"送生工作。"两后生"送生工作指的是，通过把初、高中毕业后未能继续升学的贫困家庭学生全部送到中高职学校继续接受教育，让贫困家庭子女学到一技之长，实现"上学一人、就业一个，脱贫一家"的目的。福贡县把"两后生"送生就读工作作为脱贫攻坚战略重点和各级各部门"一把手"工程来抓，2016—2017 年共输送 1080 多名贫困家庭子女到中高职学校继续就学。2018 年 8 月即将送生 760 多人。福贡县的"两后生"送生工作是大力发展职业教育，斩断贫困代际传递的重要举措。

四、直过民族边疆村寨的务工难问题

即使福贡县上下高度重视就业培训工作，但托坪村外出务工的村民比例依然不高。在东南沿海劳动密集型产业发达的背景下，托坪村村民为什么宁愿在家过苦日子也不愿外出务工呢？我们认为，托坪村的务工难问题主要是直过民族边疆村寨特性所致。

（一）边疆特性

1. 地处西南边疆，交通条件封闭落后，外出务工困难

福贡县地处边远贫困山区，交通条件极其滞后。从怒江州府六库到福贡县城的公路 1976 年才通，且是沙石公路，那时候汽车特别少，公路都长草。2018 年，从六库到福贡县也只有一条没有硬化的二级公路。调研时正在进行的美丽公路项目就是要解决怒江州道路拓宽硬化的问题，预计 2019 年底完工。怒江地区山高谷深坡陡，公路布局在沿江两岸，常有山体滑坡、泥石流或山石坠落，雨季尤其严重。一般情况下，福贡县的干部如果要到昆明去

开会，开会时间为半天，但是路上要两天时间。从福贡到昆明，要沿着怒江谷地向南再往东折到昆明。高山深切割地貌给怒江州的交通带来巨大不便。具体到托坪村，高山上的托坪组如果要到匹河怒族乡街道赶集，需要步行两三个小时的山路，色德组更远，要步行四五个小时。当地干部说，很多上了年纪的村民一辈子都没有去过福贡县和怒江州府六库。山上的农民如果要去往珠三角打工，他们要背着行李先走几个小时的山路下山，然后到匹河怒族乡坐汽车去六库，在六库住一个晚上，第二天再坐车去昆明，然后从昆明坐火车抵达广州，再转汽车。一般来说，外出打工单程要花三四天的时间。怒江州农民自发外出打工的很少，一般是政府组织村民外出务工。托坪村某村民第一次外出打工是2009年前后政府组织去珠海打工，他在路上就花了几天的时间。东部城市对于托坪村村民来说过于遥远。封闭落后的交通条件是阻碍托坪村村民外出打工的一个重要因素。

2. 边疆村寨的社会问题影响村民外出务工

为改善较少村民外出打工的局面，福贡县将劳务输出工作作为考核的一项重要指标。有当地村民反映，2010年左右外出打工的人也不少，村里很少看到年轻人，但2017年左右，外出打工的人就开始减少了。这主要是因为随着外出打工增加而出现了一些社会风险。首先，产生了外嫁女回流的问题。年轻女孩子外出打工，嫁到远方之后，或因家庭不和，或因思归心切，在丈夫不同意离婚的情况下选择黑户回流。外嫁回流的妇女已没有本地户口，也无法重新登记结婚，更无法享受如低保、医保、易地扶贫搬迁补助等本地的政策性福利。外嫁回流的妇女几乎每个村都有，她们是对外出打工女孩子的警示。其次，打工影响婚姻稳定。贫困山区光棍多，丈夫外出留妻子在家，丈夫不放心，担心家里出现情况。妻子外出留丈夫在家，丈夫也不放心，担心外面的世界诱惑多。即使两口子一起外出打工，丈夫还是担心妻子跟别人跑了。所以，最稳妥的办法是夫妻俩都不外出打工。这种影响婚姻稳定的案例随着打工潮兴起而出现，也迅速变成阻止已婚年轻人外出打工的隐秘"金箍"。

（二）直过民族特性

1. "直过民族"教育落后，使用国家通用语言文字的能力不足，村民外

出务工难度较大

托坪村是怒族村寨，99%的村民是怒族人。新中国成立初期的民族识别工作认定怒族为直过民族，他们从原始社会末期直接过渡到社会主义社会，社会文化发育程度较低。托坪村所在的匹河怒族乡是全国唯一的怒族乡。怒族有自己的语言——怒语，跟普通话差别很大，但怒族没有自己的文字。在接受小学教育之前，怒族的小孩子在家庭和怒族村寨中自然而然地学会了怒语。直到进入小学才开始接触普通话。截至2018年调研时，托坪村没有开办学前教育，既没有学前班更没有幼儿园，全村只有5个小孩在乡里读学前班，绝大多数小孩是直接上小学一年级。当地小学一年级到三年级实行怒语和普通话双语教学，学生的课业进度很慢，效果并不好。托坪村40岁左右的村民普遍是小学学历，60岁以上的村民很多是文盲，村里能讲普通话的人很少，不少村民看电视节目只能看一些画面和情节，听不懂台词。所以，他们喜欢看台词较少、打戏较多的武打片。当地干部往往借着电影下乡的机会送政策下乡，在播放武打片之前播放时间不长的政策宣传片或农技推广片。以学前教育缺失为代表的语言文教方面的落后，直接影响了村民的沟通能力、学习能力和适应能力。在使用国家通用语言文字能力较差的情况下，他们难以适应东部城市的陌生环境，自然也就不敢外出务工。村民对外出务工有恐慌，一个人不敢外出务工，一般是由政府组织结伴外出。如果结伴出去务工的老乡离职回流，那么他很可能也会选择辞职返乡。

中年村民由于不识字也不会讲普通话，他们极少外出打工。托坪村的打工群体以接受过国家通用语言文字教育的年轻人为主。未婚的年轻人，多数没有来自家庭的经济压力，他们有着不同于中年人的消费习惯。外出打工赚来的钱，不少用来抽烟喝酒。按照村里的习惯，外出打工的年轻人回来之后会请村里的年轻人喝酒。托坪村酒风彪悍，远近闻名，年轻人爱喝酒，十几个年轻人聚在一起喝，一顿酒就花掉上千块。有村民说，他在外面打了几年工，一年到头辛辛苦苦，结果还是"光着屁股"回来。他自己总结说："出去打了几年工，赚不到钱，新鲜感也没了，还不如在家弄点经济作物。"打工赚钱的效果不明显，打工潮慢慢就消退了，托坪村外出打工的人也越来越少。

2. 直过民族习惯闲散自由，适应工厂管理体制难度较大

怒族人保留着传统的生活方式，这种相对自由闲散的小农生活方式，与他们种养结合、自给自足的自然经济形态相适应。如托坪村的女性一般从学校毕业之后就在家务农，她们几乎天天都做农活，砍柴、背柴、种地、放牛、放羊等。干这些农活需要在山上跑来跑去，而且很多农活没有特别强的时效性，晚干一小时也没影响。但是，工厂管理体制不一样，讲求纪律和效率，要求员工像螺丝钉一样固定在流水线上。某村民一开始是在工厂的流水线上做工，但是他难以适应一天到晚坐着，于是辞职到工地务工，在工地上干活更脏更累，但更自由。在工地上干活，他一天工作八小时，加班全凭自愿，八小时之外的时间也可以自由支配，但是在工厂工作时经常不得不加班。工地上的工资可以随时预支，而工厂里工资只能按时发放。相比之下，他更喜欢工地的打工生活，因此他外出打工 8 年，除了两年在工厂之外，有 6 年的时间是在工地上。调研发现，政府组织托坪村村民外出打工，输送到三峡一带做保洁的村民基本保持稳定就业，而输送到珠海的工厂流水线上干活的村民通常干了不到 5 个月就离职返乡了。这主要是因为保洁这样的工作与村民闲散自由的生活方式比较契合。村民不能适应工厂管理体制，便较少选择进入制造业工厂，这大大限制了他们的务工选择。相比之下，返乡种地是一项预期稳定的生计，虽然艰苦，但有最基本的保障。

五、思考与建议

云南省福贡县的托坪村是集边疆、民族、山区、贫困等特殊属性于一体的村庄，其脱贫攻坚过程也是一个推动直过民族实现现代化的历史进程缩影。

（一）大力加强职业教育和劳务输出工作

当地的职业教育和劳务输出工作已经取得了扎实的成效。从劳务输出地的具体情况看，福贡县政府组织输送到三峡一带做保洁的工人基本上稳定就业，而输送到珠海工厂的工人却有不少因为不适应工厂管理体制而回流怒江。所以，加强职业教育和劳务输出工作，还需要在劳动力的输出和市场匹配上下更多的功夫，要让处于现代化初期的怒族村民不仅出得去，而且留得下。

加强职业教育和劳务输出工作，不仅是防止贫困户返贫的生计问题，更是推动直过民族适应现代生活方式的社会文化问题。

（二）大力加强学前教育，特别是加强学前教育师资队伍建设

托坪村的学前教育严重滞后，这导致怒族年轻人使用国家通用语言文字的能力不足，学习能力和适应能力较差，严重影响了他们理解国家政策和外出务工。但考虑到怒族民族地区的特殊性，学前教育必须进行怒语和普通话双语教学，所以应当加快培养能够适应少数民族特性的师资力量，这是加快怒江州少数民族现代化的根本。

（三）建议重视无户籍人员的帮扶问题

托坪村位于边境，一些当地村民就近娶了外籍妇女，这些妇女没有户籍。外嫁回流的妇女很多人没有正式离婚，已迁出的户口没有迁回来。还有部分边民因各种原因来到怒江居住但没有户口。这三类人群无法对接国家的扶贫政策，从而形成了边疆少数民族地区脱贫攻坚的一个特殊问题，应予以特殊考虑。

（四）民族文化多样性问题

少数民族之所以是少数民族，在于其特有的民族文化，包括独具特色的少数民族建筑、服饰、语言、节庆、风俗、习惯甚至是观念、宗教信仰等。在推进少数民族地区易地扶贫搬迁工作过程中，应当兼顾特色民族文化的保护工作。

（北京大学调研组　执笔人：左雯敏、焦长权、黄康佳）

村庄现状：

托坪村走出了一条不平凡的脱贫路。从2018年底开始，住在高山的村民告别世代蜗居的千脚木屋，搬迁下山住进了现代化的楼房。全村农户住房安全达标率为100%。农业产业结构调整、职业技能培训和促进就业等扶贫举措稳步推进，效果显著。到2020年底，村里发展起草果、花椒、茶叶、核桃、柑橘、黄连、重楼等多种经济作物共6200多亩，养殖中华蜂150余箱，并成立了专业合作社；村里的劳务输出增加至80多人，建成了棒球缝制、

草果编织和竹器编织三个扶贫车间,吸纳了本村和周边的70多位妇女务工。村级基础设施和公共服务持续改善。村组都通了硬化路,还建成一座跨江汽车吊桥,打通了群众出行的交通瓶颈;由央企援建的幼儿园可容纳60多名儿童入园,新建的标准化卫生室和村级养老服务中心已投入使用。通过上下一心的艰苦奋斗,托坪村已于2019年底实现脱贫出列。到2020年6月,全村贫困发生率已降为0,脱贫攻坚取得了决定性成果。托坪村这几年的变化就像一个时代的缩影,反映了西南边疆直过民族的脱贫历程和走向现代化的历史征程。

从依赖政策补贴脱贫向获取工资性收入致富的转变

——西藏自治区昌都市卡若区达修村调查报告

达修村位于西藏自治区昌都市卡若区卡若镇东南方向，藏语意为"山的形状"。达修村下辖7个自然村，共有175户585人。2014年有建档立卡贫困人口37户128人，2017年底，还有贫困人口2户8人。达修村是卡若区第一个实现整村搬迁、跨区域搬迁的村，已于2016年底脱贫出列。2018年8月，调研组到达修村开展了实地调查。

一、村庄基本情况

达修村属于藏东地区，位于金沙江、澜沧江、怒江三江流域的上游区域，地处横断山脉，村庄集中分布在沿江两岸的河谷地带，平均海拔3200米，紧邻214、317国道，距离昌都市市辖区卡若区37公里、卡若镇镇政府26公里，幅员79.56平方公里，属农业村，总耕地面积1070余亩。原达修村下辖7个自然村，其中5个因地处大山深处、道路崎岖，生产方式单一，家庭来源仅靠简单种植和牲畜养殖，可谓是"靠天吃饭，一方水土养不活一方人"，导致大多数村民收入处于贫困线以下。在2016年实施易地搬迁前，村民居住分散、自然条件恶劣、生产资料匮乏、交通闭塞、基础设施薄弱、地质灾害威胁严重，且就地脱贫困难、扶贫成本过高，导致达修村贫困发生率较高，并严重阻碍了村民的脱贫增收和村庄的发展建设。

2016年在村党支部的带领下，该村争取到援藏资金3000余万元，并响应国家号召，积极利用资金实行易地扶贫搬迁，以期拔穷根、摘穷帽，实现脱贫致富。2016年5月开始实施搬迁，设置修奴、读布卡2个易地搬迁安置区，11月全面完成建档立卡贫困户37户133人和同步搬迁90户410人的易地搬迁工作，总计127户543人住上了新房。

达修村村委公示牌（摄影 孙权）

在易地搬迁推动过程中，达修村除了采取党员大会、村民大会等形式对党员群众进行集中宣传引导，还分工合作、划分片区深入农牧民家中，特别是对持有疑虑的群众，将相关政策、规划等进行针对性宣传讲解。在易地搬迁实施过程中，达修村遵循统一选址、规划、建设和配套公共基础设施的"四统一"原则，实现了人畜分离、一户一厕、垃圾分类处理、旱厕改水厕等。截至2018年初，175户的供电、饮水问题100%得到解决，通村组道路延伸到每家每户，村内道路硬化8公里，村卫生室、健身广场、幼儿园等公共服务设施全部配套建设。

从依赖政策补贴脱贫向获取工资性收入致富的转变

——西藏自治区昌都市卡若区达修村调查报告

易地搬迁后达修村面貌焕然一新（图截自纪录短片《含苞待放的达修村》[①]）

搬得出，还要稳得住、能发展。在易地搬迁的同时，达修村把握昌都市、经济开发区、机场快速通道建设契机：一是以土地入股的方式招商引资，共同创办达修村精准扶贫砂石厂和商混站，为建档立卡贫困户中的19人提供就业岗位，每家企业为每户年分红约1600元；二是成立运输队，2018年调研时，有砂石运输车128辆，罐车26辆；三是鼓励有劳力有想法的农牧民积极参加各类技能培训，以实现转移就业，月人均增收3500余元。建档立卡贫困户从2015年人均可支配收入不到2000元，增长至2017年的6800元，普通村民人均可支配收入达9800元。截至2018年6月，达修村运输队收入为300余万元，劳务输出150余人次，村级集体经济收入60余万元。

受宗教文化和传统观念的影响，达修村民的发展观念、市场意识较为保守。因此，如何在易地搬迁后，在不破坏生态环境的基础上，从单纯依靠"政策输血"到带动农牧民实现"自我造血"，成为达修村从脱贫到致富过程中面临的主要困难。为了实现经济发展，达修村及时把握发展契机，积极引导干部群众转变思想观念，探索出了一条"支部引领、产业带动、富民兴村"的新路子。

[①] 西藏昌都市卡若区达修村脱贫攻坚纪录短片《含苞待放的达修村》，由中国扶贫发展中心监制，新华网于2019年拍摄并制作。

二、脱贫易，致富难

（一）弱发展力与强依赖性

西藏自治区是我国唯一一个全域纳入集中连片特困地区的省级行政区，是贫困面最大、致贫因素多、贫困程度最深的地区。因此，国家扶贫资金和政策向西藏深度贫困地区倾斜。西藏自治区"十三五"时期推行边民补助、民族地区转移支付补助等，其中定向补助对建档立卡贫困人口补偿其当年贫困线与4100元之间的差额。依靠政策的"输血"扶贫，达修村建档立卡贫困户在短期内实现脱贫较为容易。但是，要让达修村村民在脱贫后不返贫并致富，实现依赖政策性补贴向工资性收入转变，还面临巨大的挑战，主要表现为：

一是村庄整体发展力弱、缺乏动力，如何培育村庄新经济增长点成为问题。达修村自然条件恶劣、基础设施匮乏，村庄没有支柱产业，如何发掘出村庄的金山银山，又保护好当地的绿水青山，推动村庄的科学、持续发展，成为建设中的重点和难点。特别是对于易地搬迁的安置新村，如何实现发展观念的转变，激发村庄、村民的内生动力，实现自力更生、增收致富成为达修村当时面临的主要挑战之一。

二是村民个体发展力不足，如何增强村民自我发展能力成为问题。达修村人口相对较少，但贫困发生率高，除了受村庄基础条件的制约外，村民文化程度不高，缺乏种植、养殖技术，同时也不具备求职务工所需的专业技能是主要因素。如何逐步提高村民自身发展能力，成为村民摆脱经济困境的重中之重。

三是对政策补贴依赖性强，如何提升自我发展意识成为问题。受长期文化传统影响，当地人形成了以神佛为中心的世界观，重精神轻物质的人生观，宗教活动占据了达修村村民大部分的日常生活，生产上惜杀惜卖，牲畜、粮食以囤积为主，无法也不愿意兑现为实际收入。因此，如何武装"头脑"，提升市场眼光和致富意识成为关键。

（二）内生动力不足严重制约村庄发展

达修村长期以来缺少支柱产业，村民自身能力欠缺且思想观念保守，内生动力不足，在一定程度上影响着达修村脱贫攻坚工作的顺利推进。

在村庄层面，由于缺少产业支撑，达修村一直以来缺乏经济发展动力，阻碍着脱贫工作的进程。以前对招商引资工作重视程度不高，导致缺乏产业支撑，村庄集体资源、资产贫乏，无经营收入、发包及上缴收入，主要依靠上级补助来维持村级组织运转。同时，在恶劣自然环境下，基础设施建设成本高、难度大，村级组织本身运转困难，在这方面投入明显不足，影响村庄整体生活环境的同时，也在很大程度上降低了村庄对企业的吸引力，影响招商引资工作，导致达修村缺乏经济增长动力，脱贫发展步伐缓慢。

在村民个体层面，由于自身缺乏技术、思想观念保守，难以融入市场经济，传统的生计维持方式制约了经济发展和脱贫速度。在宗教信仰深厚的达修村，当地民风淳朴，但村民普遍安于现状，甘于忍受贫穷生活，难以融入市场经济，缺乏其他职业劳动技能，学习意愿较低，大部分村民不愿外出打工，而是依靠种植和养殖勉强维持生计。

当地家庭全部从事农牧业，多数村民仅依靠种植青稞和放养牲畜维持生计。但种植、养殖技术普遍缺乏，青稞亩产量多在 300 斤左右，牲畜周转慢，存栏多、出栏少。在传统的思想观念中，数量意味着财富，囤积而不是将粮食、牲畜转变为家庭实际收入的做法，导致村民经济收入普遍偏低。

三、把握发展机遇，推动产业富民

自精准扶贫工作开展以来，达修村从 7 个分散的自然村搬迁安置集中为 2 个，村民住房条件显著优化，村庄发展环境也在逐渐改善，基础设施不断完善，招商引资工作也进行顺利，2017 年村级集体收入已达 60 万元，村民人均可支配收入近万元。建档立卡贫困户年均总收入从 2014 年的 1830 元增至 2018 年的 8900 元，其中政策性补贴在总收入中占比从 2014 年的 18% 降至 2018 年的 8.4%，工资性收入在总收入中占比从 2014 年的 8% 升至 2018 年的 39.3%。

达修村之所以能够克服村庄脱贫、发展面临的困难和挑战，打赢村庄"脱贫摘帽"攻坚战，从依赖政策补贴到实现自力更生并逐渐致富，离不开达修村及时把握附近基础设施建设的良好契机，在带动优势产业共同发展等方面做出的努力。

（一）把握战略机遇，找准发展定位

1. 毗邻重点工程，把握战略机遇

达修村在地理位置和区域发展方面极具优势。在地理位置上，达修村是未来重要的交通枢纽。该村位于西藏自治区昌都市的东南部，距离昌都主城区36公里、距昌都邦达机场96公里。在已建成的公路中，达修村与国道214线隔江相望，向北37公里即可进入国道317线，向南139公里即可进入国道318线，这三条公路在藏区经济发展中具有举足轻重的作用。同时，达修村靠近正在规划中的昌都至机场快速通道、川藏铁路，这两条交通要道不仅有助于推动地区经济发展，而且具有非常重大的政治意义和战略意义。在区域发展上，达修村非常靠近未来的昌都经济中心——昌都市经济开发区。该开发区2013年4月挂牌成立，是西藏第一个自治区级经济开发区，重点打造农创园、科创园、医创园和文创园四大载体，截至2018年调研时，已引进企业近400家，预计到2020年，入区企业将突破1000家，税收贡献占全市比重达到60%以上，正逐渐形成集群和规模化效应。

达修村党支部找准村庄发展定位，以期用好用足区位优势这张"王牌"。达修村利用村组织换届的有力时机，坚持公平、公正、公开的原则，把一批政治素质过硬、群众威望高、致富带富经验丰富的优秀人才选进了村"两委"班子。2014年村"两委"班子通过换届，吸纳2名致富带头人、2名技术能手进入"两委"班子。2017年换届后，村"两委"班子中致富带头人达到4名，技术能手2名，带动致富能力进一步增强。同时，达修村党支部对村庄未来发展进行精准定位，设立村庄脱贫的"四个转变"目标：实现建档立卡贫困户从依赖政策脱贫向依靠工资性收入转变；从产业小、散、松模式向规模型、带动力强转变；从注重脱贫速度向提高脱贫质量转变；从"要我脱贫"到"我要脱贫"转变。在村党支部的带领下，达修村成功将关注点转移到如何带领村民自力更生、增收致富上，实现达修村的"蝶变"。

2. 坐拥丰富资源，开发保护并举

达修村拥有丰富的矿产资源、林业资源等。在矿产资源方面，达修村位于西藏东部三江成矿带，矿种多，分布广，矿产资源丰富，附近山区已发现

矿产有铜、铬、铁等 6 大类 52 个矿种，各类矿床（点）714 处。在林业资源方面，达修村的森林资源得天独厚，所属昌都市为西藏第二大林区，森林覆盖率达 34.78%，且生态资源同样十分丰富，有樟子菌、松茸、猴头菌、黑木耳、香菇等多种野生菌类，因其种类多、数量大、无污染、品质优而闻名中外，具有很高的经济价值。

在脱贫致富的目标下，达修村切实将丰富的自然资源优势转化为经济优势，同时也加强资源管理，坚持不以牺牲和破坏生态环境为代价。达修村坚持"生态保护第一"的原则，招商引进的砂石厂、商混站等，依据国家、自治区关于有序开发矿产资源的一系列决策、部署，为切实提高资源综合利用效益，始终按照"整合资源、整体规划、整装开发"和"有序开发、综合利用"的工作要求运作。在采集生态资源拓宽村民增收渠道的同时，全面加强区域内各级各类自然保护区规范化建设和管理，并通过生态自我修复等措施，确保生态用地可持续增长，在管护方面结合精准扶贫、生态脱贫，招收 133 名建档立卡贫困户担任自然保护区管护员等，实现脱贫致富与生态保护、开发的有机统一。

（二）抢抓建设契机，培育优势产业

1.盘活存量土地，化资源为资金

达修村加速招商引资工作，通过土地入股的方式盘活村集体的土地资源，增加村民收入。达修村以前土地流转总量小，流转方式单一，流转形式不规范，村民享受不到资产增值后的收益。在达修村确定发展方向后，村集体在盘活土地资源方面力度空前：一方面，达修村以"蓝天、碧水、净土"为使命，营造良好的投资环境，村党支部紧盯项目不动摇、咬紧目标不放松，全力促进招商引资工作；另一方面，达修村积极、快速推动土地确权工作，村干部入村到户帮助村民认识到土地确权的目的、意义，公平公正、合法合规、细致严谨地做好土地确权登记颁证工作，全面完成土地确权工作。在全村的共同努力下，达修村分别于 2015 年、2018 年，以土地入股的方式引进了砂石厂、商混站，村民既可以获得土地分红，又可以进入企业工作，参与生产经营的所有环节，每月获得稳定的工资收入。在企业收益分配管理上，分红和产量收益直接挂钩，村民都想节约成本、提产增收以获得更多分红，这就直接调动了村民的生产积极性。预计2018年底,每户村民可获得这两家企业的土地入股分红3200元左右。达修村盘活村中资源,激活沉睡的土地资本,使村中资源变资产、资金变股金、农民变股民,村民既获得土地分红,又可获得就业机会,有稳定的工资收入,经济状况逐渐好转。

达修村商混站(摄影 孙权)

2. 引进支柱产业,激活内生动力

为打造经济强村,达修村党支部结合村情实际进行精准定位,把握昌都市经济开发区、机场快速通道建设的契机,将建筑业作为达修村的主要支柱产业。达修村以村集体土地入股的方式招商引资,采取"支部+企业+贫困户"的模式,与昌都市某建材公司共同创办达修村精准扶贫砂石厂,注册资本1000万元,该砂石厂自运行以来,解决了本村建档立卡贫困户中13名劳动力的就业问题,月增收达到2200余元,村级集体经济年收益达20余万元,实现人均增收1600余元。另外,达修村还通过土地入股的方式招商引资,筹建了商混站,为建档立卡户提供6个月收入约2200元的就业岗位。依托砂石厂、商混站,达修村组织村民成立农牧民施工队、运输队,同时为村民贷款提供便利,村民自行贷款买车跑运输,2018年调研时,有大大小小的运输车128辆、罐车26辆,平均每辆车的月收入在10000元左右,大大提升了非农收入在村民纯收入中所占比重,有效降低村民对政策性补贴的依赖度。

3. 就近转移就业，提升工资收入

达修村借助昌都市经济开发区、机场快速通道建设契机，着力将优势资源转变为发展动力，加强就业培训，重点推动转移就业。一是从提升村民自我发展意识入手。达修村党支部坚持扶贫先扶智，帮助村民树立市场意识，着力转变村民先前的传统、保守观念，激发村民脱贫致富的积极性和主动性，实现以"要我脱贫"转变为"我要脱贫"。二是从提升村民实际发展能力入手，用技术推动发展。主要打造"企业代包""企业订单""项目代训就业""产业实训就业"等形式，卡若区结合市场需求已开展70余期培训，全村近150人积极在"卡若区就业创业培训中心"参加汽车驾驶、厨师、建筑施工等培训，不仅实现了"我要脱贫"，而且实现了从"我想干什么"到"我能干什么"的转变。三是通过建立基地、送教下乡、因岗设教等方式实现农牧民"门口"就业，全面促进转移就业。实现培训与就业的100%对接，使得农牧民就近参加技能培训后就近就地转移就业，让农牧民有了稳定的工资性收入。

（三）巩固脱贫成效，多元增收致富

1. 抓好易地搬迁，共建幸福家园

达修村紧紧把握政策机遇，响应国家号召实行易地扶贫同步整村搬迁，让500余名村民从自然条件恶劣、基础设施落后、缺乏基本生产生活条件的高原山区整体搬迁至基础设施较为完善、就业机会良好的城郊地区。围绕共建"好房子"、共育"好习惯"、共创"好生活"、共叙"好幸福"的"四个好"目标，着力打造达修天津新村，坚持附属设施与建房同步，实施了水电路信、村卫生室等配套设施建设，方便了搬迁群众就医、就业、出行等。严格落实门前"四包"责任制，定期开展环境卫生大评比，结合"四讲四爱"群众教育实践活动，修改完善《达修村村规民约》，实施"双联户"评星定级方案，开展"模范之家""优秀党员示范户"等评选活动，时常组织群众唱山歌、跳锅庄开展幸福生活大家唱等活动。同时，从医疗、教育等实事入手，在医疗方面，"先住院，后付费"模式为村民报销医疗费用合计20万元，村卫生室为全村群众建立了健康档案，与藏医院、镇卫生院联合接诊100余例，及时发现转院重病患者5例；在教育方面，达修幼儿园也在积极规划建设,建成后将切实解决达修村26名适龄儿童上学问题,解决村民的后顾之忧,让村民放手做事,推动村庄发展。

2. 开发生态资源,减少政策依赖

达修村在生态保护的前提下,积极开发生态资源作为巩固脱贫效果的有效补充。种植经济林木、保护生态环境的同时,引导村民充分利用生态资源,主要是在每年的5~7月采挖虫草,8~9月采集獐子菌、松茸、猴头菌等林下资源,并与经济开发区合作,打通销售渠道,形成日常护林、林下开发、出山收购的"一条龙"模式,目前生态资源开发的经济体系已初具规模。这些绿色的野生产品不仅在昌都市深受群众喜爱,在国内甚至海外都有不错的市场,直接为包括达修村在内的多地群众增加收入。每年采集林下资源使达修村村民每户增收约2000元,2017年村民采挖虫草达8斤,增收48万余元,开发生态资源成为村民增收的有效渠道之一。

3. 探索旅游产业,实现强村富民

达修村已经初步打造了重点支柱产业,但其发展规划并未止步于此。昌都市第六高级中学、职业技术学校坐落于村,紧邻昌都市经济开发区,靠近机场快速通道和火车站,又是昌邦公路必经之路,达修村党支部借其交通、区位、资源优势,以商业旅游为抓手,着力重点打造一条商业街,农牧民群众可以入资入股,或自主经营,利用高原特有的山清水秀的自然风光,以及独具特色的康巴文化,打造"生态+人文"的乡村旅游发展新名片,进一步拓宽村民的增收渠道,使他们自力更生走上致富之路。

四、思考和建议

(一)初步思考

达修村之所以能够在短时间内摘掉贫困帽,并带领村民逐步走上致富路,主要得益于:一是保守思想转向市场意识。近年来村干部逐渐形成了发展意识,并活跃群众思想,利用区位优势,抓住发展契机,挖掘村庄的内生动力。同时,村民思想上也由被动向主动转变,逐渐摆脱安于现状、等待救济的思想,主动参加就业培训,自发寻找脱贫致富渠道。二是抓住发展机遇集中力量培育村庄优势产业。产业兴旺是脱贫攻坚的关键所在,能够带动就业,激发乡村活力，与此同时，利用就业培训提升劳动力的专业技能，为产业发展提供保障。随着思想意识和发展方向的转变，达修村的整体面貌发生巨变，从原来的环境恶劣、极度贫困、补贴为主的贫困村发展为现在的幸福家园，实现了建档立卡贫困户从依赖政策脱贫向依靠工资性收入脱贫转变，产业从小、散、松向规模化、带动力强转变，从注重脱贫速度向提高脱贫质量转变，从"要我脱贫"向"我要脱贫"转变。"四个转变"不仅让达修村顺利脱贫，而且增强了村民、村庄自身的发展动力，使其逐渐走上小康之路。达修村的发展为我们提供了一个"从依赖国家政策补贴到自力更生脱贫并逐渐致富"的边疆少数民族地区脱贫致富的样本。

（二）几点建议

达修村已经由曾经土地贫瘠、道路险峻的贫苦小山村蝶变为传统与现代交相辉映的社会主义新农村并仍在茁壮成长，但在未来的发展建设过程中，村庄发展的可持续性问题仍需重点关注。达修村及时抓住国家战略建设的机遇，具备了一定的产业基础，实现了村庄经济的飞速发展，但是昌都市经济开发区、机场快速通道等项目的建设是短时期的，如何降低达修村对项目建设的依赖度、使村庄走向可持续发展才是关键，因此，可以从以下三个方面提升村庄发展的可持续性。

1. 推动产业转型，探索多元模式

达修村应着力推进村庄矿产业的产业结构转型升级，引进先进技术并消化吸收，甚至改进、创新，将资源依赖型的支柱产业向创新化、集群化、服务化、绿色化转型，构建可长远发展的经济增长模式。同时，转变村庄支柱产业单一的发展现状，推动产业结构向多元化发展，培育更多的经济增长点。

2. 打造生态产业，关注品牌效应

达修村生态资源丰富，村民通过采集獐子菌、松茸等作为增收渠道之一，但是大量的利润并没有落入村民手中，达修村可以联合其他村，或者寻求卡若区、昌都市的支持，把生态资源做精做优，变资源为产业，化生态为经济，并倾力打造生态资源品牌，以昌都市场为销售基础，积极与外地客商对接，把优质的生态资源推向国内外市场，扩大品牌影响力，形成品牌效应。

3. 结合特色资源、鼓励自主创业

可以利用康巴文化、高原地域的鲜明特色，鼓励村民在藏族美食、服饰、牛绒织品、藏香等方面进行自主创业，大力发展教育培训，健全跨区域学习交流机制，充分发挥村民参与经济社会活动的主观能动性和积极作用，有效开发村中人力资源，支持村内人才自主创业，带动村庄整体经济发展。

（华中师范大学调研组　执笔人：孙权、徐晓军）

村庄现状：

达修村打造易地扶贫安置区、抢抓基础设施建设机遇，并因地制宜培育优势产业，2016年实现整村脱贫摘帽后，达修村并未停下全力奔向小康的步伐，各类技能培训力度不断加大，村里产业更加多元，村民收入一天天增长，日子也越过越红火。2020年达修村集体收入80万元，全村人均可支配收入超过17000元，脱贫户人均可支配收入突破11000元。村里真正实现了水、电、路、信、网的全覆盖，还建了自己的幼儿园，村里医疗室可以直接与医院远程连线诊病，有效提升了群众的安全感和幸福感。

"水窝子"变成"虾稻连作"富池子

——湖北省公安县中河村调查报告

中河村隶属湖北省荆州市公安县闸口镇,全村占地面积7.8平方公里。该村在2005年由"集中村"和"吴达河村"2个行政村合并而成,"中河"即从两个被合并村的名字中各取了一字。2018年,中河村又合并了"到口社区"的两个村民小组,合并后全村共有2个自然村、23个村民小组。中河村位于闸口镇东南方向,与闸口镇政府所在地相距约1公里,距离曾闸县道1.4公里,交通较为便利。该村紧邻崇湖,地势以平原、较低的丘陵和水泊为主,素有"旱包子"、"水窝子"之称,历史上旱涝灾害较多,对农业生产破坏较大。该村地处江汉平原的荆江分洪区,也是血吸虫疫区。以上地域特征是中河村贫困发生的主要原因。

该村在2014年建档立卡时被评定为省级贫困村,2019年出列,对口帮扶单位为湖北省建设银行和公安县税务局两个单位,共有6名驻村工作队员。调研组于2019年7月在中河村开展实地调查。

一、脱贫攻坚基期村庄概况

(一)人口与资源

1.大村人口多,人口外流情况不严重

中河村是大村,人口较多。建档立卡时全村有788户3039人,其中常住人口680户2152人,全村18~60岁的劳动力中常年在外务工的有887人,常住人口比例达到70.81%,人口外流情况不严重。

2015年，该村建档立卡贫困人口182户482人，低保户122户141人，当年脱贫68户188人。

2.村庄位于荆江分洪区，易旱易涝，资源匮乏

中河村西部为丘陵，东部为低湖洼地，地势西高东低、南高北低，存在"不下雨则旱，下雨则涝"的特殊环境。2015年以前，该村生产生活条件恶劣、基础设施与公共服务落后，村集体经济收入空白，青壮年劳动力不足，老弱病残比例高，村民住房危旧，村容村貌差，村民增收困难。

全村耕地面积6725亩，以丘陵和水泊为主，有效灌溉面积6000亩，主要种植水稻，人均耕地面积2.2亩；全村有养殖水面面积380亩，无其他类型土地资源；当时村内无任何矿产资源、合作社及企业。

（二）基础设施条件差

2015年，该村所有自然村已通水泥硬化路和客运班车，但入户生活路硬化率只有50%左右；通生活和生产用电，通电话、有线电视信号以及宽带；有文化活动室、村卫生室和村医，无全科医生，医疗设施落后；无幼儿园和小学，无健身器材，无路灯；农户饮用水以一家一户的自打井水为主，未经过净化处理（少数井水可能存在硝等元素）；无卫生厕所，粪便以堆肥方式处理；无垃圾集中收集处理设施和雨污分流设施，污水直接排到河沟。

中河村2017年时的生产路（摄影 向曙升）

（三）村民生计以务工和水稻种植为主

村民收入来源以务工和传统的水稻种植为主，其次有少量的棉花、油料作物种植，少量的鱼、鸭养殖。村内青壮年劳动力多数在本地务工，留在村里的以缺乏技术的老弱病残为主。中河村虽地处平原，但过去的水田地势高低不平，不利于灌溉，村民用传统方式一年种植两季水稻，生产效益非常低，每亩地的纯收入仅有 500~600 元。

（四）贫困户收入以生产经营性收入为主

2015 年底，中河村村集体经济收入为 0。全村人均可支配收入 14202 元，建档立卡贫困户人均可支配收入仅有 3027 元。贫困户的收入结构中，生产经营性收入占到 51% 以上，工资性收入和转移性收入分别占到 21.66% 和 19.78%。建档立卡贫困户的致贫原因以因病和因残为主，其中因病致贫占 33%，因残致贫占 28%，缺劳力占 20%，自身发展动力不足占 12%，因学致贫占 5%。

二、脱贫攻坚投入与建设

（一）资金投入

公安县整合资金，按照各村贫困程度不同分别给予不同标准的支持。其中，深度贫困村的整合资金支持预算额度不超过 600 万元，一般贫困村不超过 400 万元，非贫困村不超过 100 万元。资金主要用于基础设施建设和产业项目，由各村自选项目上报，经县里审批后实施。

2016—2018 年，中河村累计投入扶贫资金 1690 多万元，其中整合财政资金 520 多万元，财政专项资金 830 万元，信贷资金 184 万元，接受社会捐赠 150 多万元。

产业扶贫项目投入包括：投入 830 万元建设高标准农田项目，投入 120 万元用于发展生猪产业以带动贫困户增收，投入 150 万元购置并出租两台挖机，投入 45 万元建设公路服务区，投入 40 万元建设光伏电站。其他扶贫项目投入包括：水电与公路项目合计投入约 197 万元，硬化生产路投入 58 万多元，建设路灯投入 47 万元，危房改造投入 14 万元，修建 5000 米绿化带投入近 4 万元。

（二）脱贫攻坚主要措施

中河村脱贫攻坚最重要也是脱贫效果最好的措施，是改善提升基础设施和集中全力发展"虾稻连作"产业。其他措施还有扶贫小额信贷、光伏发电，以及落实县里统一制定的教育扶贫、健康扶贫、就业扶贫、社会保障扶贫和危房改造等政策措施。

1. 完善基础设施

为了促进农民生产发展、加快脱贫步伐，中河村在改善基础设施方面下足了功夫。2015年以来，中河村建设了集医疗、学习、交流、娱乐等功能于一体的综合性村部，楼内设有一站式服务大厅，极大改善了村干部的工作环境，楼内同步配备了标准化村卫生室，楼外建设了休闲健身广场和公共卫生间。新建了生活路，疏通了5条排涝水渠，硬化了生产路，大大改善了村民出行条件。村内安装了普通路灯和太阳能景观路灯，实现了村主干道照明全覆盖。饮水方面实现了户户通自来水。修建了水泥垃圾池、公共厕所，购置了塑料垃圾桶。2018年9月开始进行旱厕改造，使村内的环境卫生进一步改善。

2. 全力发展"虾稻连作"产业

中河村最有特色的脱贫产业是"虾稻连作"。村民因地制宜，充分利用村内的大量水田，将小龙虾养殖与水稻种植有效结合，成为脱贫致富的重要方式。目前，留在村里的贫困户大多参与小龙虾养殖，稳定达产后，正常行情下平均每亩利润能达到6000元左右。不仅中河村，闸口镇的许多其他村庄也大力发展"虾稻连作"。"虾稻连作"在该镇已经形成规模化效应，从田地修整的社会化服务到小龙虾的收购销售，已经形成了完整的产业链。2018年，中国水产流通与加工协会授予公安县闸口镇"中国稻渔生态种养示范镇"称号。

鉴于小龙虾市场需求旺盛，"虾稻连作"产业前景较好。2017年底，借助建设高标准农田项目的契机，中河村村委会牵头成立了公安县闸口镇中河土地股份专业合作社（以下简称土地合作社）。项目分两期实施，一期项目由土地合作社流转210户村民（含36户贫困户）的1450亩土地并集中连片，通过高标准农田建设项目，整理成可发展"虾稻连作"的虾田，市场主体一次性向村民给付5年的使用费。合作社以占股10%的比例参与项目经营分红,增加村集体经济收入。同时,根据贫困程度的不同,对 36 户贫困户实行不同程度的经营利润返还或保底。有劳动能力的贫困户还可在项目区务工,获得平均每年 1.5 万元的工资收入,或承包虾稻田自己生产。一期项目已于 2017 年完成,项目资金中的 70% 来自财政专项资金,30% 来自市场主体。二期项目不是集中连片土地,而是由农户自愿报名,村里整理后租给市场主体,其中租金的 90% 直接付给土地转出户,10% 付给土地合作社作为服务费,项目从 2018 年 5 月开始,计划于 2019 年内完成,项目资金全部来自财政专项资金。高标准农田建设项目把中河村原本不连片的地块改造成集中连片地块,铺设灌溉和排水设施,便于进行规模化的"虾稻连作"生产,迅速地推动了"虾稻连作"产业的发展。

中河村还利用县财政扶贫资金购买挖机并出租以增加村集体收入。挖机是用于修整虾稻田的机械,由于近年"虾稻连作"发展迅速,在本地提供挖机出租服务的收入非常好。

脱贫户捞虾网(摄影 孙翠清)

3. 与大型养猪企业合作发展生猪产业

在公安县政府的协调下,广东某牧业公司在公安县发展产业扶贫生态综合种养项目,截至 2019 年 7 月,已经建成运行 3 个项目,中河村项目正在建设中。项目运作模式是由中河村村委会成立的生猪养殖合作社建设养猪场,建成后租赁给广东某牧业公司。养猪场建设投资 225 万元,计划由中河村村集体出资 80 万元,40 户左右贫困户集资 145 万元。项目正式投产后每年按

225万元投资额的15%给村集体和贫困户分红。项目计划2019年年内完工，2020年投产。

在建的生猪养殖场（摄影 孙翠清）

4. 金融扶贫支持贫困户发展"虾稻连作"等自主项目

中河村贫困户2016—2018年累计使用扶贫小额信贷184万元，共计32户，其中20户将贷款用于"虾稻连作"，其他户用于养鹅、羊、猪以及大米加工。该村的定点帮扶单位为湖北省建设银行，该行专门设计了针对中河村贫困户的扶贫小额信贷产品，32户贷款户中有29户从该行贷款，其余3户从公安县农商行贷款。

5. 紧紧围绕"虾稻连作"产业开展技术培训

"虾稻连作"生产模式的快速发展，引发了村民对相关生产技术的强烈需求。为此，中河村每年围绕"虾稻连作"开展技术培训6次左右，每次约40人参加。技术培训不仅提升了村民的养殖技术，促进其增收，也传播了化肥农药减施技术，减少了农业生产中化学制剂的使用，促进了传统种植业的转型升级。

6. 利用捐资建设光伏电站

中河村的光伏扶贫电站主要依靠帮扶单位捐资建设，项目总投资40万元，湖北省建设银行干部捐款共计30万元，县财政投入扶贫资金10万元。项目于2016年12月竣工。由于建设用地有限，光伏项目规划在两个地方：一是中河村村部楼顶，容量20千瓦；二是村路旁河堤的荒地处，容量30千瓦。项目于2017年开始分红，中河村制定了详细的收益分配方案。光伏分红收益5万元全部归村集体支配，其中60%分配给贫困户，40%归村集体经济收入。给贫困户的分红以各种奖励和公益岗的形式发放，以提升建档立卡贫困户的内生动力。

7.其他扶贫措施

在危房改造、教育扶贫、健康扶贫和社保兜底保障等其他方面，中河村严格执行公安县的相关政策规定。其中，2016—2018年中河村实施危房改造87户，改造面积约5000平方米，实现了农村危房全排查。

三、脱贫攻坚成效

（一）收入大幅提高，务工收入增幅大、占比高

通过调研得知，2018年底，中河村村集体经济收入27.1万元。其中，光伏发电分红5万元，出租挖机租金收入19.5万元，土地合作社分红收入2.6万元。2018年底，中河村全村家庭人均可支配收入17320元，比2015年增长21.95%，年均增长6.84%；建档立卡贫困户家庭人均可支配收入6404元，比2015年增长111.59%，年均增长28.38%，显著高于全村居民收入增长速度。

与2015年相比，建档立卡贫困户2018年收入结构中的各项收入均有所增长。其中，工资性收入增幅最大，占比也是最大，比2015年增长347.73%，占比45.85%；其次是转移性收入增长127.53%，占比21.27%；财产性收入增长60.67%，占比5.73%；生产经营性净收入增长12.66%，占比27.15%。

（二）基础设施显著改善

2015年以来，中河村基础设施水平显著提升，生产生活条件明显改善。2015年，中河村村委会大楼竣工，极大地改善了村干部工作环境，也改变了村民们休闲、娱乐和办事环境。道路提升方面，2016年，中河村通过"整村推进"项目新建了生活路3.2公里，硬化3条水泥路，长度约9公里，提升了村民出行条件。使用湖北省建设银行捐赠的60万元资金硬化了3683米"虾稻连作"基地生产路，支持村民发展"虾稻连作"主导产业。路灯安装方面，2017年，使用湖北省建设银行和县税务局捐赠的47万元资金在村内居民区安装了普通路灯296盏，2018年又在中河村观光公路沿线安装了太

阳能景观路灯120个，使村内照明条件大大改善。排涝水渠修建方面，新建3个村级泵站、3条灌溉渠道，疏通了5条排涝水渠，共3100多米，解决了10个村民小组1500多亩田地排涝困难问题，在2016年抗击特大洪涝灾害中发挥了重大作用，上千亩农田没有一亩被淹。饮水提升方面，2018年全村统一实施自来水改造提升工程，新建自来水厂并将管网铺设到组，将原来一家一户的自打井水改为自来水，让家家户户都用上了干净的安全饮水。环境整治方面，2016年，修建了50个水泥垃圾池、1个公共厕所；2018年，为每家每户购置了塑料垃圾桶，村内打扫卫生的频率由原来的每周一次变为现在的每天一次；2018年9月，开始进行"厕所革命"，加强生态环保意识、改善村民生活环境。村庄绿化方面，沿公路开展绿化建设工程，实施樟树及落叶树等常绿树木栽植工程，设绿化隔离带。

（三）公共服务水平提升，方便性提高

由于中河村距离闸口镇政府所在地较近，仅约2公里，因此，该村一直没有幼儿园和小学，孩子们上学一直是到闸口镇，需由校车接送。随着道路条件的改善，孩子们上学方便性大大提高。该村标准化卫生室位于村委会楼内，设备、床位较为齐全，卫生室为村民们建立了健康档案，全方位了解村民病情，让村民们不再因为小病小痛增加医疗支出。村民享受的公共服务质量和方便性均明显提升。

值得一提的是，该村村医谭医生是一位在本村行医几十年的老中医，平时使用一些针灸、拔罐、艾灸等中医治疗手段给村民治疗常见病，诊费便宜，效果又好。调研组走访村卫生室时，谭医生正在给一位村民大姐用竹火罐拔罐治疗背痛，治疗过后大姐说感觉好多了。

（四）村级治理能力有较大水平提升

脱贫攻坚以来，中河村村级治理能力得到显著提升。脱贫攻坚前的村"两委"班子比较薄弱，一年换一次村支书，工作业绩考核落后，群众上访情况较多。现任村支书39岁，高中学历，自2015年任职以来，勤勉负责，为老百姓解决切实困难，受到群众的一致好评。

该村人口较多，对口帮扶单位为湖北省建设银行和公安县地税局，两个单位各派出3人，组成了有6名成员的驻村工作队，帮扶队伍力量比较强大。

驻村工作队积极工作、主动作为,帮助贫困户转变思想观念、增强脱贫信心,使中河村脱贫项目有序推进,脱贫攻坚工作稳步开展。

中河村党员通过每月的 18 日党员学习例会不断提高自身思想素质,在协助村"两委"班子打赢脱贫攻坚战中持续发挥着党员的模范带头作用。

(五)内生动力及乡风文明显著改善

为更好地激发贫困户的内生动力,一是通过组织开展"最美脱贫户"以及"最美扶贫人"等评选活动,营造"争当贫困户可耻,争做脱贫户光荣"的良好氛围,并通过佩戴大红花、发放奖状等方式对年度脱贫户进行精神上的奖励。二是强化先进典型示范效应,坚持扶贫先扶志、扶智,通过思想引导、榜样示范、能人带动,引导贫困群众转变思想观念,增强贫困群众脱贫奔小康的信心和决心,激发贫困群众脱贫内生动力。接受访谈的致富带头人、"虾稻连作"种养大户李某表示,他会带动更多的周边群众发展稻田养虾,为中河村村民致富奔小康贡献自己的力量。

中河村制定了村规民约,倡导文明乡风,有效引导和教化村民遵守法律、学习文化,促进农村社会稳定和谐;由党员带头遏制不良风气,抵制封建迷信活动;由红白理事会倡导文明健康、科学合理的婚丧新风,反对大操大办,破除不良风气,理事会规定红白喜事中,仅孩子出生、结婚和老人去世可以办宴席,其他事由一律不允许办席。

(六)贫困发生率大幅下降

2015 年底,中河村有建档立卡贫困人口 182 户 482 人,贫困发生率 15.88%,是全县贫困发生率最高的贫困村。经过 3 年的脱贫攻坚工作,截至 2018 年底,全村剩余贫困人口 32 户 68 人,贫困发生率降至 2.24%,2019 年实现脱贫出列。

四、经验与启示

(一)经验

1. 注重贫困村与非贫困村之间扶持资金投入的平衡

公安县在加大对贫困村扶贫资金投入的同时,也注重对非贫困村的投入。该县实施的"整村推进"项目,按照各村贫困程度的不同,分配不同的资金额度,贫困程度深的村多投入,非贫困村少投入,而不是把扶持资金全部用于贫困村。这一措施避免了贫困村和非贫困村在基础设施和产业发展等方面的差距拉开过大,造成新的不平衡,为全面实施乡村振兴提前迈出了一步。

2. 看准市场需求,结合自身资源条件发展产业

中河村在产业发展方面做到了因地制宜,成功实现了转型。村民原本只种水稻,每亩净收益只有500~600元。在近年小龙虾市场需求火爆的影响下,头脑灵活且善于学习的致富带头人李某最早外出学习了"虾稻连作"技术并回到本村开始实践。中河村水田面积大,气候又适宜小龙虾生长,李某很快取得了成功,村民在其带动下纷纷发展"虾稻连作",增收效果十分明显。

虽然"虾稻连作"利润较高,但前期整理土地、修建排灌管道等固定投资较大,贫困户无力承担,而且"虾稻连作"对土地规模也有要求,一家一户的分散土地难以进行规模养殖。中河村村委和帮扶队伍看到"虾稻连作"市场前景良好,便将产业扶贫工作的重心放在了"虾稻连作"上。为解决前期固定投资较大和土地分散的困难,村集体将村民土地流转集中,利用国家高标准农田建设项目资金把田地基础设施搞好,农户只需按年支付租金,就可以租地发展"虾稻连作",以此带动贫困户以至全体村民增收。

大力发展"虾稻连作"模式后,贫困户可通过多种方式增收。一是通过学习"虾稻连作"养殖技术后自己开展养殖,行情好时纯收益每亩可达6000元;二是将土地流转给土地合作社参与分红和获得租金;三是有劳动能力的贫困户可以在大户的虾稻田里务工赚取工资。"虾稻连作"产业的发展让中河村村民尤其是贫困户可以通过多种形式增收。

3. 以村集体主导成立集体合作社带贫致富

中河村在产业带贫组织模式方面做得比较成熟,由村委会主导成立了3个合作社,分别是中河土地股份专业合作社、中河村农机合作社和东进农牧生猪养殖合作社。中河土地股份专业合作社在土地流转、改造中低产田方面发挥了巨大作用,对促进村民增收起了关键作用。中河村农机合作社的作用,主要是利用"整村推进"扶贫资金150万元购置了两台挖机并出租,每年收取总购价的13%(19.5万元)的租赁费作为村级集体经济收入。

除此之外,村里还有8个由农户自发组织的、以发展虾稻产业为主的小

型合作社，带动村民致富增收。可见，中河村的合作社组织近年来发展较快，在带动村民发展生产方面发挥了重要作用。

4.村级集体经济收入分配方案有助于提升内生动力

中河村制定了详细的村级奖补政策，把村级集体经济收入拿出一部分，按不同标准奖补建档立卡贫困户和一般村民。这种奖补方式有利于提升贫困户的内生动力与种养积极性。

（二）启示

中河村通过改善村基础设施让村民们拥有了舒适便利的生活环境；通过"虾稻连作"产业发展带动贫困户逐步富裕起来，也使村里的水田得到了高效利用，实现了传统产业的转型升级；以"合作社+农户"模式促农增收、稳定脱贫；通过产业奖补政策激发贫困户的内生动力，从思想上脱贫。大学生村官的派驻和大学生支教活动也为中河村的脱贫攻坚提供了智力支持。

但是，不可忽视的是中河村在脱贫攻坚期间仍存在产业奖补政策针对性弱、脱贫计划与实际情况不尽相符，以及财政扶贫资金的使用效率有待提高等问题。

五、脱贫攻坚及长期发展面临的困难、挑战及对策建议

（一）困难和挑战

1.产业红利逐渐消退，村内可用的壮劳力趋少

"虾稻连作"的"双水双绿"（绿色水稻、绿色水产）模式，鼓了村民的钱袋子。近几年，受小龙虾养殖"暴利"激励，中河村村民对"虾稻连作"种养模式的热情，好比股民争抢飞涨的股票，中河村的虾稻种养规模迅速扩大。小龙虾的养殖成本仅为每斤4~5元，而一斤小龙虾售价最高能达到十几元甚至二十几元，前几年发展"虾稻连作"可以实现当年投资回本并产生效益。然而，与产能提高如影随形的是市场价格的整体下跌和大幅波动。近年来，除了湖北省，四川省、安徽省和江苏省等小龙虾主产省的养殖规模也在不断扩大，使得2019年小龙虾价格整体下降，而且波动较大。本地小龙虾的销售价格由2018年最高时的每斤12.5元跌至2019年的每斤9元，小龙虾养殖收益大幅缩减，小龙虾产业的"暴利"正在消失。随着市场供需的逐渐平衡，

小龙虾养殖的利润将回归正常区间，新加入的养殖主体，将面临一定的市场风险。

同时，小龙虾捕捞是一项劳动强度非常大的工作，且需要在深夜工作，因此必须是壮劳力才能胜任。随着留在村里劳动力年龄的不断增长，能够胜任这项工作的劳动力逐渐减少，这对"虾稻连作"产业发展也是一个较大的挑战。

2. 部分财政扶贫资金使用效率较低

如中河村农机合作社的两台挖机是使用150万元的"整村推进"财政资金购置的，合作社将其租赁给社会经营主体，租期为8年。若不计时间价值，8年协议期内，挖机的投资和收益相抵，农机项目的内部收益率低至0.65%。实际上按照正常的市场行情，一台新挖机的年收入在20万~30万元，3~4年即可收回购置成本。

根据村民代表大会的发言记录，村民代表们认为这150万元是财政扶贫资金，是"借鸡生蛋"，不是村民们自己掏的钱，只要有回报，村里就是得到了好处，而不计算这项投资到底"值不值"。该项目的投资决议显然比较草率，没能发挥财政扶贫资金应有的作用。

3. 脱贫攻坚后续资金投入尚待落实

在脱贫攻坚过程中，中河村依然存在资金短板。中河村的脱贫攻坚投入主要依赖财政转移支付和帮扶单位的捐赠，集体经济收入还比较薄弱。例如，在全县统一安排下，中河村的垃圾清运项目拟由原来的村集体出资雇用保洁员打扫（1000元／月）的方式转变为由专业保洁公司承揽的方式，保洁员由保洁公司招聘安排，优先从贫困户中选聘。为此，所需资金投入将由现在的5万多元增加到12.5万元。增加的保洁费一方面需要上级财政部门给予更多的资金投入；另一方面，需要提高向农户收取的卫生费标准，由现在的每户60元增加到每户100元。村民能否同意提高卫生费还是个未知数。如果脱贫攻坚期结束，扶贫资金投入减少，村庄基础设施和公共卫生的日常维护将存在一定困难。

4. 脱贫攻坚力量不稳定

一是村"两委"班子不稳定。由于中河村是由两个行政村合并而来，在村级治理方面存在一些矛盾，这是该村近年来频繁更换村支部书记的原因之一，该村的工作业绩曾在全镇考评中落后。二是脱贫攻坚的本土人才匮乏。虽然该村整体上人口外流情况不严重，但流出的人口都是最为年富力强的青壮年，也是脱贫攻坚的本土力量。三是打造一支"不走的工作队"存在较大困难。中河村在脱贫攻坚期的帮扶力量投入较大，是该村脱贫的主要人才支撑，但这些帮扶力量能否稳定地持续下去是个问题，如果帮扶力量撤走，必然大大削弱该村的扶贫工作能力。

5. 合理设计产业扶贫项目方案难度较大

生猪养殖牧业项目是中河村引进的带动贫困户增收的重点项目，在其他三个村，类似项目已经实现对贫困户的分红，但是在中河村却发生了政策风险和市场风险。从2018年开始，在非洲猪瘟的影响下，生猪市场持续低迷，加之原项目方案涉及"户贷企用"，需要调整，导致项目建设资金缺口加大、市场风险加剧，项目建设进展缓慢。

生猪养殖项目原计划由村集体以"整村推进"项目出资120万元，贫困户入股90万元，帮扶单位湖北省建设银行捐赠25万元。后来改为村集体出资80万元，贫困户自筹145万元，但贫困户自筹资金存在较大难度。

（二）对策建议

针对中河村脱贫攻坚工作面临的困难和挑战，建议从以下几个方面加强和巩固脱贫攻坚成果。

一是做强做优产业。必须依靠懂市场、善经营、会管理的新型经营主体、种养大户带头示范，做大做强"虾稻连作"；创建地方虾稻品牌，提升产业附加值；严控小龙虾品质，追求差异化竞争，发展精深加工业，提升养殖效益。

二是珍惜使用扶贫资金。提高扶贫资金利用效率，并充分运用社会资本，解决村级环境维护资金需求问题。

三是提高本土人才综合素质。通过职业教育、实用技能培训等培育村干部和致富带头人，增强村级自我发展能力。

（中国农业大学调研组　执笔人：孙翠清、崔奇峰、陈蔡春子、柴丽丽）

村庄现状:

2019 年底,中河村贫困发生率降至 0.72%,2020 年全部贫困人口实现脱贫。在新冠肺炎疫情冲击下,小龙虾产业首当其冲受到影响。疫情解封后,当地干部群众想方设法解决销路问题,乡镇书记网络直播推介闸口小龙虾,最终保住了虾农不亏本,有的略有盈利。2020 年下半年,村里的养猪场正式投入运营,年底实现了第一次分红。正如调研组所预见,贫困户对集资入股有所顾虑,参与人数不多,最终由村集体补足了集资差额,直到分红后才有人考虑增加份额。2020 年,中河村持续巩固脱贫成果和改善民生,实现所有生活路硬化到户,村里还新建了小龙虾收购点用于出租增加村集体收入。到 2020 年底,中河村集体经济收入达到了 50 万元,农民人均可支配收入超过 19000 元。

"村社合一"培育多元产业
乡贤治理助建美丽乡村

——贵州省贞丰县对门山村调查报告

对门山村位于贵州省黔西南布依族苗族自治州贞丰县龙场镇西部，距县城23公里、镇政府4公里。近年来，该村结合农村"三变"改革和"五个三"产业扶贫要求，大力推行"党社联建·村社合一"，在村校合作培育多元产业的基础上发展壮大集体经济，同时积极吸纳人才返乡创业和参与社会治理，不仅有效带领贫困户脱贫增收，还提升了基层治理能力。调研组于2019年7月，深入对门山村开展调查工作，在收集定量与定性材料的基础上，完成了本报告。

一、建档立卡基期村庄概况

（一）人口与资源

1. 人口情况

对门山村为三类贫困村，下辖9个自然寨，13个村民小组，共605户2701人。该村是典型的多民族聚居村落，民族结构主要是布依族、苗族和汉族，其中少数民族人口占全村总人口的43%。外出务工人员有856人，占到了总劳动力的73%。留守人员多为老人、妇女和儿童。有低保户19户39人。

2. 资源情况

对门山村国土面积为6.15平方公里，其中，耕地面积为5100亩，荒山地约3000亩，林地320余亩。整体上，该村土地资源丰富，但大多位于坝区，耕种条件较差，土地较为分散。农作物种植以水稻、玉米、油菜等粮食作物为主，兼营茶叶、蔬菜、烤烟等经济作物。2015年对门山村只有26万元村集体资产，23000元村级集体经济收入，村集体缺乏凝聚力和战斗力。

（二）基础设施与人居环境

基础设施差，大部分自然村寨的道路未硬化，且未通客运班车，交通较为不便，给村民出行和与外界的沟通带来诸多不便。大部分农户无法使用生产用电，一定程度上制约着农业生产增收。同时，大部分村民仍未使用上经过集中净化处理的安全饮用水，电话、宽带及有线电视信号的普及度较低，影响了村民的生活质量。

（三）生计渠道

农民增收主要依靠外来务工，在村农民主要种植玉米、高粱等粮食作物，生计模式表现出"糊口经济"的特点。由于村民普遍偏低的文化程度，使得大部分人外出务工只能进入劳动密集型行业做体力活，工资较低。家里一旦遇到求学、治病等大额支出，就很容易陷入贫困。

（四）收入与贫困状况

2015年底，全村建档立卡户有96户361人，贫困人口占全村总人口的13.37%，其中，缺资金、因学、缺技术致贫的比例总共占到64.58%。调查发现，贫困户缺乏产业支持，收入主要来源为外出务工收入，生产性收入比例较低，工资性收入占比达到66%，急需因地制宜地发展长短结合的产业。

二、脱贫攻坚投入与建设

（一）资金投入：来源、数量、投向

精准扶贫政策实施以来，对门山村不断以走出去、请进来的方式开展招商引资，并积极争取政府项目、资金等方面的投入，获得了大量的资金支持。仅2015年至2018年的四年间，对门山村已累积使用财政资金近7700万元、信贷资金140余万元，接受社会捐赠75万元。

其中2015—2016年两年使用资金4500多万元，主要用于补齐贫困村硬件设施短板和解决贫困户的"两不愁三保障"问题；2017年使用资金近1500万元，主要用于村庄基础设施的升级改造及初步产业布局；2018年使

"村社合一"培育多元产业 乡贤治理助建美丽乡村
——贵州省贞丰县对门山村调查报告

用财政资金1600多万元扩大产业规模,最终力图达到巩固产业、稳定脱贫的目的。此外,村内的信贷资金则用于贫困户发展生产,所受社会捐赠用于村内互助会的日常运营。

(二)脱贫攻坚的主要举措

1. "村社一体"党建引领产业发展

2016年,对门山村率先在全县创办第一家村级合作社、村级平台公司和村级互助会等基层平台组织。2018年设立村党总支,下设村党支部和村合作社党支部,其中合作社是接受村党总支领导且相对独立运营的经济实体。其创新之处在于,该村将党建覆盖到产业链条上,探索出"党社联建·村社合一"的党建引领产业发展新模式。

这一模式的核心在于"党支部+合作社+公司+农户"的组织带动形式。具体来说,就是以"党社联建"为依托,村"两委"动员村民通过土地折价、劳动力、资金等入股村"两委"领办的合作社,通过"村社合一"建立村级平台进行公司化运作,在培育多元产业的同时也壮大了村级集体经济。

2. "打造平台"开展多元产业经营

产业发展是脱贫帮扶、致富奔小康的重要抓手。自2016年创办全县第一家村级合作社以来,对门山村便通过强化党建引领、组织引领、党员能人引领,以合作社为平台发展出5种参与产业经营的组织模式。

一是"农业公司+合作社+农户"模式。公司作为经营主体与市场进行对接,主要发挥购销作用,合作社作为平台将农户与市场连接,农户作为主要劳动力进行生产。例如合作社与农业科技公司签订产销对接订单购销合同,公司负责提供蔬菜所需的生产资料,并将所收获的蔬菜销售到市场上,农户尤其是贫困户作为雇员从事生产管理,获得劳务费及土地流转费,仅2019年上半年农户就获得劳务费60多万元。

二是"合作社+平台公司+农户"模式。对门山村的村级平台公司,一方面接受通过合作社发放的涉农资金,另一方面作为经营主体负责与市场产销对接。2016年,公司利用涉农资金184万元建设蔬菜大棚,作为经营主体参与市场经营,将其中5%的收益以分红形式发给贫困户,2017年每户贫困户分红1000元。贫困户在该模式中能获得分红、劳务费及土地租金费用三项收入。

三是"合作社+农户"模式。合作社作为主体将农户与市场对接起来，主要发挥统购统销、技术指导等作用。比如合作社在成立以后便利用涉农资金购买安吉白茶优质茶苗，低价销售给全村有意愿种植茶树的农户，并提供技术指导及统购统销等服务。至2019年调研时，全村茶园面积超过3500亩，其中2000亩已有收益，平均亩产收益10000元左右。

四是"合作社+农业公司"模式。合作社作为村级集体经济主体与公司对接，主要将大量流转后的土地有偿提供给公司，公司支付土地租金并为贫困户提供就业岗位。例如合作社引进农业科技公司，投资480万元建设巴西菇大棚种植基地，每年为100多户农户提供就业机会，其中有20多户贫困户以每天100元的标准获得劳务费。

五是"合作社+大户"模式。对门山村有种植烤烟的传统，合作社提供了大量耕地流转到种植烤烟的大户手中，大户向合作社支付租金并为贫困户提供就业岗位。

对门山村千亩茶园（摄影 陈勇）

3. 扎实开展"五个专项"治理

为巩固脱贫出列成果，实现全村贫困人口"真脱贫""脱真贫"，2018年下半年，村前沿指挥部以开展"五个专项治理"（贫困人口漏评错评，贫困人口错退，农村危房改造不到位，扶贫资金使用不规范，扶贫领域腐败和不正之风）为契机，认真贯彻落实相关政策，积极开展排查走访、召开群众评议会等工作，进行受帮扶贫对象的动态管理，实现了应清尽清、应纳尽纳、应退尽退、应扶尽扶。截至 2019 年 7 月，该村已脱贫 82 户 386 人，2019 年 9 月预计脱贫 17 户 46 人，实现贫困人口全部脱贫摘帽。

三、脱贫攻坚成效

（一）收入及其构成的变化

通过发展产业、引导外出和就近务工等方式，村民的人均可支配收入得到了明显的提升。2018 年，贫困户人均可支配收入已达到 7485 元，其中，生产经营收入占比 21%、工资性收入占比 60%、转移性收入占比 10%、财产性收入占比 9%。

（二）基础设施的变化

该村串户路修通，安全用水和生产生活用电均已到户，家庭住房经过外立面改造修缮完成，村容村貌焕然一新。雨污分流设施和垃圾集中处理设施健全，宽带信号实现了村村通。

基础设施及人居环境变化情况

观测指标	单位	2015 年	2018 年
有无村庄规划		有	有
通生产用电的农户数量	户	210	646
是否通客运班车		否	是
使用自来水的贫困户数量	户	65	99
通宽带户数	户	20	135
是否有雨污分流设施		有	有
是否有垃圾集中收集处理设施		否	有

（三）公共服务的变化

该村建有面积达 693 平方米的村级小学 1 所，拥有标准化的村卫生室 2 个，共 60 平方米，卫生室配备有 2 名全科医生。建成村级文化广场 1 座、村"两委"活动室 1 座、实现卫生厕所 9 个自然村全覆盖。亮化工程全面启动，实现了 10 个村民小组的路灯架设。贫困户全部购买了合作医疗和大病医疗保险，兜底保障实现了应保尽保。

（四）村级治理能力的变化

2019年，对门山村共有党员45人，党员平均年龄43岁。在2017年换届选举中，推举了1位退休教师为村主任，选举1位道德模范为村支书，配强了村级组织。

村干部本身受教育水平较高，在驻村工作队的帮扶下，积极吸纳寨老、乡村能人和种植大户建立村级互助会、民意监督委员会等群众自治组织，村级治理体系基本形成，村级治理能力得到很大提升。

同时，该村至今保存有两面唐末"灵山型"雌雄铜鼓，其铜鼓十二则是布依族最为珍贵的打击乐器，至今已有1000多年。对门山村充分利用国家非物质文化遗产"布依铜鼓十二则"① 文化资源优势，按照增进民族团结、构建和谐社会的目标要求，将民族文化送进村寨、送进校园，有效传承民族文化，曾先后荣获"五好"基层党组织、民族团结进步创建活动示范村等荣誉称号。

2018年基层组织建设情况

观测指标	单位	观测值
党员数量	人	45
党员平均年龄	岁	43
党支部书记受教育年限	年	12
村主任受教育年限	年	12

（五）内生动力及乡风文明的变化

在乡风文明建设和内生动力的提升方面，对门山村一是大力弘扬乡贤文化，根据社会主义核心价值观修改和完善村规民约，不断提升村民治理能力。二是大力开展"整五脏、创六美、治六乱"环境整治工作，通过"红黑榜"积分抽奖活动倡导乡风文明建设。三是开展家风和感恩教育，在全村开展尊老爱幼、邻里互助、勤俭持家活动和感恩党等教育活动。四是通过开展"铜鼓十二调"非物质遗产的文化演出活动，提升了村民的文化认同，凝聚了人心。通过乡贤互助会开展的这一系列活动，村民的一些陈规陋习逐渐消失，

---

① 主要表达一年十二个月中布依族群众在劳动、生产、生活、庆典等活动中的情景，2005年被列为国家级非物质文化遗产。

"村社合一"培育多元产业　乡贤治理助建美丽乡村
——贵州省贞丰县对门山村调查报告

干群关系明显改善，邻里关系也更加和睦，村民的内生动力进一步提升。在村前铜鼓广场上，每天晚上都有或多或少的村民群众聚集。"只要不是农忙，我们每天都会来转转，既能锻炼身体，又能使心情变好。"布依族妇女吴某说，"跳舞不是城里人的专利，我们农民也能跳，我们姐妹们每天晚上都约好了，在铜鼓广场上跳广场舞、布依族丰收舞呢。"

（六）贫困状况的变化

经过几年的努力，该村贫困面貌得到明显改善。建档立卡贫困户均实现了不愁吃、不愁穿。水、电、路、网等突出短板加快补齐，基础设施和公共服务领域主要指标达到全国平均水平，城乡居民基本医疗保险、大病医疗保险实现全覆盖，无义务教育阶段因贫失学辍学问题，住房安全得到有效保障。经过动态调整，2019年，建档立卡贫困户99户432人全部脱贫，贫困发生率降至0。

对门山村白茶基地（摄影　陈勇）

四、启示与经验

（一）"村社合一"培育多元产业

1. "党社联建·村社合一"引领产业发展

自2014年开展精准扶贫政策以来，对口帮扶单位贵州大学通过与村庄开展村校合作，首先从建强基层党组织、增强支部功能入手，下派熟悉党群工作的干部作为第一书记。在配强第一书记后，驻村工作队凝聚了共识，认为影响脱贫攻坚的关键因素在于农民缺少产业、技术和资金的支持，导致了农民增收难。为此，第一书记和村干部广泛学习"村社合一"统分结合经营管理的先进经验，确立了农村党支部领办合作社，村级平台公司化运营的"村社合一"发展模式。这种"村社合一"模式与其他合作社最大的不同在于，合作社由村党支部领办并通过建立村级平台进行公司化运作。

依据这一思路，对门山村将党支部建在产业链上，实现了对门山村党总支领导下的村党支部和村合作社党支部一体化发展的新格局。在合作社成员100%覆盖全体贫困户的情况下，该村依据产业布局积极吸纳茶农、菜农等群体入社，合作社成为既接受党总支领导，又相对独立运营的经济实体。具体来说，这种组织模式的优点体现在以下三个方面。

第一，在组织架构上，村党支部领办合作社，由村"两委"负责运行管理，村主任担任合作社总经理，其他"两委"干部为合作社理事。合作社的具体管理则依靠能人和大户。

第二，在运作模式上，由村党支部根据本村产业发展的比较优势帮建合作社，实行"支部带合作社"的工作机制和运行模式。由村党支部和合作社党支部共同建立联席会议制度。村党总支主要负责对合作社重大生产经营型项目提出指导性意见，合作社利用自身优势带动农民发展产业。

第三，在工作开展上，严格按照社员大会决议运作，经济上单独核算建账，保持相对独立。在明晰村党总支和合作社的权责关系后，该村2016年在全县率先创办第一家村级合作社、村级平台公司和村级互助会等平台组织，合作社在村"两委"的引导下，在致富带头人带动下不断发展壮大，真正做强了实体产业。2018年还相继成立了茶叶、蔬菜等农业专业协会（合作社），涉及农业种植、畜禽养殖多个行业。

2. "三变"改革盘活资源，激发农村活力

"村社合一"成功的前提在于合作社是否能通过"三变"改革将农户分散的土地流转出来入股。对门山村通过开展农村资源变资产、资金变股金、农民变股东的"三变"改革试点，将村内土地流转出来进行统一整治，在盘活集体资源的同时有效激发了农村发展活力。

"三变"改革对农户来说是一个全新的概念，实现土地流转的关键在于

"村社合一"培育多元产业 乡贤治理助建美丽乡村
——贵州省贞丰县对门山村调查报告

获得农户的支持。为了打消农户入社的后顾之忧,第一书记和村"两委"多次召开群众大会现身说法,通过将保底净收入与往年算账对比,宣传党支部领办合作社在成本降低、产业增收和入股分红等方面的优势。在具体实施阶段,村干部相应制定了"针对土地流转入社的社员承诺优先务工和优先承包"的激励方案,引导农户以土地承包经营权入股。如果遇到农户对政府给出的"三变"改革方案不感兴趣,本着充分尊重农户主体性选择的原则,依法行政,不搞强迫命令。最终,在几轮思想动员工作下,对门山村实现了100%贫困农户和70%的非贫困户以土地、资金、技术等方式量化入股合作社,有效激活了农户的内生动力。

深入推进"三变"改革,相应要与农户特别是贫困户构建稳定的产销合作关系和利益联结机制。对门山农业合作社在制定股份分配方案中,明确规定"将国家扶贫资金按每户20000元量化入股合作社,产权归量化入股的92户贫困户"。进一步,在参股分红设计上,要求产业项目当年产生的利润70%用于分红,另30%作为继续发展资金,发展资金按照各股东持股比例融入;如未见效益,农户保底每年等额租金分红。同时强调了国家政策性投入产生的效益按精准扶贫户占60%,村集体占10%,合作社占30%进行分配。这样一来,农户与公司、合作社等就形成了风险共担、利益共享的共同体,为"村社合一"发展产业促进农户增收提供了重要保障。在这种情况下,2016年合作社利用涉农资金184万元建设蔬菜大棚,作为经营主体参与市场经营,2017年给每户贫困户分红1000元。另外,合作社与农业科技公司签订产销对接订单购销合同,仅2019年上半年就向农户发放劳务费60多万元,"三变"改革盘活资源产业发展已取得初步成效。

3. "村校合作"多元化经营,谋划乡村振兴

"村校合作"助力脱贫攻坚,做好产业发展的长短结合是关键。基于这一认识,对门山村与贵州大学联合协作,在着重谋划"一长一短两片叶(茶叶和蔬菜)"主体产业之外,以培育多元产业为核心打造村级平台,吸引不同经营主体开展多种产业经营,在完善农业产业结构调整的同时有效降低了市场风险。

"村社合一"经营产业,首先需要精准识别贫困村固有的资源禀赋条

件，利用自身的优势资源因地制宜地开展经济活动。对门山村与其接壤并同属于龙场镇的坡柳村，其特产孃孃茶因独特的原生态制作工艺，在清朝时期曾作为贡茶享誉当地。茶叶种植在当地有悠久历史。对口帮扶单位贵州大学利用自身优势，邀请贵州大学茶学院教授和浙江安吉茶叶协会的专家到村里进行现场指导，在综合考察了对门山村土壤、水质与气候条件后，发现该村不仅适合种植白茶，而且具有得天独厚的优势，即相比于浙江安吉每年3月27日才开始茶叶开采期，这里可以提前18天开采。另外，根据安吉白茶的市场行情，光是茶青生叶的售价最高就能达到每斤130元，最低为每斤60元，市场效益显著。

更重要的是，茶叶产业属于劳动密集型产业，有较强的关联带动效应，能有效带动当地贫困群众长远脱贫致富。村干部与茶业公司进行接洽，决定选种名优白茶"白叶一号"和黄金芽作为长线产业项目。经合作社宣传推动，村民对这一高效产业认识逐渐加深，变被动参与为主动跟进，形成了农户自发分散种植和合作社规模种植相结合的多元经营格局。2017年、2018年，对门山村扩建白茶、黄金芽茶叶基地2000多亩。2019年的冬春种植季，又新植白茶1500亩，全村茶园面积超3500亩。在解决生产规模问题后，村"两委"与贵阳茶叶批发市场和浙江安吉茶叶市场开展产销对接，每亩地丰产能实现采干茶15~20斤，平均亩产效益10000元左右。2019年，农户自行炒出来的干茶能按照基地批发价860元售出，白茶价格在每斤360~780元，产业效益初步彰显。

但是，茶叶是一个长效产业，从茶苗种植到茶树产茶需要两年的培育期，产业规模效益无法短期实现。因此，在将千亩茶园作为"一村一品"重点长线产业后，对门山村还利用合作社流转出来的1000亩土地开展多元产业经营，聚焦发展短平快的农业产业项目。具体来说，一是通过反包倒租形式流转100亩土地给村内种植大户发展烤烟产业；二是以招商引资的方式引进农业集团投资700万元建150亩高标准蔬菜大棚基地，引进农业公司投资480万元建150亩巴西菇大棚基地；三是合作社与农业科技公司签订产销对接订单购销合同，由合作社和村级平台公司合作种植300亩松花菜、500亩大冬瓜；四是村合作社与公司合作共建年出栏3000头生猪养殖场已投入生产，可覆盖贫困农户 90 户。截至 2019 年 7 月底，对门山农业合作社在茶叶和蔬菜两大产业项目上就为贫困户劳动力和普通村民发放劳务工资 90 多万元。

总之，对门山村在村校合作的基础上，通过"村社合一"和"三变"改革，成功打造出"村前栽花，村后种茶；上有光伏，下有蘑菇；山后面还要养点鸡和猪"的多元化、立体化产业发展格局，不仅通过多元产业经营降低了市场风险，而且还为贫困户提供了分红、劳务、土地租金等多种收入，帮助贫困户实现产业增收的同时，也为巩固拓展脱贫攻坚成果同乡村振兴有效衔接奠定了基础。

（二）乡贤治理助建美丽乡村

在新的时代背景下，乡贤正被赋予新的内涵，是当下农村社会治理的重要资源。对门山村属于典型的少数民族和汉族混合居住村落，布依族和苗族人口占全村总人口的 43%。村民主要以余姓、梁姓、陶姓等八大姓为主，各姓氏之间相互结成内亲连襟关系，人际交往和睦，属于五世同堂的宗族社会。鉴于此，对门山村紧扣民族村寨的特色优势，积极吸纳退休教师、德高望重的寨老和乡村能人等乡贤人才组建村级互助会、老年协会、回乡团等群众自治组织。

在本着互帮互助和共商共会的治理原则下，村委会以村民在管理服务上的需求和存在问题为导向，将村里的部分办公经费、企业帮扶捐赠经费和非遗铜鼓文化活动经费等集中起来，探索通过购买服务等形式，把直接向群众提供的政策宣讲、红白喜事家政服务、产业项目工商和卫生环境整治等公共服务事项交由互助会运营管理，用群众的办法解决群众工作中的问题，推动了村民自治过程中的村务社会化。

在具体工作开展上，村级互助会按照村规民约成立了由新乡贤为主导的"红黑榜"监理会。监理会利用贵州大学、香港大学等提供的社会帮扶资金，设立了专项基金采购奖品物资，由驻村工作队和村里乡贤担任监理会裁判。平时主要负责记录村里发生的好人好事，大到孝亲敬老，小到除污拾秽，各户或各人根据事件大小获得相应的分值。如，拾金不昧记 5 分，捡拾垃圾记 3 分。当个人或家庭积分超过一轮积分（满分周期为 10 分）后，可参与村内"红黑榜"中"红榜"的奖品抽奖活动。这种寓教于乐的软性治理方式，提高了村民在村庄建设中的参与程度，使农户养成依靠劳动改变生活的观念，风清气正的文明新风在对门山村蔚然形成。

此外，乡贤参与基层社会治理还体现在民族文化传承和移风易俗两个方面。2006年对门山村布依族"铜鼓十二调"获得首批国家非物质文化遗产认证。为了传承弘扬民族文化，村委干部联合非遗传承人将村内铜鼓文艺演出事务交由村级互助会运营管理。在乡贤的组织安排下，每年"三月三""四月八""六月六"等重要节日在全县安排演出活动，并规定了按不低于每天70元的薪酬排练演出铜鼓舞。这样一种以文化演出为载体传承非物质文化遗产的社会行动，用文化凝聚了人心，潜移默化地增强了村民对于民族和地区文化的认同。另外，为了整治村里"整酒风""人情风"，由乡贤互助会出资聘请厨师，免费提供桌椅和锅碗瓢盆等炊具，严格按照酒席操办规定节俭办理酒席。这样彻底化解了村民沉重的"人情债"问题，也及时遏制了大操大办的不正之风。

五、问题及展望

（一）产业基础设施配套不完善

对门山村由于产业便道、渠系、蓄水等配套设施建设滞后，增加了产业生产和运输成本，农民劳动力强度大，影响了产业经营主体的发展动力和脱贫增收的生产积极性。在走访调研中，第一书记向调研组介绍到，"我们这边的路都是泥巴路，一到下雨天车就进不来，路还很窄，两台车进行会车都困难。人家要货，有时候没办法，我们只能雇人搬出去，这样成本就增加了不少"。基础设施配套不完善，尤其是交通、水利设施问题突出，是制约对门山村产业发展的瓶颈。

下一步，要想实现乡村振兴，让农民增收致富，关键在于补齐基础设施建设短板，真正实现农业成本降低，才能确保产业发展的可持续性。

（二）合作社经营主体市场运作能力不足

在多元化产业经营过程中，对门山村负责合作社运营管理的村干部不能适应市场变化，产业运作能力和素质较为欠缺，导致了产业项目带动贫困户效应不明显。鉴于贫困户无法直接面对市场风险和自然风险，必须在产业扶贫中培育新型经营主体。在产业项目具体运作过程中，大部分村干部表现出

"村社合一"培育多元产业 乡贤治理助建美丽乡村
——贵州省贞丰县对门山村调查报告

经营能力差、谈判能力低、观念意识落后的困境,存在"等靠要"的消极怠惰思想,导致产业市场运作目前主要由驻村干部和企业、大户来担当负责。在未来乡村振兴中,如果合作社经营主体缺乏可持续发展的能力,一旦驻村工作队从村庄撤出,产业项目建设和后续发展将面临巨大的生存危机。

因此,下一步的工作重点在于培训村干部,利用对口帮扶单位贵州大学的人才培养和科研优势,在产业运营中给村干部压担子,真正让村干部实现"干中学",以增强市场运作能力。

(华中师范大学调研组　执笔人:江立华、何毅、王向阳、肖婧)

村庄现状:

对门山村于2017年底脱贫出列。2018年以来,对门山村主要以"创文助推大扶贫"为理念,通过强化党建引领、组织引领、党员能人引领,以"走出去、请进来"的方式开展招商引资和积极争取政府项目、资金、技术等方面的投入。在党建引领方面,对门山村设立村党总支,党总支下设村党支部和村合作社党支部,合作社成为既接受村党总支领导,又相对独立运营的经济实体。通过基层党组织建设,对门山逐渐实现社员就是村民、村民就是合作社的股民的"村社合一"发展格局。在产业方面,谋划布局了五大长短结合的扶贫产业,截至2020年底,已经发展起了48个食用菌大棚、3500亩茶叶、1000亩蔬菜及轮作烤烟产业群,形成了"村前栽花,村后种茶;上有光伏,下有蘑菇;山后面还要养点鸡和猪"的多元立体化产业发展格局。在居民收入方面,村民人均可支配收入从2014年的6692元增长至2020年的9520元,村集体收入2020年达100余万元。

设施建设打基础　产业升级促脱贫
——甘肃省渭源县元古堆村调查报告

元古堆村隶属甘肃省定西市渭源县田家河乡，海拔超过2400米，年平均降水量508毫米，无霜期130天，属高寒阴湿气候。全村共有13个村民小组447户1917人，耕地面积5500亩，林地4800亩，草地3850亩。2013年，全村农民人均纯收入不足1500元，低保户151户491人，"五保"户9人，建档立卡户221户1098人，贫困发生率为57.3%。

2013年2月3日，习近平总书记到元古堆村视察，嘱咐当地干部群众想方设法做好脱贫工作。在各级政府与社会力量的支持下，该村在基础设施建设、公共服务水平、特色产业发展、内生动力激发等方面发生了可喜变化，并在2018年脱贫出列。2017年12月、2019年7月，调研组先后两次对元古堆村开展了实地调查。

元古堆村村貌（摄影 张婉婷）

一、基础设施显著改善

2013年以前，元古堆村基础设施薄弱，为此各级政府和帮扶企业投入大量资金，全面改善村庄的道路、饮水、电网等基础设施。

（一）改善交通设施

元古堆村地处海拔超过2400米的山顶上，入村的山路曲折险狭。道路均为沙土路，晴天尘土飞扬、雨天泥泞难行，外面的人进不来，村内的人和农产品也出不去。道路不通，也束缚住了村民的思想观念。在当地工作多年的干部向调查组讲述道："以前，咱们这儿坡地比较多，路不通，种田用的还是人力车。山上路不通的话，车上不去，小麦什么的必须由人来背，所以村子的壮劳力都走不开。"

2013—2014年，政府出资1500多万元，建设了13.5公里的主干道道设，硬化了16.99公里的社内巷道，并新建了两座桥梁和一座客运站。2016—2018年，政府又投入1000多万元硬化了8公里的旅游道路。村内家家户户都通了硬化道，解决了村民出行的问题。村集体还提供资金和设备，协助村民改造了通向田地的田间路。

道路的改善不仅提高了元古堆村村民的生活质量，也带来了兴旺的产业，正如一位村干部跟调查组说的那样："过去，你开个车过来，村民都会来围观。现在，没人看你了，大家都忙了。"一方面，很多村民不再满足自给自足经济模式，主动从种植传统的粮食作物转向了种植各种经济作物。另一方面，该村村民打开了视野、壮大了胆子，上百位村民常年在兰州等地打工。

（二）改善饮水设施

过去，元古堆村村民生活用水主要是以井水和泉水为主。饮水虽然不缺，但是水质很差，含氟量高，细菌含量高。2013年，政府投入40余万元，解决了13个社1917人的饮水安全。这一工程让村里427户村民家里都通了自来水，难以通自来水的20户家庭也都装了净水设备，保证了家家饮水的卫生安全。

（三）生态建设

2013年以来，元古堆村3年内陆续退耕还林共计1194亩，累计发放退耕还林补助款约 60 万元。此外，村内还实施了水土保持工程和生态光彩林建设，分别投入 130 万元和 500 万元。"元古堆小流域水土保持综合治理工程"建设封禁围栏 10 公里，生态造林 5900 亩，营造乔木林 750 亩，栽植行道树 13.5 公里 5070 株。生态光彩林项目利用"定西旭化成水环保专项基金光彩林"的社会帮扶资金，改善了当地环境。

（四）其他基础设施改善

改善电力设施。村内旧有的 10 千伏电网难以满足大功率用电，2016 年政府投入 100 万元对农村电网进行改造升级，新建、改造供电线路 7.6 公里、0.4 千伏线路 3.5 公里，安装变压器 5 台，实现了动力电改造全覆盖。

除了上述比较重要的基础设施改善，政府还在 2014 年投入 1700 多万元进行河道治理；在 2013 年投入 5 万多元对宜修梯田的 77 亩坡耕地实施机修梯田；在 2013 年投入 70 万元投放太阳能热水器 150 台、电热水器 130 台；在 2015 年投入 16 万多元安装太阳能路灯 30 盏，建成移动网络基站 2 处，全村实现宽带网络全覆盖。

二、公共服务水平提升

（一）改善居住条件

2013 年以前，全村有 C 级危房 112 户，D 级危房 223 户，全村 3/4 的农户居住在危房之中。同时，群众生活习惯落后，生活垃圾、牲畜粪便、农作物秸秆乱堆乱放，脏乱差问题十分突出。

2013 年在当地国有企业的支持下，通过"双联"（联村联户）项目，在村内建了 3 个集中安置点，解决了 130 户村民住房问题。集中安置点的每栋房屋总造价在 20 万元左右，村民自筹 8 万元便可以住进集中安置房屋。此外，元古堆村还通过危房改造项目对其余危房进行加固、维修。

（二）全面提升教育、卫生、文化、养老等公共服务水平

2013 年以来，元古堆村投入 600 余万元推进村内教育、卫生、文化、养老等社会事业发展。改建教学点 1 个，新建教学及办公用房 1210 平方米，建成电教室 40 平方米，配备教学计算机 15 台。村中无辍学学生，入学率达 100%。建成村级卫生室 1 个，具备诊断、治疗和药房等功能，有执业医

师1名,贫困人口家庭"一户一策"签约率也达到了100%。此外,农村合作医疗、农村最低生活保障、农民社会养老保险等惠民政策全面落实,社会保障体系不断完善。

三、产业结构调整优化

2013年之前,元古堆村基本上维持着传统农业模式。第一,以传统种植业为主,经济作物种植规模小,主要种植小麦、马铃薯、蚕豆和油菜,从农业产业中获得的人均年收入仅为660元。第二,外出务工的劳动力很少,粗略统计2013年外出务工的劳动力仅40人左右。第三,村级集体经济也很孱弱,无村办企业,没有村级经济合作组织。

2013年以来,元古堆村结合当地土壤、气候等自然条件,大力发展百合、中药材种植、劳务经济等传统优势产业,探索发展加工业、光伏产业、电子商务、乡村旅游等新型产业。截至2018年底,元古堆村全村农民人均可支配收入达到10085元。其中,劳务收入约占41.2%,百合产业收入约占22%,中药材产业收入约占17.9%,马铃薯产业收入约占13%,新兴产业约占1.2%。

(一)大力发展百合种植

2000年左右,元古堆村一个农户通过邻村亲戚获得了百合的种子和种植技术。虽然元古堆村的土壤、气候等自然条件非常适合百合种植,但是2013年以前,元古堆村的百合种植规模一直很难扩大。

我们以百合种植大户李大姐为例,来讨论百合种植的具体特征。李大姐家一共种植有15垧(37.5亩)百合,种植用土地大部分是流转来的。百合的成熟需要3年,因此一般会将百合分为三茬种植,以保证每年都有百合成熟。2018年李大姐有12.5亩地产出百合,平均每亩地产出了2078斤百合,每斤以10.5元的价格售出,每亩毛收入在21819元左右,也即每垧地毛收入54547.5元。

百合种植分为种植、田间管理、收获等几个环节。百合种植和收获的环节都需要大量的劳动力,为此李大姐和村内的其他27人形成了一个互助组。互助组对于百合种植有很重要的意义。一方面可以降低监督成本,如果其中某一个人多次不参加劳动或是劳动不够认真、挖出的百合是散的,其他人很快能够发现并将他踢出组织。另一方面相互帮忙的劳动是不用收取费用的,相当于是"以工换工、以工换酬",这在一定程度上降低了百合种植的劳务成本。

除了互助组提供的劳动力,百合种植也需要雇用一定的劳动力,这主要体现在除草环节。如果当年雨水丰沛,田间杂草就会疯长。种植百合的村民都需要进行除草工作,这时候,李大姐的互助组就无法相互帮忙了,她通常需要从外村以每天80元的价格雇用4个人除草。

李大姐家百合种植每亩成本收益表

项目	收入	支出
毛收入	54547.5元/垧	
种子花费		20000元/垧
农药花费		600元/垧
化肥花费		1000元/垧
除草劳务费		1440元/垧
土地流转费		3000元/垧×3年
净收入/垧		28507.5元
净收入/亩		11403元

百合种植是个投入大、见效慢、风险高的产业。根据收益表,我们计算得出2018年李大姐一家每垧地通过种植百合获得的纯收益为28507.5元,也即每亩地11403元。但值得注意的是,这些收入需要3年种植才能够获得。百合种植虽然收入较高,但是投入大、见效慢,尤其在种植百合的前两年,几乎是零收益,这对于很多贫困农户来说是一个很大的负担,因此过去很少有农户种植百合。

脱贫攻坚以来,百合种植之所以能够在元古堆村迅速推广,主要是当地采取许多措施,解决了农户种植百合面临的风险与挑战。

第一,基础设施建设解决了百合种植的时效性问题。百合收获以后需要及时真空处理,否则就会出现氧化腐烂。因此,交通条件的改善对于百合种植意义重大,能够保证百合及时地运输销售。此外,为了进一步解决百合容易氧化变质的问题,元古堆村还计划投资500万元建设气调库用于存储百合。

第二,小额贷款、"以奖代补"解决了百合种植前期投入巨大的问题。百合种植每亩地需要投入近8000元用于购买种子,这对于元古堆村贫困的村民来说是一笔很大的投入。2013年元古堆村开始推动"双联"贷款,帮助一些困难农户筹集了百合种植的启动资金和流动资金。2014年底,元古堆村百合种植面积就扩大到约600亩。此后,元古堆村村民进一步通过精准扶贫小额信贷、妇女小额贷款、村集体互助资金贷款等方式多渠道获得百合种植的资金。

"以奖代补"进一步促进了百合种植发展。2018年,渭源县田家河元古堆村种植农民专业合作社针对建档立卡贫困户按照每亩600元的标准,通过"以奖代补"的方式共计发放百合种植专用化肥2000多袋,奖补资金约17万元。

第三,农业技术下乡解决技术难题。元古堆村合作社与甘肃省农科院合作,聘请省农科院百合种植专家为技术顾问,每年向元古堆村提供技术支持并指导农户进行百合种植。合作社向农户发放的百合专用化肥就是在农科院专家的指导下选取的。

综上,我们看到,脱贫攻坚以来,元古堆村解决了百合种植的启动资金问题、物流问题以及种植技术问题。2019年,全村大概有370户的农户种植百合,占全村总户数的82%,其中种植面积在30亩以上的大户有10户左右。全村共种植百合1310亩(其中合作社种植面积816亩),涉及建档立卡贫困户70户294亩。

(二)大力发展中药材种植

元古堆村有较长的中药材种植传统,主要以当归和黄芪为主。但是,中药材种植风险高、市场波动大,制约了元古堆村的中药材产业发展。我们以该村龙姓中药材种植户为例,来看中药材种植的过程和技术细节。

2019年调研时,龙大哥35岁,家里6口人,有10.2亩耕地,种植了3亩当归、1.5亩黄芪、2亩土豆、4亩左右油菜和蚕豆。当归和黄芪是家庭经济收入重要来源,而油菜、土豆和蚕豆主要用来满足自家消费。当归和黄芪的种植流程相似,我们先来看当归的种植流程。

当归的种植流程表

时间	种植环节	详情	成本（3亩当归成本）
4月	施底肥、翻耕土地、覆盖地膜	每亩使用二胺、钾肥和尿素作为底肥，成本大概70元；然后拖拉机翻耕，1亩地拖拉机大概1小时即可耕完；覆盖地膜，每亩使用地膜1卷，耗费4个工。	肥料：210元 地膜：210元
4月中旬	栽苗	每亩10斤苗；栽苗每亩耗费4个工。栽苗一般雇工2人和4个自家劳动力（夫妻二人、母亲和妹妹）一起2天完成。	苗：30多元 雇工：200元
4月中旬到11月	大田管理	打药：1周1次，3亩地要耗费1天时间，农药2000元（3亩当归、1.5亩黄芪）。 除草：大概5次，除草1亩地2个工。 追肥：2次复合肥，每次150元；1次尿素，100元。 拔苔：即把长坏的苗拔掉，3亩耗费1天。	农药：1600元（前述2000元包括了黄芪的农药费用） 追肥：400元
11月	收获	拖拉机翻地，后面人工捡拾。每亩大概收获1200斤。 1亩地8个工，父亲会回来帮忙。	
	出售	分类、晒干、切片、出售。 销售到附近的会川镇中药材市场。	

当归正常年份的亩产大概在1200斤，晒干以后大概成180公斤干货，按照全归片的价格计算，大概每亩毛收入3600元至5400元，这也就是当地农户估计每亩当归毛收入4000元。根据上表的种植流程计算，3亩当归的投入2290元，平均每亩大概750元。可以粗略地估计，正常年份当归种植每亩收益可以达到2850元至4650元。当归种植有以下特点：

第一，当归种植需要较大的人工和资金投入，也对劳动力有一定的技术要求。首先，当归种植从4月到11月都需要壮劳力管理，除了种植和收获时需要大量的劳动力，平时还需要不断观察防治病虫害和除草；其次，当归对土质要求很高，一般种植3年就需要休耕，轮作其他作物；最后，当归种植需要较高的投入，每亩成本在750元左右。

第二，当归种植的风险很大。一方面是当归种植容易受土壤、病虫害、气候（既不能太晒也不能下太多雨）的影响，每年亩产波动很大，有的年份甚至会绝收。2018年龙大哥种植了2亩当归，几乎绝收。另一方面，当归价格受市场波动影响很大，过去，当归最高价格到过40多元每斤，而2018年全归片最低只卖每斤13元，2019年价格为每斤20元至30元。

设施建设打基础　产业升级促脱贫
——甘肃省渭源县元古堆村调查报告

黄芪的种植流程与当归相似，也经历施底肥、栽苗、大田管理（打药、除草、追肥）、收获环节。与当归相比，第一，黄芪管理简单，不用覆盖地膜，黄芪发病率低，打药次数也少，而且可以通过农机收获。第二，黄芪的种苗比当归便宜，农药投入也少（大概400元每亩）。第三，黄芪收益低于当归，每亩正常年份产量800~1200斤，每斤售价1.5~2元，也就是龙大哥估计的亩均毛收入在2000元左右，扣除成本，亩均纯收入1500元。

综上，我们可以看到制约元古堆中药材发展的两个因素：种植风险高和投入较大，很多村民不敢扩大自身经营规模。脱贫攻坚以来，元古堆村通过各项措施克服了种植业风险高、投入大的问题。

第一，种植业保险。2013年元古堆村开始进行中药材种植产值保险。以村民白大哥为例，他在2018年种植了11亩的当归。由于2018年全年降水量较高，很多当归烂在了地里，白大哥一家每亩地的收益仅仅为300元，由于在种植之初购买了产值保险，当亩产低于900元时，保险公司会补足900元，因此白大哥一家2018年从保险公司处获得了每亩600元的赔付。通过这种方式降低了当归种植风险后，元古堆村民逐渐扩大了种植的规模。

第二，引入龙头企业，降低市场风险。农户种植的中药材需要到中药材市场销售，由于存在一些中间商囤货、出货调节价格，往往农户只能够将中药材以较低的价格出售，还需要承担运输的费用，因而利润较低。2018年，元古堆村引进了龙头企业，在村内设立了办公室和车间，主要从事中药材收购、加工、出售等环节。

元古堆村的中草药种植（摄影 付伟）

(三)大力发展务工经济

元古堆村村民收入很大一部分来自务工经济,村民打工收入能够占到家庭全年总收入的四成左右。

2013年之前,全村只有40来人外出务工,其中长期在外打工的只有20人左右。2018年全村累计外出务工的人数将近400人[①],村里提供的《2019年1月元古堆村村民外出务工去向统计表》共登记有247位元古堆村村民外出务工信息,其中有178人从事建筑、工程等相关工作;有55人从事餐饮、汽修、销售等服务业;有10人从事技术工人的工作;4人从事制造业工作;等等。

在打工地选择方面,有7人在渭源县县城务工,这7人全部从事木工、钢筋工等建筑、装修行业;在兰州市务工的有138人,以建筑工人、清洁工人、服务员为主;有18人在甘肃省定西市、天水市、陇西市、酒泉市等省内其他地市务工,以临时工、建筑工人为主。其余84位务工人员务工地以北京、上海、新疆、青海、江苏、福建、安徽、河北、湖南等地为主,也有几位务工者到非洲从事煤矿业的工作。省外长距离务工人员从事行业也是以建筑业、服务业为主,但是服务业从业人员比例明显较省内高,工资收入水平也较高,例如在青海西宁砖厂工作的李大哥年收入达到了48000元,在陕西做钢筋工的华大哥年收入也达到了45050元,还有一些在江苏等地从事电工的务工人员年收入也超过了20000元。

务工人数的大幅度增加与脱贫攻坚的深入开展有着密切的关系。

首先,大规模的基础设施建设工程需要劳动力,雇用了大量的本地农民。村民在这个过程中学到了技术,尝到了务工的甜头,萌生了打工的念头。脱贫攻坚过程中元古堆村针对劳务输出展开了大量的培训,也对村民外出务工起到了动员的作用。

其次,基础设施改善和本地种植结构的调整也间接地促进了劳动力外出。基础设施改善,尤其是公路的修通,使农民能够使用拖拉机耕地和收获。同时受惠于前几年的农机补贴政策,农户纷纷购买了拖拉机(当地村民称为"气死牛")。农业机械替代了翻地和运输等需要壮劳动力农业环节的人工投入,

---

① 包含长期务工、短期务工以及季节性外出务工的人数。

使得壮劳力只需要在播种、收获季节务农，其他时间可以外出务工。留下妇女进行大田管理即可。用老百姓的话说就是，"之前男劳动力走不脱"，而现在青壮劳动力可以外出务工。

最后，种植结构的调整也促进了村民外出。虽然经济作物的种植是劳动力密集型产业，但是却和劳动力外出务工不冲突，相反还有利于劳动力外出。这是因为该村从种类繁多、种植过程复杂的农作物种植发展为相对单一的经济作物种植，农民产生了一段较长农闲时间。村民形成了 4 月到 11 月种植经济作物、11 月至来年 4 月外出打工的时间安排习惯，形成了"经济作物种植＋务工"的家庭经济结构和劳动力配置。

四、帮扶机制不断完善

元古堆村的脱贫攻坚工作，得到了各级领导的亲切关怀和大力支持，形成了强有力的帮扶机制。

（一）健全帮扶机制，全力推进帮扶措施

1. 修订规划

县里与省发改、扶贫部门沟通协商，修订并完善了《渭源县田家河乡元古堆村扶贫攻坚规划（2013—2020 年）》，编制了美丽乡村建设、农业特色产业、生态建设、设施畜牧业、村庄建设等专项规划。

2. 企业帮扶建设项目

多家企业到元古堆村帮扶、投资超过 3000 万元。2013 年，企业帮扶 100 万元，用于建立扶贫互助协会，按照 1∶10 比例撬动银行资金，帮助群众发展产业。2014 年，建设游客接待中心，建造 2000 平方米的仿古四合院旅游接待中心 1 处，建成观景亭 1 处，蓄水面积 13000 多平方米的拦水坝 5 处。2014 年，又建设了养殖小区，包括草山围栏、羊舍、梅花鹿圈舍等。

3. 组织推动汇聚合力

元古堆村的脱贫攻坚工作，得到了各级领导和单位的大力支持。2015 年 8 月至调查时，市、县主要领导都将元古堆村确定为联系帮扶村，先后组建了由国务院扶贫办下派干部任第一书记、队长，市、县、乡干部任队员的驻村帮扶工作队开展帮扶工作。同时，田家河乡先后选派 2 名副科级干部及

2名副科级后备干部担任村党支部书记，加强村级班子力量，充分发挥基层党组织引领保障作用。中央统战部、交通部、酒钢公司等30多个单位、企业倾力帮助和支持元古堆村脱贫攻坚，促进了人才、资金、项目和公共服务等资源向元古堆村汇集。

（二）政府扶持助力产业转型

在渭源县扶贫产业发展过程中，政府主要发挥"政府扶持"的功能与作用。虽然百合、中药材、务工经济的发展过程，都是群众自发选择的结果。但是政府在产业发展过程提供了大量扶持政策和项目，比如基础设施建设改善生产经营条件、通过贷款或"以奖代补"等方式提供发展资金、通过农业保险降低产业风险、提供农业种植技术等。

在政府扶持的作用下，元古堆村从传统封闭的自然经济转变为"经济作物种植＋务工"的经济模式，具体来看：

第一，种植业结构调整，经济作物种植兴起。从全村总体来看，百合种植业已兴起，从2013年的300亩发展到2019年的1000多亩；中药材有一定的调整和发展，从700亩发展到了2019年的1300亩，风险较低的黄芪成为主要中药材作物；传统种植作物（土豆、蚕豆、油菜）依然种植，但是已转变成了农家经济的补充。

第二，经济作物与打工经济的配合。特色农业的兴起反而导致了外出务工人数的增加，形成了打工与种植紧密结合的家庭经济形态：农忙（种植和收获）时全家一起参与劳动，辅以少量雇用或者互助帮工；农闲时节壮劳动力外出务工，辅助劳动力留守进行大田管理。典型农户如种植中药材的白大哥家，老两口负责经济作物的大田管理，外出务工的女儿在农忙时节返乡帮忙并辅以少量雇用补充劳动力。

五、内生动力有效提升

2013年以前，受到发展条件的限制，村民"等靠要"的心态严重，有不少"坐在门口晒太阳，等着政府送小康"的群众，大多数群众缺乏开拓创新的能力和精神，大部分村民仅能解决温饱。这几年来，随着各项扶贫项目的展开，村内干部也在尝试多渠道激发群众的内生动力，动员群众增强"自己的家园自己建,自己的事情自己办"的积极性,启发农民的自我发展意识,提高农民致富能力。以下是几个比较有特点的措施。

(一)村民大会定方向

在全国,村民大会不仅决定公益岗位分配、分红等村内事务,还曾通过投票的方式选出了村子的主导产业。

2014 年的村民大会,全村超过一半的村民在村"两委"的组织下,按照一人一票的原则,投票选择村子的主导产业。村民在百合种植产业、中药材种植产业、马铃薯种植产业、养殖业和务工产业这五个选项中,选择了百合种植作为村子的主导产业。通过这次投票,政府和村民在元古堆村的发展方向问题上达成了统一认识,加深了党群关系,也激发了群众自我发展的意识。这也从侧面证明了农民群众的经营理念和市场观念已经从过去的传统种植模式中跳了出来,他们开始思索并选择一条适合当地的发展道路。这就为政府主导产业发展做了良好的动员。

(二)"双富"先锋当模范

元古堆村为了提高群众内生动力,注重发挥党员先锋模范作用,实施"双富"先锋行动,即致富能人入党和党员致富能力培养。村党支部先后吸收优秀青年农民入党积极分子 8 名,发展致富能人党员 13 名,推选 5 名致富能人党员进入村"两委"班子。村党支部组织 78 名村干部、致富能人和贫困党员赴福建蓉中村和先进县区、乡镇学习培养,增强了党员致富带富本领。

其中,对于元古堆村影响最大的是 2013 年 3 月至 4 月期间在福建蓉中村举办的"致富带头人"培训班。村里面通过自愿报名,加上投票选拔,挑选出了 15 名村民认为能力强、思想好的青年人赴福建参加培训。在福建一个月的学习,让这 15 名村民不仅学到了知识,还开阔了眼界,激发了上进的念头,当时就有两个人提交了入党申请书。这次学习为村里的未来发展培养了不少致富带头人,15 人中,有人成为百合种植大户,有人成为养殖大户,也有人加入了村"两委"班子。

村主任郭大哥就是当时的 15 人之一。2013 年之前,郭大哥是村中出名的"刺儿头",你说上他偏说下,干部说什么都要反着干。但是参与这次培训让他的心态和见识有了巨大的转变。他说:"之前,我家庭条件不好,没上过大学，也没怎么在外头打工。那次去福建，让我体验到了十几个第一次。比如第一次走进大学校园，第一次参与到干部培训，第一次上党课，第一次坐火车，第一次知道电子商务……也看到了人家南方的化工厂如何从21个人发展到20000人。"

这次学习不仅让他开阔眼界，还激发了他的使命感和上进心，促使他想要为村里发展做出点贡献、留下些事业。此后，他就主动参与村中活动，积极协助各项工作。他在2013年被选为主任助理，并在之后的村"两委"换届中，被选入村"两委"。2019年调研组开展调查时，他是村委会主任，也是全村的致富带头人。

（三）公益岗位新机制

村集体每年通过光伏产业可收入20万元，计划将其中18万元通过公益岗位、奖励或补助分给60个贫困家庭，平均每户3000元。公益岗位主要设置为环境保洁岗、护理岗、卫生监督岗等，以按劳分配方式上岗。

元古堆村探索了分配公益岗位的新机制，通过每年在贫困户中投票，选出公益岗位的人选。这既保障了光伏产业收入用于村中的贫困户，又通过每年调整避免怠工，保护了村民自力更生的动力。

另外，为了激励村民的内生动力，还设立了奖励机制用于表彰"致富星"，对年内道德素质好、致富步伐快的农户予以奖励，以提升群众自我发展意识和能力，达到巩固脱贫成效的目的。

六、思考与建议

（一）进一步发挥政府在产业发展中的扶持作用

虽然元古堆村产业实现了从传统封闭经济到"经济作物种植＋务工"的经济模式转变，实现了第一次产业的转型和飞跃，但是已经开始遇到新的发展瓶颈。尤其在农户单打独斗的情况下，目前的产业模式难以满足产业提升的需求。随着种植面积的增加，已经出现了百合单价逐年降低的趋势，如何延长百合产业链条、增加产品的附加值和竞争力成为突出问题。

渭源县在总结全县产业发展模式的基础上，为了解决产业组织化、标准化问题，提高农民在资本市场的竞争力，提出了"五统一分一标三提高"模式。

其中"五统一分"指的是统一规划地块、统一开展培训、统一提供良种农资、统一技术管理、统一产销对接以及分户生产经营，目的是实现"一标"，即建立标准化的农业产业基地。截至2019年调研时，渭源县已经建成及在建的标准化产业基地共235个，涉及26万亩土地。通过这一方式实现提高产业组织化程度、提高农民组织化程度、提高市场主体组织化程度。

（二）充分认识和调动产业的社会基础

合作社发展是下一步农业产业化发展的关键，但是合作社如何有效组织并良性运作一直是政策研究和基层实践的重大课题。

在调研中，元古堆村在百合种植过程中，为了解决种植环节的用工问题，在既有社会基础上自发形成了相互帮工的互助组。其实这就是合作社雏形，由农户自发形成，解决了农业生产过程的合作问题。虽然这个组织比较原始、松散，发挥的功能也比较单一，但是深入总结其兴起过程、运作规律，对于我们正确认识合作社的实质有着极大帮助。

这种自发的劳动互助组，可以用互助劳动节约劳动力成本，增加农民收入。但更重要的是，这一方式解决了农业产业劳动监督困难的问题。百合收获时不仅工作量大，而且需要工作者非常小心地挖，否则百合一旦散了，就卖不了好价格。固定的互助合作组织内部成员相互非常熟悉，如果有人在工作时偷懒或是损坏了农作物，会受到其他成员的排斥，那么在他需要别人帮助时会获得同样的对待，久而久之，这个人甚至会被踢出这个组织。

村庄中的人际关系和人情往来对于村民有着极强的约束力，是合作社运作的社会基础。乡村产业的快速发展、合作组织的良性运作，除了需要加大在政策、资金方面扶持力度，还需要充分认识和调动村庄和产业发展的社会基础。相比于政策、资金方面的投入，这需要更为细致深入的工作，也给下一步扶贫产业发展提出了新的课题。

（北京大学调研组　执笔人：付伟、何奇峰、王哲）

村庄现状：

元古堆村继续巩固"经济作物种植+务工"的发展模式。为解决百合储存不便、产业链条短的问题，2020年村里建成了百合加工厂1处，进一步提高了产品附加值。在合作社带领下，农户试种高原羊肚菌成功，亩均收益可达2万元。当地努力克服新冠肺炎疫情影响，有计划、有组织地输转外出务工人员356人，其中脱贫户占了一半以上。元古堆村正在创建国家AAA级景区，已经建成党性体验区、休闲观光区、地质文化探险区、农耕体验区，带动本村和邻村480余人实现了就近就业。2020年底，元古堆村村民人均可支配收入达到11598元，脱贫人口人均可支配收入也突破万元，村级集体经济收入达到24.8万元，群众腰包更鼓、日子更甜、信心更足。

集体经济融合特色旅游 企业主导助力脱贫攻坚

——青海省祁连县麻拉河村调查报告

麻拉河村处于青海省海北藏族自治州祁连县的八宝镇,坐落在著名景区卓尔山脚下。这一区域是迄今世界上原始生态保存最为完整的地区之一,生态优势十分明显。自2015年以来,祁连县八宝镇麻拉河村在各级政府支持下,在保护环境的同时,抓住精准扶贫的政策机遇,修建乡村旅游公路,利用特有的旅游资源,在旅游产业融合发展的路上阔步前行,开展脱贫攻坚工作。通过改善生态环境、打造美丽乡村、灵活运用扶贫资金进行旅游项目投资,壮大集体经济,汇集人力物力,成功带动村民脱贫致富,让麻拉河村彻底改变了面貌,成为卓尔山脚下远近闻名的生态旅游新村。2019年7月,调研组到麻拉河村实地调查时,看到红砖青瓦、白墙绿门的村居错落有致,干净整洁、平坦的柏油路四通八达,笔直明亮的太阳能路灯矗立在道路两旁,一派民富村美的新时代景象。"绿水青山就是金山银山"在麻拉河村得到了真正的诠释。

一、建档立卡基期村庄概况

(一)人口居住分散,少数民族混居

2015年,麻拉河村全村共218户721人,人口居住较为分散。从人口分布来看,麻拉河123户、红崖湾21户、县城74户。麻拉河村是少数民族混居村,全村有回族、撒拉族、东乡族、蒙古族、藏族、汉族、土族、满族8个民族,其中回族占全村总人口的92%以上。全村上班人员7人,在读大

决战贫困中的村庄：
定点观测报告（2017—2019）

卓尔山远景（图截自纪录短片《卓尔山脚下崛起的旅游村庄》①）

学生 18 人，未就业大学生 5 人，高中学生 12 人，义务教育阶段学生 67 人。

（二）生产生活情况

麻拉河村共有耕地 1340 多亩，林地面积 13527 亩，草场 30617 亩。村内种植以青稞、小麦、马铃薯为主，畜牧业以天然草场放牧为主，牲畜存栏 3129 头（只），其中，牛存栏 476 头，羊存栏 2653 只。由于麻拉河村所处之地海拔较高，年平均气温只有 0.7℃，且土地大多是贫瘠的山地，不利于农作物种植，农作物产量不高，因此村民在土地上的收入很少。受到村庄耕地质量和自然条件的限制，外出务工成了村民挣钱的最主要渠道，全村 75% 以上的劳力常年在外务工。村里的支部书记这样描述当时的收入情况："一年下来，在土地上的收入很少，年轻人都出去打工了，村里就剩下老人和孩子。"

（三）旅游资源丰富，处于未开发"沉睡"状态

麻拉河村地处牛心山、卓尔山风景区腹地，享有得天独厚的旅游资源。由于当地海拔落差较大，地势起伏显著，最低 2623 米，最高 4711 米，四面环山，非常适合发展旅游业。其中最为著名的有国家 AAAA 级景区卓尔山，麻拉河村是由西线通往卓尔山景点的必经之地，被称为卓尔山的"后花园"，具有得天独厚的发展条件，但在 2015 年之前，村庄的旅游资源均处于未开发的"沉

---

① 青海省祁连县麻拉河村脱贫攻坚纪录短片《卓尔山脚下崛起的旅游村庄》，由中国扶贫发展中心监制，中国农业电影电视中心于 2020 年拍摄并制作。

睡"状态。

（四）基础设施建设薄弱，公共服务投入不足

脱贫攻坚实施之前，麻拉河村基础条件较差。尽管距离县城较近，但是水、电、道路等基础设施都不完善，居住不太方便。由于公共服务建设投入不足，医疗条件有限，患者无法及时得到有效治疗，多数疾病需要前往西宁、民乐、张掖等较远的地区治疗，给群众生活带来负担，缺医少药看病难问题较为突出。

（五）收入水平普遍偏低，因病因残是主要致贫原因

2015年全村共有建档立卡贫困户24户78人，贫困发生率为10.82%。其中，低保贫困户17户62人，兜底贫困户5户8人，一般贫困户2户8人。致贫原因中，有10户为因病致贫，5户为因残致贫，因病因残是麻拉河村主要致贫原因。村民收入普遍较低，贫困户的人均纯收入仅为2000多元，麻拉河村在2015年底被确定为建档立卡贫困村。

二、脱贫攻坚投入与建设

（一）资金投入：数量、来源、投向

自精准扶贫工作开展以来，麻拉河村扶贫资金主要为旅游扶贫资金、村级集体经济资金以及旅游配套资金等，到2018年底，获财政资金达500多万元。通过将资金集中整合，以及对贫困户产业到户资金的统一管理，麻拉河村将资金主要投向旅游扶贫和养殖项目的开发。集体经济共投入700多万元，建设生态园、农家宾馆和养殖小区各一个，用于租赁和经营。还有一小部分资金在县扶贫局的介入下统一投资到当地旅游开发公司，贫困户每年获得分红。各项基础设施建设，如修建公路、停车场以及道路硬化、人居环境改善等所需的资金，主要来自县政府和企业。

（二）脱贫攻坚主要措施

麻拉河村通过摸清贫困底数、完善村级基础设施、引导贫困群众发展特色产业、"第一书记"领路致富、结对认亲帮扶开"药方"等帮扶措施，带动贫困群众走上脱贫致富的道路，开创了扶贫开发工作新局面。主要做法和工作亮点有以下几个方面：

1. 精准整合旅游资源，大力发展村级产业

旅游业是麻拉河村壮大集体经济、促进村民增收致富的支柱产业。依托全县"天境祁连"旅游品牌和卓尔山景区的优势资源，麻拉河村凭借区位优势、资源特色，积极迎合市场需求，不断挖掘文化内涵、发挥生态优势、突出乡村特点，大力发展乡村旅游产业。第一，充分利用"中国美丽田园油菜花景观"品牌，紧密依托优势资源、优惠政策和民俗风情，围绕发展生态农业、特色农业、休闲观光农牧业，对土地进行油菜、青稞集约化种植和打造自然景观型农业生产，将全村打造成特色鲜明、环境优美的旅游村落。第二，将扶贫资金聚集起来，共投资500多万元，修建集餐饮、住宿、休闲于一体的生态园，占地面积为15亩。并将其对外承包经营，每年能够收取42万元承包费，收益按照一定的比例分红给贫困户。第三，利用独特的资源优势，在保证青山绿水的基础上，将村内集体草场流转给旅游公司，每年实现租赁收入81万元，全村每年人均分红2000多元，进一步为脱贫攻坚保驾护航。第四，积极协调县扶贫部门，在旅游景点处修建移动摊位20处，无偿分给每个贫困户一处，供其摆摊售卖酸奶、酿皮和当地特产等，带动贫困户发展乡村旅游业。在每年6月到9月的旅游旺季期间，平均每个贫困户能够增收2000元以上。第五，积极探索发展"旅游+文体活动"。2018年，伊卡洛斯国际飞行节和首届麻拉河"玩偶狂欢节"落户麻拉河村，提升了麻拉河村乡村旅游的品牌力、知名度和美誉度，丰富了麻拉河村"飞行小镇"体育综合体内涵，使文化软实力成为发展乡村旅游的"硬"资源。2018年，麻拉河村乡村旅游净收入达200多万元，转移就业人员18人，人均收入1.24万元。

2. 推进集体经济破零复壮，带动贫困群众脱贫增收

麻拉河村所在祁连县政府充分利用贫困村集体经济发展试点财政专项扶贫资金，紧扣农村资源、资产、产业三要素，在麻拉河村因地制宜、先行试点，通过发展生态园、农家宾馆实现收益，盘活集体资源，壮大集体经济，探索出一条乡村旅游产业和村级集体经济发展深度融合、带动村民增收致富的新路子。截至2019年8月，麻拉河村集体修建建筑面积为1636平方米的生态园一幢，占地面积为2300平方米的养殖小区一处，占地面积为20平方米的移动摊位10处，占地面积为180平方米的宾馆9间。2018年，生态园

承包费收益40余万元，草场租赁收入80余万元，草原奖补约17万元，养殖小区收益约8000元，村级集体经济年总收入达到140余万元。

3. 拓宽就业创业渠道，安置公益岗位保障固定收入

结合高原美丽乡村建设，加强和完善乡村基础设施建设，引导新观念，培育新理念，积极调整产业结构，搭建就业平台，帮助群众实现就地创业和就业，进而带动大众创业，增加贫困农户收入。除了在旅游景点处设置移动摊位让贫困户经营，麻拉河村还选出18位有劳动能力的贫困户，安置生态管护员岗位，每月工资1600元，进一步增加了贫困户的经济收入。另外，积极鼓励周边群众开发和发掘农家乐和家庭宾馆、民俗体验区、汽车自驾、休闲运动等特色产业，通过建立利益联结机制或落实就业岗位带动贫困户脱贫致富。截至2018年底，农户自营农家宾馆有15家，从业人员达到104人。在家庭宾馆的发展带动下，2018年全村人均年收入达到了12500元以上，实现了劳动力的就地转移，切实增强了村民"自我造血"功能。

4. 建立医疗保险"五道保障线"，提高贫困人口兜底保障水平

麻拉河村所在祁连县对当地贫困人员实施县域内住院"先诊疗、后付费"和"一站式"结算服务模式。入院时不需缴纳住院押金，切实减轻患者垫资压力。同时筑牢贫困群众基本医疗保险、大病保险、医疗救助、商业补充保险与救急保险"五道保障线"，让贫困户看病不再难、不再贵。另外，加大对患有大病、慢性疾病贫困人口的分类救助力度，有效解决贫困人口因病致贫、因病返贫问题和抗病风险能力。2017年，祁连县从本级财政扶贫资金中按照人均170元的标准与保险公司签订"青海省海北州祁连县贫困人口住院医疗补充保险协议"作为补充保险，为全县建档立卡贫困人口购买医疗补充保险共计83余万元。2018年，全县建档立卡贫困人口住院医疗补充保险增加到人均260元，共计126余万元，实施兜底保障。自2017年实行健康扶贫政策以来，贫困群众个人自付费用控制在10%以内，有效化解减轻贫困人口经济负担。

5. 巩固义务教育普及成果，"志智"双扶斩断穷根

祁连县对当地贫困户深入实施教育扶贫，巩固义务教育普及成果。截至2019年，适龄儿童在义务教育阶段无一人辍学。同时，加快普及高中阶段教育，

使儿童、少年入学率达到100%。完善农村贫困家庭学生教育支持政策，综合运用减免学费、教育补助、教育救助、助学贷款等政策措施，对脱贫学生从学前教育到大学教育进行全程扶持。其中，脱贫户家庭在园幼儿每年给予1200元生活补贴；义务教育阶段脱贫户家庭寄宿生按照每生每年小学1700元、初中1900元的标准给予生活补贴；普通高中和中等职业学校脱贫户家庭在校生免除学杂费，每生每年发放2400元补助；中高职脱贫户家庭新生每生再给予一次性3000元扶贫助学补助；脱贫户家庭大学本科生在校就读期间，每生每年给予6000元扶贫助学补助。

6. 加大基础设施建设力度，全方位改善村民生活条件

道路建设方面，建设乡村旅游公路3.5公里，道路硬化3公里，并进行道路绿化美化。饮水安全方面，对供水系统进行改造，新建1个集中供水塔，新建人畜饮水管道3000米。农村自来水普及率稳定在100%，每人每天可获得的安全饮用水超过40升，供水保证率达到98%，取水更加便利。用电条件方面，全面提升农网供电能力、供电可靠性和供电质量，2017年改造低压线路10公里，照明用电入户率稳定在100%。文化场所建设方面，新建、改造村级文化活动场所，全村文化服务体系进一步健全，实现全村有线数字电视全覆盖。另外，村里还对村级卫生室进行改造，完善服务功能，加强对村医的培训和管理，不断提高全民医疗救助水平。

7. 深入实施金融扶贫，互助资金投放力度增加

村内每年有50万元精准扶贫互助资金担保贷款储备，每名互助资金协会会员每年可以借贷3万元至5万元，贷款主要用于发展产业，期限一年，到期还本付息后可以再贷，货款的利息由财政扶贫资金全额贴息。2018年，麻拉河村共向11户会员发放互助资金借款45万元，为有产业发展意愿和条件的脱贫户以及具有示范带动作用的农民专业合作社、农家乐、农家宾馆等小微企业的发展提供了资金支持。

三、脱贫攻坚成效

（一）收入水平大幅提升，主要来源由种植业转为旅游业

精准扶贫战略实施之前，由于自然条件限制，麻拉河村的种植面积、

种植条件以及草场面积有限,难以发展特色经济作物种植、大范围实施牛羊育肥等集体经济达到共同富裕,村民主要种植油菜和青稞,收入来源单一。2015年底,贫困户的人均纯收入仅为2000多元,收入普遍较低。近年来,随着旅游产业的发展,村民通过入股分红、发展农家乐、就业创业等途径,使得村民的人均可支配收入有了明显提升。2018年,全村贫困户人均可支配收入已超过1.2万元。贫困户收入来源还包括林业管护岗位工资、村集体产业分红、资产收益分红、外出务工收入等,其中旅游产业相关收入成为村民的主要收入来源。2019年,麻拉河村集体经济总收入达140余万元,旅游收入占总收入的42%。如脱贫光荣户马某,2015年家庭收入几千元,到2019年超过万元。这些收入以生态旅游为中心,包括:入股生态园,年终每人能分红512元;生态园还免费为贫困户提供10个摊位,每逢旅游旺季,摆摊卖货也能增加不少收入;部分集体草场租赁收入人均每年可分红1000多元;担任生态管护员每月发放1700元工资。在脱贫攻坚政策指引下,麻拉河村村民的生活越来越好,日子越过越红火。

(二)基础设施和公共服务得到明显改善

精准扶贫战略实施以来,群众生活生产条件改善显著,逐步完善了公共服务设施。"两房改造"完成175户,乡村旅游公路(柏油路)修建3.5公里,道路硬化3公里,水、电、广播电视、通信入户率均达100%。到2019年,通过详细的规划和整改,麻拉河村已经聚集了各类资源,实现了便利的交通、干净整洁的村容村貌。背靠着美丽的卓尔山景区,麻拉河村村民们感受到了村庄日新月异的变化。同时,新型合作医疗参合率为100%,新型农牧区社会养老参保率达100%。村内设有村级服务中心、医疗卫生室、乡村幼儿园各一处,自身作用发挥良好。

(三)村级治理体系得以重构

精准扶贫战略实施后,镇党委、政府组织联点领导、麻拉河村"第一书记"和扶贫工作队员经常性深入开展大走访、大调研,认真倾听贫困群众诉求,认真分析贫困户的致贫原因,逐户走访建档,与贫困户交心谈心、算账对比,制订"一户多策"帮扶计划,谋划布局产业项目,科学制定整村脱贫实施方案,切实把群众带动起来,把医疗体系完善起来,把发展环境优化起来，着力推动贫困户的经济和产业健康发展。驻村工作队联合村"两委"班子、熟悉村里情况的"三老"人员、村民代表召开座谈会，结合本村实际，围绕乡风文明、遵纪守法、基层治理、环境卫生整治、扫黑除恶、乡村振兴、助力脱贫等方面，并结合麻拉河村的实际制定了村规民约，让麻拉河村立新风、树新风，构建了文明有序的乡村治理环境和治理体系。

（四）内生动力及乡风文明同步增强

精准扶贫战略实施以前，麻拉河村村民的心气儿不高，思想落后，脱贫动力不足，开村民大会时很难能够商量成事。自扶贫政策实施以后，在驻村"第一书记"和扶贫工作队的帮助和引导下，村民对于脱贫的意识有了提高，内心也有了发展的动力，一些村民开始自发地谋出路、搞创业。随着旅游景区的发展带动，全村的村民都认识到生态保护的重要性，开始自觉维护村庄环境。此外，麻拉河村村民大会召开得一年比一年频繁，会上提出的方案也较容易得到通过，村民们更加团结积极，心往一处想、智往一处谋、劲往一处使，从而形成合力、产生效力，让村庄发展得更美好。

（五）贫困发生率彻底清零

2015年底，麻拉河村共有建档立卡贫困户24户78人，贫困发生率为10.82%。通过大力发展旅游产业，以及集体经济的带动，2016年底，麻拉河村经省州县考核验收，全面完成脱贫攻坚任务，实现了贫困村脱贫出列。截至2020年底，贫困发生率降为0。

四、经验与启示

（一）经验："政府扶持+企业主导"模式促进旅游产业扶贫，到户资金融入集体投资实现贫困户增值获利

脱贫攻坚战打响以来，祁连县充分认识到"文化产业的软实力、旅游产业的朝阳性"，高度重视旅游业发展，提出"旅游兴县"发展战略，把旅游业确定为主导产业之一，吸引旅游开发企业到当地进行旅游景区建设。2016年2月，祁连县被国家旅游局（现为文化和旅游部）确定为首批国家全域旅游示范区创建单位，旅游业呈现出高速发展的态势，旅游综合效益持续提高，"天境祁连"的影响力和知名度不断扩大。麻拉河村正是借助卓尔山风景区

的优势，用活旅游扶贫资金以及产业到户资金，通过政府牵线、企业主导进行旅游开发投资，带动居民积极参与旅游经营，从而让村内的贫困户增收脱贫。通过实施"旅游+山水田园+特色餐饮""旅游+特色风情小镇+特色民俗""旅游+土特产品商业+技能培训"等形式，盘活乡村特色旅游资源，帮助建档立卡贫困户通过参与旅游脱贫致富，分享旅游发展的成果。

1. "政府招商引资+企业主导产业"，开创扶贫产业发展新模式

据麻拉河村村民回忆，早在2010年，村里就想通过发展旅游业致富，但由于缺少资金和经验，并未出现很好的效果。2012年，旅游公司开始承包开发卓尔山旅游景区，企业的介入使景区越做越大，游客络绎不绝。2015年，麻拉河村修建了通往卓尔山的摆渡点，有了这样一个中转站，来到卓尔山景区的人基本都会在麻拉河村驻足，这成了麻拉河村发展旅游业的一个重要转折点。自精准扶贫战略实施以来，部分贫困户使用扶贫贷款筹集资金，将房子改建成家庭宾馆，招揽游客提供食宿，还有少数一些有资本的村民建起了具有一定规模的宾馆，他们会选择优先雇用贫困户，解决部分贫困户的就业问题。

旅游公司同样从多方面参与到精准扶贫中，为扶贫工作做出很大贡献。2016年，公司投资300万元为麻拉河村贫困户配置木质销售岗亭，销售旅游产品，帮助其实现脱贫增收。2018年，县民政局和扶贫开发局考虑到部分村庄在项目选定上难度大、资金短缺、收益率低等原因未能确定项目。为了确保扶贫项目顺利实施，扶贫开发领导小组实施了祁连县脱贫攻坚旅游扶贫产业专项项目。在全县范围内打造旅游扶贫示范基地1处，将财政扶贫资金1000余万元（其中整合了2018年旅游扶贫资金600万元、村级集体经济资金440万元以及动态调整后产业到户资金30余万元）全部入股到旅游公司，让其自主经营、自负盈亏，公司每年需按投入资金的10%为贫困户分红。另外，在示范基地运营后，该公司还为全县建档立卡贫困户安排了200个摊位，分别设在拉洞台村和麻拉河村的游客集散中心及卓尔山景区内的廊厅休息区，其中，拉洞台村游客集散中心设摊位90个，麻拉河村游客集散中心设摊位70个，景区廊厅休息区设摊位40个。截至2019年8月，已经成功安排124户，直接带动贫困户增收。同时，公司还需优先考虑建档立卡贫困人口，到其所经营的4个子公司中务工，从而帮助贫困人口实现就业。

作为补偿，政府为旅游公司提供金融扶贫贷款1亿元，并按照企业带动贫困户的数量进行贴息。据企业负责人介绍，目前该企业进行银行贷款的利率仅为普通商业贷款的一半，剩下的由县扶贫局承担，很好地解决了企业的融资问题。同时，政府协助企业进行旅游宣传，以全域旅游的全面推广或重点推介的方式，在省级或以上主流媒体、网站、电台、电视台、飞机场、火车站等交通枢纽、站点进行多频次、大范围的普及型或专项宣传，从而提升企业经营业绩，实现双赢。由此看出，通过企业主导旅游产业，能够更好地发展特色优势产业；而通过政府牵头和扶持，能够集中力量办大事，并运用自己的宣传能力为企业创收，进而促进贫困人口脱贫。政府司其职、企业谋其利，都为扶贫工作发挥了自己应有的作用，从而实现扶贫资金效益最大化，贫困户收入持续稳定。这一创新举措不仅充分尊重了扶贫对象的意愿，坚持了"因地制宜、突出特色、产业带动、集中连片"的原则，更是转变了扶贫发展方式，促进了当地经济和社会发展。

从当前全国的扶贫工作来看，出现了两种不同的产业扶贫模式：一种是政府主导模式，即由政府先对扶贫项目进行选择和规划，再引进企业来实施项目；另一种是企业主导模式，即政府直接将扶贫资金投资给企业，由企业来决定扶贫产业的发展方向。目前，大多数贫困村采用的是第一种方式，而麻拉河村及其所在的祁连县采用的则是第二种方式，围绕食、住、行、游、购、娱六大旅游产业要素，把发展服务业、培育旅游服务新业态作为改善民生和山区群众精准扶贫、精准脱贫的重要着力点，扶持企业重点参与。在招标时选择经营效益好的企业，由企业到贫困村开发旅游项目，进而带动贫困户的发展。从理论上来说，企业在产业投资、经营获利等方面要比政府更擅长，更能够根据市场的走向选择合适的产业；但是从扶贫的角度讲，政府的目标是完成脱贫工作，而企业的目标则是自身利润的最大化。政府和企业都有各自的功能和目标，因此，此两种由不同主体主导的扶贫模式各有优缺点。政府主导模式的好处在于其所发展的扶贫项目是从农户的角度出发，能够让贫困户深度参与其中，并且能够保障产业在几年之内都有持续的资金供给，从而有助于发展收益见效慢的产业。这种形式一旦发展成功便能够带动贫困户获得丰厚且长久的收益。但是相比企业来说，政府人员对于产业发展并不擅长，因此所选择的产业的市场竞争力可能会相对较弱，因此由政府定产业方向虽能更好地进行帮扶，但是产业投资的风险也相对较大。而企业主导模式的好处在于能够敏锐地把握市场动向，将扶贫资金发挥最大的收益，但是若让企业主导，获得产业收益最多的一方则是企业，农户相对来说参与产业的程度并不深，大多只是获得工作岗位。因此对于企业主导这种模式而言，尽管产业方向由企业来定，政府在具体运营的过程仍需积极介入，在其中起到引导协调的作用。一方面采取措施让参与扶贫的企业从多方面带动贫困户，另一方面将扶贫的资源融入产业，随着产业发展使资源增值，进而成为农户可持续性的收入来源。从麻拉河村的成功经验可以看出，采取企业主导的模式的确能让旅游产业发展得更好，能够保证固定的收益，并且通过政府和企业签订合同，企业也设置相关就业岗位和摊位对贫困户进行积极带动，只是目前所带动的程度较浅，要想让贫困户深度参与企业产业，还需政府部门的进一步介入。

2. 扶贫资金集中投资，壮大村级集体经济

"穷家难当"一直是制约农村发展的瓶颈。过去，麻拉河村"无钱办事"，导致基层村级党组织"有心无力"、人才和人口流失，破"茧"刻不容缓。自脱贫攻坚战略实施以来，麻拉河村按照"把资源变为资产，把资产转为资本"的思路，与乡村旅游产业结合，通过发展农家院、农家宾馆实现收益，从而盘活集体资源，走出了一条发展壮大村级集体经济的新路子。

2016年，麻拉河村被确定为脱贫样板村，每个贫困户每年有6400元的产业到户资金，经过多方面商讨并征得贫困户的同意，村委会决定不将这笔钱直接分给贫困户，而是跟其他扶贫资金集中在一起，一共投资500余万元，围绕文化旅游产业这一中心目标，在卓尔山风景区沿线麻拉河村内建设一处生态园，项目委托承包卓尔山景区的旅游开发公司进行建设。2016年底项目建成以后，将生态园对外租赁给一家商贸公司，采取"贫困户+旅游公司（村企共建企业）"的产业化经营组织形式发展乡村旅游业，每年公司向麻拉河村"两委"支付承包费40余万元，其中4万多元用于建档立卡贫困户分红，使贫困户稳定增加收入，而剩下的租赁收入归入集体。加上草场租赁收入80余万元，以及草原奖补、养殖小区收益等都归入集体资金，每年的集

体收入能够达到 140 余万元。据麻拉河村第一书记介绍，随着集体经济的壮大，村里能办的事情越来越多，一方面能够对村民进行公益性的帮扶，村民的医保费用全部是由村里出钱，有个别村民家里遇到突发状况，村里及时给予一定的资金支持；另一方面，通过村集体的投资，能够吸引的企业、人才和资金也逐渐增加，从而实现良性循环。由此可见，发展集体经济不仅能够帮扶贫困户，对整个村的带动力度也很大。麻拉河村还将结合村内优势，继续投资更多的项目，进一步增强村集体的发展活力。

3. 巧借贫困户身份增加宣传，动员广大游客参与扶贫

2018 年，在为建档立卡贫困户安排摊位时，旅游公司的管理人员提出了一个新创意：他们在 142 户贫困户摊位前面立上了精准扶贫的牌子，并在牌子上面将建档立卡的个人信息公布出来，目的是让游客知道摊位是由贫困户来经营的，符合国家精准扶贫建档立卡的标准，让游客了解到他们贫穷到什么程度。一方面，游客普遍愿意购买贫困户摊位的商品，会觉得自己也在参与扶贫，从而产生购买动力；另一方面，这对景区也是一种很好的宣传，游客在游览时很有可能将贫困户摆摊的事情通过拍照或讲述传播开来，大家了解到景区在做扶贫公益事业，从而进一步提升景区品牌的形象和知名度，吸引更多的游客来景区游玩、购物。

2018 年的实践证明，相比于普通摊位，游客的确更愿意购买精准扶贫摊位的商品。据公司负责人讲述，有一户贫困户由于父亲重病，需要母亲照顾，摊位上只有一个放假在家的 9 岁小孩在经营，只是简单地卖一些酸奶之类的零食，而当公司为他的摊位立上了精准扶贫的牌子之后，在旅游旺季每天都会有很多游客去帮助他，有的游客买东西时甚至不要找零，由此积少成多，能够获得更多的收益，在旅游旺季实现持续经营。

由此可见，这是一种非常有效的扶贫方式。旅游产业的发展意味着吸引更多外来游客进入，而游客大多有一定的经济基础，通过立牌子这种方式能够借助旅游景区的优势，巧妙地利用贫困户的身份，从而让扶贫事业不仅是当地政府和企业的责任，更是整个社会的爱心凝聚，能带动更多的社会力量自主自发地参与到扶贫项目中。因此，这种创意的实施非常有价值。可以看出贫困户的身份在与外界建立联系时可以起到一定作用，因此政府和相关企

业如何巧妙利用贫困户的身份,让整个社会有意愿、有渠道来帮助他们,对于扶贫工作的开展将是一个很好的突破口。

景区中的贫困户摊位(摄影 王若男)

4. 深入了解村情民意,动态调整帮扶措施

在推动精准扶贫的过程中,麻拉河村的第一书记和驻村工作队深刻认识到扶贫不能只依赖政府政策的外在推力,更重要的是要借助扶贫政策的好时机来激活内生动力,发展自身产业,发挥好群众主体作用,启动好自己的发动机。因此,第一书记和驻村工作队充分发挥人际广、视野宽、信息灵、门路多的优势,认真研究分析村里的资源优势、民情特点和发展潜力,并请有经验的专家进行设计和论证,大到村级集体产业如何发展、扶贫资金如何使用,小到针对每个农户如何进行引导和帮扶,都进行了详细的规划和决策。

驻村工作队通过调查了解到,麻拉河村的资源条件不适合大规模发展种植业和畜牧业,但是其优越的生态环境和地势特点却非常适合进行旅游开发,故而引进相关企业入驻对卓尔山景区以及麻拉河村进行打造。一方面,通过项目的实施,创造良好的乡村旅游环境,促使当地乡村旅游业形成规模化经营,达到让游客住农家屋、吃农家饭、干农家活、享农家乐的目的;另一方面,能够帮助贫困户设立摊位和护林岗位,以及用贫困户的产业到户资金对相关的旅游产业进行投资获得分红,吃好旅游这碗饭,从而进一步带动贫困群众增加收入,加快贫困户脱贫致富步伐。

此外，祁连县扶贫局的扶贫措施一直处于动态调整之中，能够根据农户的变化而及时进行优化。据当地扶贫局局长介绍，起初除了农户产业到户资金的投资所得，村级旅游扶贫资金投资也是作为分红的形式分给贫困户。但是后来扶贫工作人员逐渐发现，如果把所有的投资项目的分红都直接发给农户，对于有劳动能力的贫困户来说无疑是在养懒汉，贫困户不愿意自己寻求脱贫之路，只会依靠政策的扶持和集体产业的分红，长此以往便很容易助长懒惰之风。而考虑麻拉河村的环境，农户难以单独发展其他产业，因此扶贫局才通过生态建设项目为贫困农民提供养护林等公益性就业岗位，将本来直接分给农户的一部分集体产业分红变为管护员的工资，把农户的资产性收益变为工资性收益，这样的改变既能够防止养懒汉，又可以让他们获得稳定收入。从这个举措可以说明，当地的扶贫理念的确根据实际情况在不断调整和进步，尽管对农户而言，资产性收益的价值更高，不需要付出时间成本和劳动成本就能够直接获得收益，但是考虑到麻拉河村的实际条件，当地并没有其他增收渠道，因此通过创建公益性岗位，减少贫困户不劳而获的心理，能够带动贫困户的脱贫积极性。

麻拉河村的第一书记认为，虽然麻拉河村在2016年已经实现脱贫，但是扶贫工作永远在路上。扶贫先扶志，关键是要通过资金、政策以及扶贫工作队的作用，激发群众的内生动力，进一步改变思想、提升素质。比如，麻拉河村目前经常召开村级大会商讨产业分红、产业决策等事宜，村委和村民以及村民之间互相传递致富经验和信息，对全村都是潜移默化的带动。

（二）启示：将扶贫资金变为"源头活水"，多方汇集人力、物力、财力

1. 结合农户实际情况，灵活运用产业到户扶贫资金

能够真正参与旅游产业开发的大都是有能力和有资金支持的个体或企业。而普通农户，尤其是贫困户则很难参与其中。因此，对于每人每年6400元的产业到户扶贫资金，麻拉河村的使用方式不是直接发给农户，而是将其汇集起来交由当地的扶贫局进行统一项目投资，从而让资金增值，每年可获得固定的分红。这种将资金放入村集体，并通过政府干预的参与方式是一种较好的产业扶贫形式，即由政府主导扶贫资金的使用方向。据了解，如果没

有扶贫局的介入和资金整合，旅游公司不会愿意接收麻拉河村集体的产业到户资金入股，并且给予10%的分红，但是这个项目目前只签订了3年的合约，3年之后是否续约还未确定。因此，由政府投资的优势在于能够成功将资金投入经营效益好的企业，获得较好的收益，并且不需要贫困户费心费力，贫困户投资的风险较小。但缺点在于，由于全部资金都由政府部门"一手包办"，农户很有可能会失去自我发展的动力，其可持续性也不是很强。

在调研过程中了解到，另一个紧邻卓尔山景区的拉洞村，有一个贫困户马某，他通过自己的努力和创意，运用扶贫资金和"530贷款"，走向脱贫致富的新道路。马某在自家宅基地上修建了集餐饮住宿于一体的农家院，给游客免费当导游，被游客亲切地称为"草帽哥"。因为他待客热情、服务周到，故而能够取得游客的信任，使游客们乐于到他家里吃饭住宿。待游客离开之后，马某还能够通过微信平台与游客联系，售卖当地的特产，生意越做越红火。马某的经营理念在村里实属先进，他借着精准扶贫的机会，开辟了一种新的服务行业经营模式。由这个案例可见，将扶贫资金交由贫困户自己创业，同样也是很好的产业扶贫形式。这种方式能够发挥贫困户自身的想法创意，让其拥有自己的产业，发展方式和收益途径都具有可持续性，并且通过自身的成功案例，对其他贫困户的带动作用也更有效果，从而在当地形成一定的产业规模。但并不是所有的贫困户都具备马某这种经营才能和眼光，而马某也是在自己接受了新观念的基础上，通过一对一帮扶和政府提供的经营培训课程，不断更新自己的经营项目和经营方式，才能成功发展自家产业。

麻拉河村的做法和马某的案例展现出了两种不同的使用扶贫资金的方式。一种是到户资金不发给贫困户，由政府包办投资增值，贫困户直接获得固定的收益；另一种是到户资金直接发给贫困户，由贫困户自行经营，政府从旁推动，比如为农户提供教育、培训、金融贷款等公共服务。这两种方式的优缺点也十分鲜明，前者风险低、收益稳，任何贫困户都能享受收益，实现全面脱贫目标，但是可持续性较弱；后者可以激发贫困户的自我发展意识，使其收益显著提升，产业可持续性较强，但是对于贫困户自身条件的要求较高，只有具有一定的劳动能力和知识水平才能实现。因此对于政府来说，需要根据贫困户的特点和意愿以及当地的产业发展条件来灵活使用产业到户扶贫资金。若贫困户既无资金也无能力，那么前者将是最好的选择；若贫困户只是缺少资金支持，那么对于这部分有能力的人则应当鼓励他们积极创业，政府适当给予帮扶。

2. 发展村级集体经济，引入外部资金智力，促进村内资产升值

2016年，麻拉河村集中扶贫资金修建一幢生态园，并将其出租给商贸公司。该公司的负责人认为麻拉河村的旅游资源尚未开发完全，自此开始在村里进行旅游项目投资建设。从负责人那里了解到，他们对于所租赁的生态园项目打造得十分精细，小到通过早餐卡进行宣传，大到所供应的水果品质、住宿质量都有很好的保障。目前负责人还打算在旅游节的时候打造"世界最大火锅"，游客只要购买入场券就可以随意吃喝，力求借此活动通过各类媒体进行景区宣传，增加村里的游客数量。由此可见，村级集体经济的发展除了能够直接带动农户增收，还能够通过租赁进一步引进先进的人才、技术和发展思路。因此对于村集体来说，引入外部企业也能够显著促进贫困村增收。一方面，企业的进入能够带动旅游的发展，尽管企业的目标是自身的利润最大化，但由于旅游资源具有较强的外部性，农户所经营的摊位、农家乐收益都会随着旅游发展而提升。另一方面，景区经营效益提升后，村集体的资产也能够得到升值，村集体在向外租赁资产时的租金也会有所提高，进而实现良性循环。另外，入驻的企业为了自身的发展，必须要和村庄构建良好的村企关系，也可以在一定程度上为村庄环境建设和贫困户脱贫发展提供有效的帮助。因此，引进人才是发展村庄极为重要的一环，只有汇集了先进的发展思路，才能从根本上促进村庄的经济增长。

五、脱贫攻坚及长期发展面临的困难、挑战及对策建议

（一）面临的问题及挑战

1. 贫困户文化素质普遍偏低，与旅游服务业岗位不匹配

通过对当地企业和景区生态园负责人的访谈，我们发现，尽管他们在雇用员工的时候也尝试过优先选择贫困户，但是结果却不尽如人意。企业的负责人提到，贫困户大多不太会说普通话，并且识字不多，他们与外地游客沟通时容易出现障碍，因此对他们花费的培训成本较高。另外，景区生态园负责人也表示，曾经雇用过贫困户做厨师，但是后来发现有人会把后厨中的食

品带回家，于是他们便直接聘请外来的专业人员，只让贫困户做一些打扫卫生之类的清洁工作，因此能够提供的岗位十分有限。对于农户来说，当外来人员进入时，村民之间的道德约束对他们并不适用，村庄社会的落后观念在进入市场时会产生不匹配的现象，会影响村民的市场参与程度。就麻拉河村的就业情况而言，贫困户由于文化素质问题而竞争力低，长此以往很容易被市场所淘汰。

2. 农家乐特色不突出，同质化严重

2019年调研时，麻拉河村农户所经营的农家乐基本都还处于提供简单住宿的状态，没有文化特色和能够吸引眼球的亮点，所有的农家乐都是千篇一律，且卫生条件一般，游客在选择的时候基本都是靠随机挑选。但是随着农家乐在村内逐渐兴起，户与户之间的竞争也在增加。加上同质化严重、缺少指导，贫困户在这种情况下借钱来办农家乐的风险比较大。再者，农家乐经营方式和盈利渠道过于单一，没有开发出相关的餐饮和体验项目。这种模式只能在青海地区的旅游旺季才能实现创收，10月到次年4月的旅游淡季中基本不会有收入。

3. 医疗扶贫对慢性病关注较少

根据调研组调查了解，为了进一步减轻贫困家庭因疾病住院的医疗费用负担，提高贫困家庭生活保障水平，祁连县政府与保险公司合作，全县精准扶贫建档立卡的贫困人员在享受完基本医保、大病保险及民政医疗救助保障的基础上，对贫困人口医疗费用个人负担部分仍然有补充医疗保险专项报销。贫困户的住院医疗费用，符合政策范围部分经基本医保、大病保险、民政医疗救助报销后，目录内个人自付费用按100%予以补偿，目录外个人自付费用按60%予以补偿。当地的医疗保险政策将导致住院的病定为大病，对于住院花费给予非常充分的报销补贴。但是在麻拉河村因病致贫的农户中，有不少是因为慢性病致贫的，需要长期到门诊买药。而在门诊上所买的药基本都不能报销，长此以往的持续性支出导致了贫困。因此可以说，目前的医疗保险更偏向于急性的大病，对于慢性病的政策寥寥无几，导致部分贫困户对医疗政策不太满意。

（二）对策及建议

1. 提升贫困户文化素质，文化脱贫助力经济脱贫

贫困地区文化思想观念的落后，是当前制约贫困地区经济文化发展的重要原因。尽管政策为农户提供了"雨露计划"、农业实用技术和就业创业培训等，但是文化素养的提升不是一朝一夕就可以实现的。因此需要立足特色产业资源，要引导组织贫困户参与扶贫全过程，在增加收入时提升文化自信，从深层次上实现物质和精神脱贫。同时文化扶贫同物质扶贫可以相互补充、相辅相成，通过文化扶贫，贫困地区农民能够开阔视野，增强致富本领和文化自信，同时其经济项目的运作能力、对法律政策的理解能力和市场经济适应（生存）能力都会有较大提高，能够激发农村社会的内在活力。

2. 结合当地风土人情，打造文化特色农家乐

发展农家乐需要结合当地的资源优势，既能花费较少的成本又能打造出当地的风土特色。因此需要给予农户一定的指导，分享其他地方成功的农家乐案例，进一步激发农户对经营农家乐的想法和创意，从而更容易吸引游客，获取更多经营利润。比如按照麻拉河村"飞行小镇"的定位和"玩偶狂欢节"的势头，在农家乐中加入相关的项目；或者将当地的畜牧业和农家乐有机结合起来，开发和发掘牧家乐、民俗体验区、休闲运动等特色项目。目前，有一种设施齐备的"自助式"农家乐也开始受到游客热捧，将整个小院完全交给游客，给游客一种在家的感觉，这对于麻拉河村的农家乐也是一种可以借鉴的发展方式。

3. 提高贫困户慢性病医疗保障水平

在广大农村地区尤其是贫困村，患慢性病不自知、治疗不及时等情况十分普遍。针对当前麻拉河村医疗保险政策对慢性病关注较少的问题，可以为贫困户提供专门的慢性病政策，通过入户宣传、询问登记、专家筛查，患慢性病的贫困户可免费办理门诊慢性病卡，享受慢性病的医疗补贴政策。这种做法能够保证广大群众患慢性病得到有效救治，确保困难群众切实享受医疗扶贫政策，有效防止因病致贫、因病返贫现象。

（中国人民大学调研组　执笔人：吴静茹、王若男、郑风田、崔海兴、阮荣平）

村庄现状：

经过几年的发展积累，乡村旅游已经成为麻拉河村的支柱产业。每年举行的"中国祁连国际飞行节""麻拉河玩偶狂欢节"等活动进一步提升了麻拉河村旅游的知名度，已经开始形成品牌。村内集餐饮、住宿、休闲于一体的旅游生态园持续运行，每年的收益分为发展资金、公益资金、养老保险和全村分红四部分。2019年全村乡村旅游净收入超过了280万元，转移就业人员75人，全村人均收入超过1.3万元，村级集体收入超过140万元。2020年，尽管受到新冠肺炎疫情影响，但在当地一系列旅游拉动政策的支持下，麻拉河村在旅游旺季依然迎来了不少游客，群众实现了在家门口就有一份稳定收入。

后　记

《决战贫困中的村庄：定点观测报告》系列图书是在中国扶贫发展中心承担的国家财政预算项目——贫困村定点观测项目的成果基础上整理形成。从 2017 年起，中国扶贫发展中心在全国 28 个省（区、市）确定了 200 余个行政村，跟踪观测其发展变化，组织专家团队赴每个村开展调查。2017 年至 2019 年间，先后组织华中师范大学、中国人民大学、中国农业大学、北京大学和北京师范大学的专家团队开展了共计 244 次的调查，覆盖 28 个省（区、市），227 个行政村。上述高校组成专业团队，分赴各省（区、市），克服人力不足、自然条件恶劣等诸多困难，完成了调查及报告撰写，并协助本书文稿修正和补充相关资料。

值本书出版之际，感谢华中师范大学、中国人民大学、中国农业大学、北京大学和北京师范大学团队为本书提供文稿。感谢杨列、苏里古、陈勇、向曙升、张婉婷为本书分别提供重庆九通村、四川三河村、贵州对门山村、湖北中河村和甘肃元古堆村的图片，以及新华网、中国农业电影电视中心、北京清峰同创教育科技有限公司为本书提供西藏达修村、青海麻拉河村、吉林陆家村和黑龙江小南河村的部分图片。感谢地方各级乡村振兴（扶贫）部门和基层干部群众在团队调查过程中提供的诸多帮助。此外，还要特别感谢所有观测村所在地的干部群众多年来为贫困村定点观测项目的支持。

因篇幅和时间有限，文中难免有不足之处，敬请批评指正。

编委会

2021 年 4 月